KB067383

역사를 위하여

강만길 저작집

간행위원: 조광 윤경로 지수걸 신용옥
해제: 고정휴 구선희 김기승 김명구 김윤희 김행선 박은숙 박한용
　　　변은진 송규진 이주철 정태헌 최덕수 최상천 하원호 허은
교열: 김만일 김승은 이주실 조철행 조형열

강만길 저작집

10

역사를 위하여

저작집 간행에 부쳐

그럴 만한 조건이 되는가 하는 생각을 버리지 못하면서도 제자들의 준비와 출판사의 호의로 저작집이란 것을 간행하게 되었다. 잘했건 못했건 평생을 바친 학문생활의 결과를 한데 모아두는 것도 나름대로 의미가 있을 것 같기도 하고…… 한 인간의 평생 삶의 방향이 언제 정해지는가는 물론 사람에 따라 다르겠지만, 지금에 와서 뒤돌아보면 나의 경우는 아마도 세는 나이로 다섯 살 때 천자문을 제법 의욕적으로 배우기 시작하면서부터 어쩌면 학문의 길이 정해져버린 게 아닌가 생각해보기도 한다. 그리고 요즈음 이름으로 초등학교 6학년 때 겪은 민족해방과 6년제 중학교 5학년 때 겪은 6·25전쟁이 역사 공부, 그것도 우리 근현대사 공부의 길로 들어서게 한 것 같다고 말하기도 한다.

대학 3학년 때 과제물로 제출한 글이 활자화됨으로써 학문생활에 대한 의욕이 더 강해진 것 같은데, 이후 학사·석사·박사 논문은 모두 조선왕조시대의 상공업사 연구였으며, 특히 박사논문은 조선왕조 후기 자본주의 맹아론 연구였다. 문호개방 이전 조선사회가 여전히 고대사회와 같은 상태에 머물러 있었다고 주장한 일본인 연구자들의 연구에 대항한 것이었다고 하겠다. 역사학계 일부로부터 박정희정권하의 자본주의 성장을 뒷받침하는 연구라는 모함을 받기도 했지만……

자본주의 맹아론 연구 이후에는 학문적 관심이 분단문제로 옮겨지게 되었다. 대학 강의 과목이 주로 중세후기사와 근현대사였기 때문에 학문적 관심이 근현대사에 집중되었고 식민지시대와 분단시대를 연구하고 강의하게 된 것이다. 『분단시대의 역사인식』을 통해 '분단시대'라는 용어가 정착되어가기도 했지만, '분단시대'의 극복을 위해 통일문제에 관심을 두게 되면서 연구논문보다 논설문을 많이 쓰게 되었다. 그래서 저작집도 논문집보다 시대사류와 논설문집이 더 많게 되어버렸다.

그런 상황에서도 일제시대의 민족해방운동사가 남녘은 우익 중심 운동사로, 북녘은 좌익 중심 운동사로 된 것을 극복하고 늦게나마 좌우합작 민족해방운동사였음을 밝힌 연구서를 생산할 수 있었다는 것을 자 윗거리로 삼을 수 있지 않을까 한다. 사실 민족해방운동에는 좌익전선도 있고 우익전선도 있었지만, 해방과 함께 분단시대가 되리라고는 꿈에도 생각하지 않았기 때문에 민족해방운동의 좌우익전선은 해방이 전망되면 될수록 합작하게 된 것이다.

『고쳐 쓴 한국현대사』는 '한국'의 현대사니까 비록 부족하지만 남녘의 현대사만을 다루었다 해도 『20세기 우리 역사』에서도 남녘 역사만을 쓰게 되었는데, 해제 필자가 그 점을 날카롭게 지적했음을 봤다. 아무 거리낌 없이 공정하게 남북의 역사를 모두 포함한 '20세기 우리 역사'를 쓸 수 있는 때가 빨리 오길 바란다.

2018년 11월 강만길

일러두기

1. 이 저작집은 '내일을 여는 역사재단'의 기획으로, 강만길의 저서 19권과 미출간 원고를 모아 전18권으로 구성하였다.

2. 제15권『우리 통일, 어떻게 할까요/역사는 변하고 만다』는 같은 해에 발간된 두 권의 단행본을 한 권으로 묶었다.

3. 제17권『내 인생의 역사 공부/되돌아보는 역사인식』은 단행본『강만길의 내 인생의 역사공부』와 미출간 원고들을 '되돌아보는 역사인식'으로 모아 한 권으로 묶었다.

4. 저작집 18권은 초판 발간연도 순서로 배열하되, 자서전임을 감안해『역사가의 시간』을 마지막 권으로 하였다.

5. 각 저작의 사학사적 의미를 짚는 해제를 새로이 집필하여 각권 말미에 수록하였다.

6. 문장은 가급적 원본대로 유지하는 것을 원칙으로 하였고, 명백한 오탈자와 그밖의 오류는 인용사료, 통계자료, 참고문헌 등을 재확인하여 바로잡았으며, 주석의 서지사항 등을 보완하였다.

7. 역사용어는 출간 당시 저자의 문제의식을 살리기 위해 그대로 따랐다.

8. 원저 간의 일부 중복 수록된 글도 출간 당시의 의도를 감안하여 원래 구성을 유지하였다.

9. 본서의 원저는『역사를 위하여』(한길사 1996)이다.

책을 내면서

『분단시대의 역사인식』『한국민족운동사론』 등의 사론집에 이어 주로 1980년대 후반기에 썼던 글들을 모아 1990년에 『통일운동시대의 역사인식』이란 세번째 사론집을 낸 바 있다. 군사독재정권 아래서 내가 어려웠을 때 도움을 주었던 어느 후배의 출판사에서 이 세번째 사론집을 냈으나 출판사 사정으로 세상에 거의 알려지지 않은 채 책이 묻히고 출판사도 거의 없어지다시피 되었다. 그 책 중에서 쉬운 글 일부를 뽑고 그후에 쓴 글 중에서 몇 편을 골라 일반 교양인들도 편안히 읽을 수 있는 책을 한 권 내자는 한길사의 권고를 받고 망설이다가 결국 응하기로 했다.

역사적 사실을 논증한 글이나 역사인식 문제에 관해 쓴 글들이 좀더 쉽게 일반 교양인들에게 읽힐 수 있어야 한다는 생각을 가지고 글을 써온 지도 오래되었다. 그러나 30년 이상 역사를 가르쳐왔고 옛 사람들식으로 말해서 환갑, 진갑 다 지난 나이가 되었지만, 내 자신이 그런 글을 얼마나 제대로 쓸 수 있는지 솔직히 말해서 아직 자신이 없다.

그러나 역사학의 업적이나 역사인식의 문제를 다룬 글들이 일반 교양인의 독서생활과 연결되지 못하고 이른바 상아탑 속에 갇혀 있기만 하면 역사학은 결국 독불장군이 될 수밖에 없으며, 그 때문에 제구실을 다하지 못한다는 생각에는 변함이 없다. 그래서 남들이 잡문이라 하여 꺼리는 글도 마다 않고 쓰고 또 이렇게 책으로 내기도 한다. 다만 재주가 모자라 얼마나 읽을 만한 글을 쓸 수 있느냐 하는 걱정을 계속하면서.

이 책에 실린 글들은 신문이나 잡지에 쓴 논설과 칼럼이 대부분이다. 신변잡기 같은 것도 있지만, 그 주된 내용은 역시 역사라는 것이 무엇인가, 역사는 결국 어디로 가는가 등의 문제에 대해 생각해본 것들과, 아직도 해결하지 못한 우리의 역사적 과제인 민족문제·통일문제에 관한 주제들이다.

세상에는 역사란 무엇인가를 알고 싶어하는 사람도 많고, 또 그 물음에 대답하려 한 책들도 이미 많이 나왔다. 그러나 일반 교양인이 읽기 쉽고, 이해할 만한 책이 그렇게 많지 않은 것도 사실이다. 이론적으로 설명해서 역사가 무엇인가를 알게 하는 방법도 있지만, 어떤 사실에 대해 그것을 역사적으로 보는 방법이나 그것이 가진 의미 등을 쉽게 설명함으로써 은연중에 역사가 무엇인가를 이해하는 방법도 있다.

또 반드시 역사가 무엇인가 하는 문제에 부딪히지 않더라도 가령 역사는 결국 어디로 가는가 하는 문제 등을 설명함으로써 역사가 무엇인가를 이해하는 방법도 있을 수 있다. 이 책에 실린 글의 일부가 그런 역할을 다할 수 있었으면 하는 바람이 있다.

통일문제도 60년대, 70년대는 말할 것도 없고 80년대와 90년대의 그것이 다르게 마련이다. 무력통일의 70년대를 지나 독일통일 이후에는 평화통일이라도 흡수통일이 아니어야 한다는 데 생각이 모아졌고, 남북합의서가 교환됨으로써 단순한 평화통일이 아니라 남북대등통일로 나아가고 있다는 점 등이 그것이다. 이 책에서 이런 문제들이 본격적으로 추구된 것은 아니지만 그 추이는 이해할 수 있을 것이다.

　지금까지는 전문적 연구서 이외에 사론집이라 할 만한 몇 권의 책을 냈으나 이 책은 사론집이 아니라 '역사에세이'에 가까운 책이다. 좀더 편안하게 읽히기를 바란다. 책 만들기를 적극 권하면서 글을 직접 선택하기도 한 김언호 사장과 편집을 맡아 수고한 한길사 편집부에 감사한다.

1996년 8월 28일
강만길

차례

1

역사진행의 방향을 찾아서

이불 속에 구겨진 천자문

사람이 제 과거를 뒤돌아볼 때가 가장 서글퍼질 때란 말을 들은 적이 있지만, 딱 잘라서 거절하지 못하는 약점 때문에 아직은 그럴 나이가 아니라고 생각하면서도 그런 서글픔을 되씹는 기회를 어쩔 수 없이 가지게 되었다.

우리의 어느 부모가 그렇지 않을까만 나는 대단히 교육열이 높은 부모님의 맏아들로 태어났다. 아버지는 자신이 많이 배우지 못한 한스러움 때문에 양반도 3대가 무식하면 상사람이 될 수밖에 없다는 생각이 강한 분이었고, 어머니도 교육열에서는 그런 아버지보다 오히려 더한 분이었다.

두 분의 이런 교육열은 넉넉지 않은 살림에도 불구하고 우리 나이로 다섯 살밖에 안 된 그들의 맏아들에게 독접장을 모셔다 천자문을 배우게 했다. 평생을 두고 글을 읽고 쓰면서 살게 될 나의 일생은 이렇게 시작되었다.

새벽에 두 눈을 부비며 지난밤에 외우다 그대로 깔고 자서 수세미처럼 구겨진 천자문책을 찾아들고, 선생님의 가족이 집세 없이 사셨다고 기억되는 아랫방으로 가서 양반다리를 한 채 상체를 흔들며 글을 읽고, 조반을 마친 후에는 손에 먹이 묻을까 조심조심 붓글씨를 배우던 일이 아득한 옛일처럼 되살아난다.

천자문을 떼고 아마 『동몽선습』쯤을 읽었는지, 그보다 더 읽었는지 기억이 분명치 않지만 여덟 살에 소학교에 들어갔다. 그때는 대개 아홉 살에 들어갔지만, 부모님의 '극성' 때문에 한 해 먼저, 그것도 적령기 이전이거나 적령기를 넘긴 아이들로 만들어진 강습회라는 비정규반에 들어가게 되었다.

조부모님까지 계시는 가정이었지만 우리 집에는 일본말을 할 수 있는 분이 아무도 없었다. 일장기를 '히노마루'라 하는 정도는 알았지만 일본인 여담임선생님의 말을 한마디도 알아들을 수가 없었다. 수업할 때는 교과서가 있으니까 그런 대로 따라갔지만 도화지 같은 준비물을 가져오라는 말이나, 특히 숙제를 주는 선생님의 일본말을 제대로 못 알아들어 상당한 기간 고통스러웠던 일이 기억에 남아 있다.

2학년인가 3학년까지 '비가 오오' '모가 자라오' 식으로 배우는 조선어시간이 있었고 이 시간만은 내 세상 같았다. 어머니가 즐겨 읽으시던 『춘향전』『장화홍련전』『유충렬전』『조웅전』 등을 어깨너머로 따라 읽으며 한글을 깨치고 있었기 때문이다. 다만 이들 고담소설 속에 나오는 순한글로 표기된 상당히 긴 한문 문구의 뜻을 모르는 것이 많아 답답했지만.

2학년에 올라갈 때쯤에는 일본말이나 글이 남에게 뒤지지 않을 정도는 되었고, 태평양전쟁이 한창 때라 황군(皇軍)이라 부른 일본군에게 보내는 위문편지를 잘 썼다는 선생님의 칭찬을 들을 정도가 되었다. 그러나 처음 일본말을 배울 때 어떻게 된 건지 좌우를 가리키는 '히다리' 와 '미기'를 제대로 분간하지 못해 실수할 때가 많았고, 그것이 우리말을 할 때도 그대로 혼동이 되어 애를 먹었다. 사람의 버릇이란 묘한 것이어서 지금도 깜박 왼편, 오른편을 얼른 분간하지 못할 때가 있다. 나에게는 '심각한' 식민지교육의 잔재라 하겠다.

소학교 5, 6학년 때는 일본어로 된 소설을 더러 읽은 기억이 난다. 책이름과 작가가 기억나지 않지만, 어느 중국청년이 일본의 의과대학에 유학해서 한 일본인 급우와 깊은 우정을 맺고 그 누이와 애정관계에 있다가 중일전쟁의 발발로 귀국하여 모국의 군의관으로 종군하고 역시 군의관으로 중국전선에 간 일본인 급우와 만나는 데서 빚어지는, 적국인 사이의 우정과 애정문제를 다룬 소설을 읽으면서 전쟁이란 것을 제법 심각하게 생각해보고 또 남녀간의 애정묘사에 가슴이 두근거렸던 기억이 있다.

태평양전쟁이 막바지에 이르면서 학생들에게 '일본어상용카드'라는 것을 월요일에 열 장씩인가를 나누어주고서 조선말을 사용할 때마다 그것을 들은 학생이 한 장씩 빼앗게 하고, 토요일 종회시간에는 누가 많이 빼앗기고 빼앗았는가를 조사했다. 조심을 해도 가정에서 일본어를 상용하는 공무원이나 회사원 아이들보다 언제나 불리했다. 그것이 조행(操行)이라 부른 품행성적에 영향을 주어, 가능성은 적지만 꼭 이루고 싶은 중학교 진학에 지장을 줄까봐 걱정했던 일도 생각난다.

해방과 전쟁의 소용돌이

8·15는 지금의 젊은이들에게는 민족분단의 시발점이란 의미가 더 크

지만, 그때를 산 사람들에게는 해방이었다. 소학교 6학년생에게 해방이 가져다준 구체적 변화는 태극기라는 우리 국기를 처음 보고 집에서만 부르던 조선이름이 학교에서도 불리게 된 일, 한글로 공부하고 「봉선화」 「따오기」 「오빠생각」에서 「적기가」까지 우리말 노래를 배우게 된 일, 중학교 진학이 쉬워진 일 등이었고, 이마에 뿔이 달린 것같이 들은 미국인도 눈이 푸르고 얼굴이 하얗다 뿐이지 우리 같은 사람임을 알게 된 일 등이었다.

일본인들이 버리고 간 많은 책들이 쏟아져나왔고 중학교에 입학할 무렵 어떤 경로로 입수했는지 기억에 없지만, 일본어판 러시아문학전집 한 질을 구할 수 있었다. 전깃불 사정이 좋지 않았지만 밤을 새워 읽으면서 그 문학성과 역사성에 깊은 감명을 받은 기억도 생생하다.

중학교에서 처음으로 우리 역사를 배웠다. 진단학회에서 교과서로 낸 『국사교본』이란 책을 제쳐놓고, 지금 회상해봐도 여느 국사와는 다른 자기 식의 국사를 가르치던, 이름을 잊은 선(宣)선생님의 강의에 매혹되었던 일이 어제 일같이 되새겨진다. 평생을 우리 역사를 공부하며 살게 될 나의 또 하나의 인생이 여기에서 시작되었다고 말하면 혹여 올됐었다는 제 자랑이 될까.

소학교 6학년까지 배운 일본어 실력으로는 감당하기 어려운 것들이었지만 일본인들이 버리고 간 문학·철학·사회과학 책들이 사방에서 쏟아져나왔고, 거의 번역본이지만 우리말로 된 책들도 나오기 시작했다. 신탁통치반대, 단선단정 반대의 소용돌이 속에서 상급생들에게 끌려, 혹은 자의로 동맹휴학에도 가담했지만 책도 닥치는 대로 읽었다. 중학교 고급학년이 되면서 급우들이 읽었다고 하면 『자본론』 『반듀링론』 『제국주의론』 등도 욕심내어 뒤적여봤지만 무슨 말을 하고 있는지 제대로 알 수는 없었다.

22

그런 속에서도 인간의 역사는 머리로 만들어지는 것이 아니라 손으로 만들어진다는 말로 시작되었다고 기억되는 『세계사교정』 번역본을 읽고 상당한 감명을 받았다. 뒷날에도 감명깊게 읽은 책을 들라 하면 곧잘 이 책을 지적하기도 했다.

러시아문학전집도 읽었지만, 그때의 중학생들에게 한참 읽힌 김래성의 『청춘극장』은 물론 『마도의 향불』 『승방비곡』 등도 선생님의 눈을 피해 수업시간에 읽었고, 김기림·정지용·임화·오장환의 시를 웬만한 것은 외웠다. 특히 임화의 「현해탄」이나 오장환의 「마지막 열차」나 정지용의 「향수」는 자랑삼아 외우고 다녔다. 요즈음 이들 시집이 복간되었기에 옛일을 생각하고 사서 읽어봤지만 그때의 짜릿하던 감동은 되살릴 수 없었다. 이때쯤에는 나도 좋은 글을 써보고 싶다는 욕심이 생겨 이태준의 『문장강화』를 탐독하기도 했으나 얼마나 효과가 있었는지는 의문이다. 왜냐하면 글재주가 있는 친구들은 중학교 4, 5학년이면 시나 단편 같은 것을 쓰기도 했지만 내가 시도를 해본 기억은 없다.

중학교 5학년 때 당한 6·25전쟁은 집안 형편을 말이 아니게 만들어 대학 진학은 엄두도 못 내게 했다. 가까운 농촌에 가서 소학교 선생이나 하리라 생각하고 있었는데, 부산으로 피난와 있는 대학들에 원서를 접수시키러 갔던 담임선생님이 접수마감 기간이 아직 남은 고려대학교 원서를 몇 장 사오셔서 시험이나 한번 쳐보라고 권하시기에 될 대로 되라는 심정으로 응시했다.

지망학과는 망설임없이 사학과로 정하고 부산으로 가서 응시했는데, 같은 고등학교의 같은 대학 응시자 20여 명 중 두 명 합격한 가운데 기적적으로 내가 끼었다. 궁하면 통한다는 말이 있지만, 전혀 마련할 길이 없을 줄 알았던 학비도 간신히 마련되었다. 학교가 수복할 때 따라와서 7년이나 걸리긴 했어도 학부를 졸업하고 대학원까지도 다닐 수 있었다.

여기에는 평생을 두고 잊을 수 없는 몇 분의 도움이 있었지만, 지금도 나는 가끔 등록금을 마련하려 애쓰는 꿈을 꿀 때가 있다.

피난지 대구에서의 입학과 서울수복 과정의 어려운 조건에서도 전공책은 물론, 6·25를 겪고도 일부 남은 이론서적들을 꽤 열심히 읽었다. 새로 구한 헤겔의 『역사철학』을 읽고 그 관념성 짙은 논리에 무언지 모르게 불만을 느낀 것도, 문일평·백남운·전석담·김한주·이북만·이청원 등이 쓴 책을 처음 읽은 것도 이 무렵이었다.

학과는 다르지만 같은 고향에서 같은 해 같은 대학에 들어간 친구 중에 문학지망생이 있었다. 시인이 되길 원했고 또 자질도 있었으나 일본대학 예술과를 나온 아버지의 반대로 다른 학과에 다니면서 몰래 문학 공부를 하던 이 친구의 글재주에 자극되어 나도 저렇게 멋진 글을 써봤으면 하고 부러워했다. 그의 흉내로 시니 시조니 하는 것들을 끄적거려보기도 했고, 고적답사 가서 느낀 생각을 시조형태로 표현해서 학교신문에 투고한 기억도 있다. 아마 묵은 신문의 어느 한쪽에 남아 있을 것이다.

내가 쓴 이른바 논문이란 것이 처음으로 활자화된 것은 대학 3학년 때였다. 한국금석학을 수강하고 보고서로 쓴 것을 마침 처음 내게 된 학회지에 담당 강사님이 추천한 것이다. 활자화된 제 글을 읽는 기쁨도 있었지만, 어찌나 멋없고 딱딱한지 이렇게밖에 못 쓴단 말인가, 역사논문은 이럴 수밖에 없는가 하며 불만스러워했던 기억이 지금도 생생하다.

역사는 왜 말이 없는가

역사학의 고향은 중세도 근대도 아닌 고대라는 말에 동감하면서 우리 고대사, 그것도 고대의 노비제도를 연구하리라 마음먹고 열중한 때가 있었다. 막연하게나마 서양 고대의 노예제를 생각하면서 우리의 노비생활을 밝혀보리란 생각이 들었던 것 같다. 그러나 객관적 조건이 적당하지 않다는 생각에서 졸업논문은 이조시대의 상인 문제를, 석사논문은 쟁이(匠人) 문제를 썼다. 그리고 다음 논문은 백정(白丁)에 관한 것이었다.

제가 쓰는 논문이란 것의 수준이 어느정도인지 알지도 못한 채 지배받는 사람들의 생활상을 밝히겠다는 막연한 생각으로 써갔지만(최근에 낸 『일제시대 빈민생활사 연구』도 그런 생각의 연장에서 쓰여진 것이라 할 수 있다) 그것들이 언제나 문제의 본질에 접근하지 못하고 겉돌고만 있다는 불만이 떠나지 않았다. 특히 지배받는 사람들의 생활을 밝힌다는 글이 이렇게 딱딱하고 어려워서야 되겠는가 하는 생각이 떠나지 않았다.

그 무렵에는 세종로의 신문사 게시판 앞에서 빈 지게를 진 채 신문을 읽고 있는 사람들을 흔히 볼 수 있었다. 글이란 모름지기 이 사람들도 읽고 알 수 있는 쉬운 것이어야 한다는 생각을 가지기도 했다. 이후 나의 논문이란 것에서는 한문 원문을 본문에 그대로 인용하는 일은 없어졌고, 지금도 역사책을 소설처럼 쉽고 재미있게 써보고 싶은 욕심을 가지고 있다.

나의 학문생활은 그런 대로 순조로웠고 운도 따라서 남보다 빨리 모교의 전임교수가 될 수 있었다. 지금도 그렇지만 강사생활과 전임생활은 하늘과 땅만큼이나 차이가 컸고, 특히 경제적인 면에서는 하루아침에 부자가 된 기분이었다. 술도 꽤 마셨지만 생활의 안정이 연구생활의 순조로움으로 연결되어 처음 쓴 『조선후기 상업자본의 발달』이란 책으로 박사학위란 것도 받게 되고, 못할 것이 없을 것 같은 자만이 생기면서 한때 안일함에 빠지기도 했다. 건강을 들먹이며 테니스란 것을 해본 것도 이 무렵이다.

그러나 현실은 이런 시간을 누리도록 놔두지 않았다. 박정희정권이 민족통일을 내세우면서 유신이란 것을 감행했다. 1970년대에 들어서면서 남북간에 무엇인가 변화가 올 것이란 예감이 들었고, 강의시간에 학생들에게 그 예감을 조심스럽게 말하기도 했다. 막상 7·4공동성명이 발표되었을 때는 그 예감이 맞은 것에 학생들이 신기해했고 스스로도 역사전공자로서의 자부심 같은 것을 느낀 것이 사실이다.

그것이 유신을 하기 위한 멍석깔기였음을 알았을 때의 배신감과 순진한 학생들에게 떠벌린 부끄러움은 지금 생각해도 몸둘 바를 모를 지경이다. 현실이 이렇게 뒷걸음을 치는데 명색 역사학자가 이조시대 개성상인이 어떻고 서울상인이 어떻고 하는 먼 옛일에만 빠져 있어도 좋은가. 그렇다면 일제식민지시대, 민족의 현실이 백척간두에 섰을 때 어느 부족국가의 위치가 어디쯤이고 대원군과 민비가 어떻게 싸웠고 하는 일을 밝히는 데 만족한 역사학과 내가 하는 학문이 다를 것이 무엇인가 하는 고민에 빠지기 시작했다.

암담한 민족적 현실을 타개하는 데 일말의 도움이라도 줄 수 있는 역사학이란 어떤 것인가. 이렇게 눈망울이 초롱초롱한 젊은이들에게 내가 해줄 수 있는 말이란 무엇인가. 20년에 가까운 세월이 지난 지금에 와서 돌이켜보면 멋쩍은 생각도 없지 않지만, 40대로 접어들 무렵의 나는 온 세상 역사학자의 고민과 의무·사명 같은 것을 혼자 짊어진 듯한 마음이었다.

그때까지 나는 역사학이란 현실문제를 말하면 안 되며 주가 붙지 않은 글, 이른바 '잡문'을 써서는 안 된다고 배웠고 또 그렇게 알고 있었다. 그러나 이 엄청난 역사의 배신 앞에 선 나는 그런 기존 역사학의 울

타리를 벗어나야 한다는 생각으로 가득 차 있었다. 그리고 이런 배신 앞에서 역사학은 왜 말이 없는가, 우리는 지금 어떤 시대에 살고 있는가를 골똘히 생각하지 않을 수 없었다.

해답은 의외로 쉽게 얻을 수 있었다. 지금의 우리 역사학은 철저한 민족분단주의에 빠져 있다. 이 배신을 눈감고 있는 것도 분단주의적 역사인식 때문이다. 독재정권 아래서의 어느정도의 경제적 성장이 분단체제의 반역사성을 망각케 하고 오히려 그것을 정당화하고 있다. 옳은 의미의 평화적 민족문제 해결의 길은 이 분단주의를 극복하는 데 있다. 우리가 살고 있는 이 시대가 반드시 극복해야 할 반민족적 분단시대임을 철저히 인식시킬 필요가 있다. 그것이 이 시대 우리 역사학의 최대과제다. 이런 해답이었다.

역사의 뒷바퀴에 깔리기도 하고

『분단시대의 역사인식』이라는 책 머리말에 쓴 말이지만, 역사학 전공자도 누구든 주(註)에서 해방된 글을 쓰고 싶은 욕심은 갖게 마련이다. 내 나름대로의 해답을 일단 얻고 나니 할 말이 많아졌다. 가까운 동학 중에는 '잡문' 쓰는 '타락'과 현실문제에 접근하는 위험성을 들어 말리는 사람도 있었지만 이미 내친걸음이었다. 더구나 그 취지와 활동에 전적으로 찬동하게 된 창작과비평사의 요청도 겹쳐서 '잡문' 생산은 점점 늘어갔다.

그러나 글을 쓰면서 두 가지 문제는 늘 염두에 두었다. 그 하나는 가능하면 지게꾼도 읽을 수 있게 쉽게 써야 한다는 점이었고, 또 하나는 기성세대보다는 젊은 세대를 대상으로 하는 글이어야 한다는 점이었다. 글이 쉬웠다면 이 무렵 월간지나 계간지에 실리는 단편소설을 꽤 많이 읽은 덕이었고, 젊은 독자가 많았다면 글을 넘기기 전에 가능한 한 제자들에게 먼저 읽히고 그들의 의견을 들은 결과였다.

말이 난 김에 소설 읽는 재미를 좀더 말해보자. 소설을 탐독할 나이가 지난 후에도 딱딱한 역사논문을 읽거나 자료 다루기에 지치면 머리 식히는 기분으로 월간지에 실린 단편을 더러 읽었다. 그러다가 한 편의 단편 속에 작가의 사물을 보는 눈, 사회관·역사관·세계관 등이 처절하게 응축되어 있는 작품들을 더러 발견하게 되었고, 좋은 작품을 만나면(작가들에게 아부하는 말이 아니라) 우리가 구하는 역사의식의 요체가 바로 여기에 있구나 하는 생각을 가질 때가 있었다.

나의 소설 읽는 재미는 장편으로 발전해서 박경리의 『토지』, 문순태의 『타오르는 강』, 김주영의 『객주』, 조정래의 『태백산맥』을 부지런히 틈을 내어 모두 읽었고, 읽고 있는 중인 박태원의 『갑오농민전쟁』이 끝나면 이기영의 『두만강』을 읽을 예정이지만, 지금도 학생들에게 좋은 소설을 많이 읽는 것이 역사공부에 도움이 된다는 충고를 자주 한다. 그리고 더 늙어서 가르치고 쓰는 일을 못 하게 되면 옛날의 내 고향과 같은 조용한 바닷가에 가서 아무 부담 없이 좋은 소설이나 읽으면서 사는 것이 내 소원 중의 하나다.

그건 그렇고, 이렇게 쓰여진 '잡문'들을 모아 책을 만들자는 출판사의 요청에 몇 번을 미루다가 큰 맘 먹고 내놓은 것이 『분단시대의 역사인식』이다. 그때만 해도 논문집이 아닌 이런 책을 내기에는 은사님과 선배들의 눈치가 보였고, 그래서 은사님들에게는 망설이다가 죄지은 마음으로 갖다드린 일이 기억난다.

그러나 뜻밖에도 이 책의 반응은 컸다. 70년대 후반기와 80년대 전반기에 걸쳐 대학신입생의 필독서 중에 들었다는 말을 자주 들었고 학교에 따라서는 도서관의 금서목록에 들었다는 말도 들었다(10여 년이 지난 지금 보면 아무것도 아닌 책인데). 이 시기의 민주화운동·통일운동에 참가했다가 감옥생활을 하고 나온 젊은이들이 "선생님 책을 감명깊게 읽었습니다" 하고 인사하면 기쁘면서도 무거운 책임감을 느꼈던 일을 숨길 수 없다.

1978년에 일본에 가서 1년간 있었다. 명색 역사학자라는 사람이 『분단시대의 역사인식』에 실린 그런 글만을 계속 쓰고 있을 수만은 없었고, 전에 쓴 논문집 『조선후기 상업자본의 발달』에 뒤이어 문호개방 후의 상업관계 책을 쓰기 위한 자료를 구해올 목적이었다. 박정희 유신독재의 그늘이 일본에까지 드리워져 있어서 운신이 어려웠지만, 자료는 욕심껏 구할 수 있었고 돌아와서 쓸 책의 목차까지 정했다.

그러나 돌아오자마자 10·26사건이 터져 박정권이 무너지고 이른바 '서울의 봄'이 왔다. 감옥에 갔던 학생들과 퇴학당했던 학생들이 돌아오고 민주화 열기가 높아지면서 마침 박물관장을 맡고 있던 나의 방은 과장해서 문전성시를 이루었다. 연구논문을 쓰리라던 나의 계획은 간데없어졌고, 광주 5·18항쟁이 터지면서 영문도 제대로 모른 채 경찰서 보호실 생활을 한 달이나 한 후 기어이 학교에서 쫓겨나고 말았다.

그해 5월 말에서 6월 말까지 계속된 성북경찰서 보호실 생활은 정말 따분했다. 옆방에는 학생들이 30명가량 있었고 이상신 교수와 시인 황지우 등이 우리 방 식구였다. 하는 일이라곤 밥먹고 뒤보는 일, 그리고 매일 불려나가 곤죽이 되어 오는 황 시인의 멍든 자리를 문질러주는 일이었다. 그곳에서는 아침마다 통행금지 위반자의 간이재판이 열렸는데, 본적도 주소도 없이 떠도는 사람들이 의외로 많다는 것에 놀라기도 했다.

그런 속에서도 세 사람이 더러 역사이야기나 문학이야기를 나누기도 했는데, 그 끝은 으레 개탄과 분개로 이어질 뿐이었다. 다만 이 기간에 박경리의 『토지』를 독파한 것은 하나의 소득이었다. 이때 생각한 문학과 역사의 관계, 『토지』를 읽은 역사학도로서의 느낌 등은 뒷날 글이 되어 발표되었다.

학교에서 쫓겨난 후 실업자 생활이 만 4년이나 계속되었다. 오랜만에 얻은 '한가한' 시간이었지만 이른바 연구논문이란 것을 쓰고 있을 수는 없었다. 이 시대를 위해 역사학이 무엇을 할 것인가 하는 예의 의문병이 다시 도진 것이다. 의식있는 사람들의 모임에서 말을 해달라고 하면 거절하지 않았고 『조선후기 상업자본의 발달』이 아닌 『분단시대의 역사인식』에 뒤이은 글들을, 그리고 『한국근대사』『한국현대사』를 악에 받쳐 썼다.

평생 동안 허리띠를 조이며 산 아내가 그 무렵에 (어렵게) 장만한 집이 마침 2층집이라 아래층에서 아침을 먹고 출근하는 마음으로 2층 서재로 가서 오늘은 여기까지 쓰리라 작업량을 미리 정해놓고 미친 듯이 써내려갔다. 어디에서 그런 힘과 악이 솟았는지 지금 생각해도 제정신이 아니었던 것 같은 느낌이다.

이 무렵에 쓴 『분단시대의 역사인식』에 뒤이은 글들이 모여 『한국민족운동사론』이 되었다. 책이름을 '속·분단시대의 역사인식'으로 할 생각이었으나 부득이한 사정으로 출판사가 바뀌게 되어 그런 이름을 붙일 수 없었다. 나로서는 『분단시대의 역사인식』보다 이 책에 오히려 애착이 더 갔지만 그 반응은 훨씬 못 했다. 처음 생각했던 책이름으로 하지 못한 것이 지금도 후회스럽다.

서대문구치소의 고적답사

1983년도 안으로 끝내기로 결심했던 『한국근대사』『한국현대사』의 원고를 마무리짓고 만족감에 젖어 있던 그해 12월 30일 새벽, 파출소에서 나왔다는 몇 사람이 들이닥쳐서 같이 좀 가자는 것이었다. 머리를 빨리 회전시키며 무슨 일 때문인가 생각해봤지만 그들에게 끌려갈 만한 이유가 전혀 떠오르지 않았다.

이유가 전혀 생각나지 않으니까 오히려 여유를 가지게 되었고 가족들을 안심시키며 순순히 따라나설 수 있었다. 몇 번의 경험이 있어서 그렇기도 했지만, 마침 탐스러운 함박눈이 펑펑 내리고 있어서 양쪽에 체구 큰 동행자만 아니라면 눈 오는 날의 멋진 드라이브가 될 법하다는 생각도 잠시 가질 수 있었다.

서울역을 지나 조금 가다가 머리를 숙이고 앞을 보지 말라는 말을 듣고서야 예사로운 곳이 아니구나 생각은 했지만 그곳이 뒷날 박종철군을 '탁'하고 쳐서 '억'하고 죽게 할 곳인 줄은 그때는 물론 알 리 없었다. 어느 취조실로 끌려가서야 6개월 전에 기독교사회문제연구원에서 강의한 내용이 끌려온 원인임을 알 수 있었다. 리영희 교수와 조승혁 목사가 '공범'인 것도 며칠 뒤에 알았다.

유식한 사람에게는 무식한 놈을 붙여야 제격이라서 제가 맡게 되었다는 취조담당이 위협도 하고 얼르기도 하면서 미주알고주알 캐물었지만, 나처럼 기억력이 약한 사람이 6개월 전에 한 이야기를 그들의 요구에 맞게끔 재생시키기란 애초에 그른 일이었다. 혈압이 높다는 그는 우황청심환인가 하는 약을 값비싼 것이라고 강조하면서 계속 먹어대며 취조했고, 나는 그것이 딱해서 강의료를 얼마 받았는지조차 기억해내지 못하는 형편없는 나의 기억력을 스스로 원망할 정도였다.

상세한 이야기는 다른 기회로 미루자. 진술서라는 것을 쓰는데 무식해서 '유식한' 나를 담당하게 되었다고 스스로 말한 이 친구가 진술서를 쓰는 내 문장이 틀려먹었다고 계속 다시 쓰게 하는 데는 정말 미칠 지경이었다. 16절지인가 하는 종이에 볼펜으로 1천 장까지는 아니어도 5백 장은 훨씬 넘게 썼을 것이다. 그도 조금은 미안했던지 논문 쓰는 문장과 진술서 쓰는 문장이 달라서 그렇다고 중얼거렸지만, 그것이 그들의 상투수단이란 것쯤은 알고 있던 나는 밖에서 이 정도 썼으면 원고료만도 상당할 거라는 그의 말에 정말 한 대 갈겨주고 싶은 충동을 느끼지 않을 수 없었다.

취조라는 것을 끝내고 기소가 되어 서대문구치소로 가기 전에 마포경찰서 유치장에 갔던 이야기는 꼭 해야겠다. 영하 18도가 며칠씩 계속되는 혹한 속에 혼자 수용된 넓은 마루방에서 누더기 같은 담요를 깔고 갤 때의 심정을 리영희 교수는 뒷날 마치 "시궁창에 빠진 느낌"이었다고 회상했지만, 그보다도 더 못 참을 것은 추위였다.

며칠에 한 번씩 목사인지 전도사인지 하는 사람이 젊은이 몇 명과 함께 와서 회개하라고 기도하고 찬송하는 것도 사람을 미치게 했다. 게다가 하루는 이 목사인지 전도사인지 하는 사람이 내 방 위에 쓰인 반공법인지 보안법인지 하는 것을 보고 다가와서는 남한에 가족이나 친척이 있냐고 묻는 데는 차라리 실소할 수밖에 없었다.

유치장에서나 그후 옮겨간 구치소에서도 마찬가지였지만, 혼자 수용된 방 안에서는 정말 할 일이 없었다. 그곳 생활이 더 길어지고 그 나름의 안정을 찾으면 어떨지 모르지만, 솔직히 말해서 50이 넘은 나이에 갇혀서 인생이니 학문이니 민족사적 질곡이니 하는 문제나 자신이 그곳에 온 의미 같은 것을 두고 조용히 생각해본다는 것은 불가능했다. 그런 마음의 여유가 생기지 않았다는 말이다.

역시 제일 필요한 것은 책이었다. 마포경찰서 유치장에는 다행히도 꽤 괜찮은 작가들의 소설책이 어느정도 비치되어 있었다. 그야말로 지옥에서 부처를 만난 마음이었다. 대학에 다니다 전경인가 의경인가가 되어 유치장 경비를 맡은 젊은이의 호의로 그것을 거의 다 읽고 서대문 구치소로 갔다. 서대문에서는 처음엔 옆방 친구에게서 몇 권 빌려보다가 가족이 넣어준 『사기열전(史記列傳)』을 손에 들고서야 어느정도 마음의 안정을 얻을 수 있었다.

서대문구치소에서는 역사공부, 그것도 우리 근현대사를 전공한 덕을 봤다. 책읽기에 지치거나 잠자리에 누워 잠을 이루지 못할 때는 우리 근현대사를 통해 이곳을 다녀갔을 민족운동가들이 누구누구였을까 생각해내고 대충 짐작할 수 있는 그분들의 성격에 비추어 어떤 옥살이를 했을까 상상해보는 것이다.

성난 얼굴로 눈을 부라리며 앉아 있었을 것 같은 김구, 계속해서 만세를 불렀다는 유관순, 미친 사람으로 가장해서 석방되었다는 박헌영, 부처처럼 앉아서 명상했을 것 같은 안창호, 같이 옥살이한 은사에게서 들었지만 대단히 의연하더라는 홍명희, 나이든 교도관이 존경할 수밖에 없었다고 하는 조봉암, 생각보다 졸장부더라고 교도관이 평한 어느 정치인 등의 옥살이 광경을 상상해보는 것이다.

그러다 보면 내가 마치 역사의 한쪽 귀퉁이라도 차지하고 있는 것 같은 착각에 빠지거나, 아니면 고적답사나 사료채방을 온 것 같은 '편안한' 마음이 될 수 있었다. 제 버릇 무엇 못 준다고 이 구치소를 거쳐간 사람들을 중심으로 한 우리 근현대사를 써도 좋겠다는 생각을 해보는 것도 잠깐의 위안은 되었다. 가슴에 빨간 딱지를 붙였기 때문에 세수도 다른 사람이 다한 후 따로 하고 운동시간까지도 남이 안 쓴 모자를 쓰고 혼자 격리되어 있던 처지에 말이다.

역사는 어디로 가는가

1984년 7월, 다시 학교로 돌아온 것은 긴 고행 끝에 집으로 돌아와 조금 지나서였다. 그러나 현실은 아직도 차고 어둡기만 해서 패잔병의 귀향일 뿐이었다. 마침 『한국근대사』 『한국현대사』가 출간되고 거기에 의외의 반응이 있어서 고행의 노독을 다소 풀어주는 것 같았지만 돌아온 집에서 무엇을 어떻게 할 것인가는 얼른 생각나지 않았다.

그럼에도 불구하고 우리 근현대사를 옳게 알려는 학생들의 의욕과 노력은 대단했고, 70년대와 80년대를 통해 성장한, 아직은 강사급에 있는 소장학자들은 기성 역사학의 후계자가 아닌 마치 다른 세계에서 온 사람들처럼 그 역사인식과 방법론이 달라져 있음을 발견할 수 있었다.

시대사로서는 처음으로 식민지시대의 공산주의운동을 다루고 건국준비위원회 활동이나 좌우합작운동, 남북협상의 역사성을 강조하는 나의 현대사 서술방법에 대해 기성 역사학은 용납하지 않으려 했고 아직은 이르다고 염려해주는 동료연구자도 있었지만, 젊은 역사학자들은 그런 정도가 아니었다. 대구 10월폭동, 4·3항쟁, 여순사건 등을 용감하게도 이승만 세력의 단독정부 수립반대 민중항쟁으로 정의해간 것이다. 역사인식상의 상전벽해라고나 할까.

역사학을 전공한 지 40년에 가까운 세월이 흘렀고 옛 사람들은 생애에 한 번도 겪기 어려울 역사의 실험장, 즉 식민통치의 경험, 8·15의 격동, 민족상잔의 6·25전쟁, 4·19민중혁명, 5·16군사쿠데타, 5·18민중항쟁 등을 자기 세대로 겪고 잠깐이나마 그 바퀴에 깔려보기도 한 나는,

명색이 역사학자로서 역사가 무엇인가를 옳게 알지 못한다면 너무 바보스럽지 않은가 하는 자책감이 쌓이고, 솔직히 말해서 역사공부를 다시 해야겠다는 생각이 들기도 했다.

어느 은사님의 정년 고별강연을 듣고 저분이 평생을 두고 역사란 무엇인가를 추구하셨는데 고별강연 역시 그 추구의 연속이로구나 하는 생각을 한 적이 있다. 그 자리에 서야 할 날이 그다지 멀지 않은 나도 역사가 무엇이냐는 질문을 받을까 두려운 것이 사실이다.

역사가 무엇인가에 대한 해답은 아직 제대로 얻지 못했다 해도, 80년대의 격동을 겪으면서 그 진행방향만이라도 알아야 한다는 욕심이 생겼다. 역사는 모든 인간들이 정치적 속박에서 해방되는 길로, 경제적 빈곤과 불균등에서 해방되는 길로, 사회적 불평등을 극복해가는 길로, 사상적 부자유와 탄압을 극복해내는 길로 나아가고 있다는 확신 정도는 가질 수 있게 된 것 같다. 그리고 그것에 반하는 모든 노선과 행동은 때로는 혁명적인 방법으로, 아니면 개량적인 방법으로라도 반드시 극복되어왔다는 사실을 나름대로의 자신을 가지고 말할 수는 있을 것 같다. 그러나 겨우 그 정도라면 40년 공부 도로아미타불이 아닐까.

취조실의 역사선생

취조실에서의 보람

어쩌다 왜 우리 역사를 전공하게 되었는가 하는 질문을 받게 되면 뚜렷한 이유를 선뜻 말하지 못하는 안타까움이 있다. 그저 "역사가 좋아서. 역사 공부하는 것이 적성에 맞는 것 같아서" 정도의 답을 할 수밖에 없고, 좀더 그럴듯한 답을 해야겠다고 생각될 경우엔 대학에 진학할 때가 6·25전쟁 중이라 왜 우리 민족이 동족상잔의 비극을 겪게 되었는가 하는 것이 절실한 관심거리였고 그런 것을 알기 위해서는 우리 역사를 공부하는 것이 지름길이라 생각되었기 때문이었다고 답하는 정도다.

평생 직업을 택한 동기치고는 너무 덤덤하다는 불만을 스스로 가질 때도 있지만, 실제로 동기가 그런 정도밖에 없었으니 거짓말하지 않는 이상 더 할 말이 없는 처지다. 그러나 한 가지 분명한 것은 후회는 되지 않는다는 점이다. 그렇다고 해서 "다시 태어나도 역사학자로 살겠는가"라고 묻는다면 "그렇다"라고 자신있게 답할 수 있는 용기까지는 없다. 왜냐하면 지금도 가끔 내가 세상을 향해 보내고 싶은 어떤 메시지 같은 것이 있다면 역사논문이나 저술을 통하는 것보다 소설을 통하는 것이 더 효과적이지 않겠는가 하고 생각할 때가 있기 때문이다.

그건 객담이고, 동기는 비록 덤덤한 것이었다 해도 일단 전공을 택한 후부터는 곁눈을 판 일은 없었던 것 같다. 지금은 사정이 조금 달라져 가고 있지만, 당시로서는 역사연구를 직업으로 삼는 경우 대학의 선생이 되는 길밖에 다른 길이 없고 대학선생이 되는 길은 역사연구를 남보다 더 낫게 하는 길밖에 없었으니 곁눈 팔 이유도 겨를도 없었던 것이다. 극히 일부 연구자들이 역사를 직접 편찬하는 기관에 몸담기도 했지만, 그것도 당시로서는 대학선생이 되기 위한 하나의 과정으로 생각했을 뿐이다.

좀 진부한 말이 될지 모르지만, 한 개인의 직업이란 것이 그것밖에 하고 싶지 않고 그것에서 얻는 보람이 최상의 보람으로 여겨져서 택해진다면 그것에 대해 누구보다도 강한 애착과 높은 긍지를 가지지 않을 수 없게 된다. 세속적 이해를 떠나 그것을 위해 최선을 다하게 마련이다. 세상에서는 이런 개인을 흔히 직업의식에 투철한 사람이라 하고 성공한 사람, 참된 행복을 터득한 사람이라 말하기도 한다. 이런 말은 도덕 교과서에나 나오는 말로 들릴지 모르지만, 실제로 하나의 직업에 평생을 종사한 사람들에게서는 흔히 들을 수 있는 말이기도 하다.

대학선생의 기능 혹은 의무를 연구와 교육과 사회봉사 세 가지로 압축해 말하기도 한다. 연구는 연구실에서 혼자 할 수도 있고 교육은 학교 안에서만 할 수도 있지만 사회봉사 부분은 연구실이나 대학 안의 이른바 상아탑에서만 할 수 있는 일이 아니다. 역사선생의 경우 연구를 통해 역사가 가는 바른길을 알아내고 학생들에게 가르친다 해서 그것만으로 직업인으로서 대학선생의 의무를 다하는 것은 아니다. 사회 일반인에게도 역사의 바른길을 말해주어야 할 의무가 있으며, 그것은 사상의 자유가 조금은 더 보장되는 상아탑 대학 안에서가 아닌 그 바깥에서 할 수밖에 없는 '위험성이 있는' 의무이기도 하다.

이 때문에 '위험'이나 말썽을 아예 피하기 위해 연구와 교육에만 전념하고 사회봉사는 포기하는 경우도 있지만, 그렇다고 해서 현실적으로 대학선생 자리를 위협받는 것은 아니다. 그러나 이 '위험한' 사회봉사마저 다하지 않고는 견디지 못하는 직업의식에 투철한 대학선생도 있게 마련이다. 연구를 통해 역사의 바른길을 터득하고 좁은 상아탑 안에서 교육을 통해 그것을 가르친다 해도 사회 전체가 다른 길로 가고 있다면 얼마 안 가서 그 연구실과 상아탑마저도 그 다른 길에 휩싸이고 말 것이란 불안 때문이다. 사회 일반인 대상으로 글도 쓰고 강연도 하다가 수난을 당하는 것도 바로 이 때문이라 할 수 있다.

사회봉사 의무를 눈감을 수 없어 약간 활동을 했다가 1980년의 전두환 군사독재정권 성립기에 학교를 쫓겨나 있을 때의 일이다. 어느 기독교 계통 연구기관에서 민족문제, 통일문제에 관해 강연한 것이 말썽이 되어 대단히 무서운 곳으로 알려진 어느 수사기관 취조실의 손님이 된 일이 있다. 숨막히는 취조가 밤낮없이 계속된 10여 일 만에 결국 그들의 요구대로 작성된 조서에 손도장을 찍어주고 나니 오히려 마음이 홀가분해지면서 잠이 쏟아지기 시작했다. 며칠을 잤는지 모르지만 부족한 수면을 어느정도 채우고 나자 대단히 '다행하게도' 여기에서도 역사연구자가 해야 할 의무가 기다리고 있었다.

그곳 규칙이 피의자는 혼자 두는 것이 금지되어 있어 주로 계급이 낮고 따라서 나이가 비교적 젊은 한 직원이 낮에도 같이 있고 밤에도 잠을 같이 잤다. 이 사람이 마침 진급시험을 앞두었다면서 조심스레 문제집을 내밀면서 국사 교습을 부탁해온 것이다. 그들에 대한 원망과 허탈, 피로 등이 겹쳐 몸과 마음을 가눌 수 없는데다 그들이 모두 사람같이 보이지 않던 때라 당연히 거절할 마음이었고 또 그럴 자유야 있다고 생각했다. 그러나 한편으로 배우려는 사람이 있는 이상 어디에서건 누구건 가르쳐야 한다는 일종의 직업의식 같은 것이 발동하면서 잠시 감정을 누르고 쾌히 승낙할 수 있었다.

고등학교 졸업생 정도의 수준에 맞추면서 매일 틈날 때마다 국사 교습이 계속되었고 그 시간만은 그가 취조 감시하는 쪽이고 내가 그것을 당하는 쪽이란 '속된' 관계를 완전히 잊을 수 있었다. 대학강의식이 아닌 가정교사식이고 문제집에 실린 문항들이 너무 단조롭고 피상적인데 실망하면서도 꽤 진지한 교육이 이루어질 수 있었다. 그는 성실하고 이해력과 암기력이 높아 가르치는 재미를 꽤 느끼게 하는 '학생'이었다. 처음에는 상관들의 눈을 피해 진행되었으나 어느 틈에 그의 상관들도 인정하는 강의가 되었다.

정식으로 구속기소하여 서대문구치소로 보낼 것인가 아니면 풀어줄 것인가를 두고 그들도 의견이 엇갈려 빨리 결정 못 하는 것 같은 낌새를 알게 되었고, 이 때문에 더욱 초조하고 지루한 나날이 계속되던 때라 가르치는 재미마저 없었다면 아마 고통은 더했을 것이다. 그러나 결국 구속기소하기로 결정되어 구치소로 가게 되었고 평생 처음 수갑이란 것을 차게 되었는데 불행하게도 이 일을 계급이 가장 낮은 나의 '학생'이 담당하게 되었다.

태연한 척 두 손을 내밀었지만 형언할 수 없는 분노가 치밀었고, '학생'은 차마 수갑을 채우지 못하고 고개를 떨구었다. 상관들의 재촉으로 '선생' 손에 수갑을 채우면서 '학생'은 결국 울고 말았다.

거의 10년이 지난 지금 생각해봐도 지옥 같은 취조실에서도 가르치는 사람이 갖는 보람을 확인할 수 있었던 일에 다시 마음이 뜨거워지고, 평생을 바친 내 직업의 존엄성이나 엄숙성 같은 것을 새삼 느끼게 된다.

『아리랑의 노래』를 처음 읽던 날

60년 넘게 살았으면서도 불행하게도 '나의 기념일'이라 할 만한 의미 있는 특정한 날짜를 기억하지 못한다. 그래서 나의 학문생활에 중요한 영향을 준 한 권의 책을 읽었던 어느 날을 '나의 기념일'로 대신해서 소개할까 한다.

그때만 해도 방문 절차가 꽤 까다로웠던 일본에 처음 간 것은 1970년 3월 하순이었다. 6개월간 체재할 예정으로 숙소를 정한 후, 토오꾜오 시내의 지리 중 제일 먼저 익힌 것이 칸다(神田)라는 헌 책방 거리였으니까 아마 4월 초순 어느 날이 아니었던가 생각된다.

그전에 우연히 읽었던 『피압박민족의 지식인』이라는 책을 통해 이미 알고 있었으나 구할 수 없어 못 읽었던 미국 여기자 님 웨일즈가 쓴 '조선인 혁명가의 생애'라는 부제가 붙은 『아리랑의 노래』 일본어판을 헌 책방의 한쪽 서가에서 발견하고 망설임 없이 샀다. 숙소에 돌아와서 예사로운 마음으로 읽기 시작했다가 곧 책 속에 완전히 빠져들고 말았다. 만사를 잊고 밤새워 읽었음은 물론 다음날도 밖에 나가지 않고 연달아 두 번 읽었던 것으로 기억된다.

소설보다 흥미진진하면서도 엄숙한 역사의 한 장면과 직면하는 마음으로 읽을 수밖에 없었던 이 책을 통해 나의 식민지시대 민족해방운동사 인식에 몇 가지 구체적인 변화가 나타났던 것 같다. 지금에 와서 그것을 정리해보면, 첫째는 일제식민지시대 민족해방운동전선의 좌익전선이 가진 역사성의 실체가 한층 더 분명해진 점이며, 둘째는 1930년대 이후 우리 민족해방운동에 일어난 좌우익전선 사이의 통일전선운동의 실체를 알게 된 점이었다고 할 수 있다.

나는 8·15에서 6·25전쟁이 일어나기까지 약 5년간을 중학생으로(6년제) 보내면서 사상적 자유분위기를 일정하게 맛볼 수 있었다. 중학생으로서는 소화하기 어렵기도 했지만 일본어로 된 사회과학 이론서들을 더러 읽었고, 좌우진영 사이의 대립과 갈등도 직접 목격하고 일부 경험하기도 했다. 그러나 8·15 후 목격한 좌우익 진영의 대립을 통해 일제시대 좌익전선의 실체를 구체적으로 이해하기는 어려운 일이었다. 대학의 역사과에 들어가서도 좌우익전선을 막론하고 일제시대의 민족해방운동사에 대한 강의를 듣지 못했고, 그 운동의 실상을 전해주는 책도 물론 구할 수 없었다.

당시 국내 역사학계 일반의 역사인식도 일제시대의 좌익운동을 공산주의운동으로만 인식하는 데 한정되었지 민족해방운동의 일환으로 보는 데까지는 나아가지 못했다. 식민지시대 민족해방운동에서 통일전선운동이 가진 역사성에 대해서는 역사학계 전체가 전혀 관심을 가지지 못하고 있을 때였다. 나의 경우도 1960년대까지는 일제시대 공산주의운동을 민족해방운동의 일환으로 볼 수 있는 역사인식이 아직 철저하지 못했고, 더구나 식민지시대 민족해방운동을 통일전선운동 중심으로 봐야 한다는 생각은 못 하고 있었다.

『아리랑의 노래』가 딱딱한 이론서였다면 여느 책과 같이 필요한 부분에 줄을 치면서 한 번 읽고 넣어두었을 것이다. 그러나 일종의 논픽션으로 된, 그리고 저자가 주인공의 인생관이나 세계관에 깊은 애정을 가지면서 쓴 이 책을 읽으면서 우선 일제식민지시대를 이렇게 산 우리의 민족구성원도 있었구나 하고 감탄하지 않을 수 없었다. 다음에는 좌익전선 중에 이런 부분이 있었구나 하고 다시 한번 그 실체를 파악하게 했고, 더 큰 수확은 30년대 후반기 이후의 우리 민족해방운동전선이 국제적 반파쇼운동에 맞추어 통일전선운동으로 나아간 사실을 이해하게 된

점이었다.

지금은 번역이 되어 국내에서도 예사롭게 읽히고 있지만(국내 번역본에는 보유편이 빠져서 통일전선운동으로서 조선민족전선에 관한 부분이 누락되었다) 당시에는 웬만한 용기 없이는 국내에 가져올 수 없었던 조건이었기에 더욱 애착이 갔다. 이 책은 일제시대 사회주의운동을, 그리고 그 운동에 종사한 사람들을 새롭게 또 정확하게 보는 데 도움을 주었고 일제시대 전체 민족해방운동사를 보는 눈을 일시에 넓히고 또 객관화시켜 주었다고 할 수 있다. 아마도 이와 같은 역사인식의 변화에 힘입어 곧 뒤이은 7·4남북공동성명의 역사성을 비교적 정확하게 인식하게 된 것이 아닌가 한다.

그러나 7·4남북공동성명의 정치적 목적이 딴 곳에 있었음을 알게 되었을 때 그 배신감은 컸고, 그것이 바탕이 되어 '통일지향 역사인식' 및 '분단극복 역사인식'이 자리잡아갔다. 그 결과 1970년대 후반기 이후에 쓴 책들, 『분단시대의 역사인식』『한국민족운동사론』『통일운동시대의 역사인식』『조선민족혁명당과 통일전선』 등이 생산되었다 해도 과언이 아니다. 그리고 그 사론(史論)을 바탕으로 『한국근대사』『한국현대사』 등이 쓰여졌다. 이만하면 한 권의 책을 처음 읽은 날이 '나의 기념일'이 될 만하지 않을까.

갈 수 없는 나라

바지만 걷으면 건널 수 있는 조국의 한쪽

대학선생의 생활이란 그날이 그날인 그야말로 쳇바퀴돌이일 수밖에 없다. 그 때문인지 처음 그 노릇을 시작할 때는 평생을 몸바치리라 큰소리치던 사람들이 어쩌다 장관이나 전국구 의원 자리 하나라도 돌아오기만 하면 그 자리를 헌신짝 버리듯 팽개치고 달려가는 경우가 많았다.

그러나 판에 박힌 생활 속에서도 나름대로의 즐거움은 있다. 인생의 꽃이라 할 이십대 젊은이들과 언제나 호흡을 같이할 수 있다는 점, 어느 직업보다도 자유롭게 책 읽고 글 쓰는 시간을 많이 가질 수 있다는 점, 비교적 남에게 머리 숙이지 않고 살 수 있다는 점, 크게 부담없이 외국을 여행할 기회가 조금은 잦다는 점 등을 들 수 있을 것이다.

외국여행이란 것이, 남의 형편이나 사정을 보고 다니는 일이라 다소 언짢은 일을 봐도 내 나라 내 민족의 일처럼 절박하게 느끼지 않아도 되는 여유가 있을 수 있고, 그 때문에 웬만하면 즐거운 여행이 될 수 있다. 그러나 몇 해 전 중국 쪽에서 백두산과 두만강을 여행하면서 외국여행

같지 않은, 그러면서도 국내여행은 더욱 아닌 묘한 처지에 빠졌던 기억을 잊을 수 없다.

어릴 적부터 단군을 배웠고 '두만강 푸른 물'을 자주 듣고 부르는 우리 누구에게나 백두산과 두만강은 여느 산천과는 유별한 마음의 대상이게 마련이다. 더구나 민족분단의 시대를 살고 있는 지금의 우리에게는 그 이전을 산 조상들보다 이들 산천에 대한 유별한 마음이 훨씬 더하다고 할 수 있다.

나로서는 중국대륙이란 곳이 어느 외국보다도 가보고 싶은 곳이었고, 그때만 해도 쉽지 않았던 그 여행의 가장 중요한 목적이 백두산과 두만강을 가보려는 데 있었음은 말할 나위가 없다. 떠날 때는 중국 영토 속의 백두산과 두만강을 중국 쪽을 통해 갈 수밖에 없다는 현실적인 문제는 전혀 의식되지 않았고, 다만 가볼 수 있게 되었다는 것이 기쁘기만 해서 나이에 걸맞지 않게 들떴다.

연변에서 자동차로 여섯 시간을 가서 장백폭포 아래 산장에서 자고 나니 아침부터 꽤 많은 비가 오고 강한 바람까지 불었다. 안내인이 말렸으나 백두산만은 기어이 보고 가야겠다는 생각에서 비를 맞으며 등정 길에 나섰다. 안개와 구름 속에서 들락날락하는 백두산은, 남한에서는 가보지 않은 산이 별로 없다고 생각하던 나에게도 어느 산에도 비할 수 없는 장엄한 분위기로 압도하며 다가왔다.

천지물에 손을 담갔을 때의 감회는 정말 표현하기 어려웠다. 백두산 천지에 와서 그 물을 실제로 만지고 있다는 사실이 마치 통일이 되어 내 조국 땅의 어느 곳도 못 가는 곳이 없게 된 것 같은, 그래서 지금 금강산이나 묘향산을 들러서 거기에 서 있는 것 같은 착각에 빠질 수 있었다. 그러나 역시 착각은 순간적일 수밖에 없었다.

중국과 국경선이 천지를 가로지르고 있다고 알고 있었지만 실제로 보이지 않아서 특별히 의식되지는 않았다. 그러나 처음으로 어렵게 '우리' 백두산에 올라왔지만 중국 쪽으로 올라와서 중국 땅을 밟고 '우리' 백두산에 서 있는 사실이, 그리고 짙은 안개와 구름 속에 가려 있는 저쪽 봉우리들이 우리 땅 위의 우리 백두산인데, 중국 땅의 '우리' 백두산은 올 수 있었을지언정 우리 땅 백두산은 마주보면서도 한 걸음도 들어설 수 없다는 현실이 착각을 일깨워주고도 남았다.

두만강에 갔을 때는 더 기막힌 일을 경험하게 되었다. 기행문 같은 데서 흔히 소개되는 강 하구에 가까운 도문(圖們) 쪽 두만강이 아니라 약간 더 중류 쪽에서 강물로 내려갔다. '두만강 푸른 물'에 손을 담그고 싶은 마음에 일행보다 앞서 달려갔으나 손 담그기가 주저스러울 만큼 물이 더러웠다. 상류에 있는 북한과 중국 쪽 공장 폐수 때문에 오염되었다는 설명이었다.

마주 건너다보이는 북한의 자양인가 장양인가 하는 기차역 간판을 읽을 수 있을 만큼 강폭이 좁았고 바지만 걷으면 쉽게 건널 수 있을 만큼 강물이 얕았다. 내가 서 있는 강변은 분명히 중국 땅이지만 돌도 풀도 산도 집도 모두 우리 것과 전혀 다르지 않았고 주변에 사는 사람들도 모두 우리 사람이었다.

마침 북한 쪽 역 앞으로 화물열차가 검은 연기를 뿜으며 지나가는데 기관사가 이쪽을 내다보기에 손을 흔들었더니 그도 마주 흔들어주었다. 손을 흔들다가 문득 내 처지를 생각하지 않을 수 없었다. 이 강이 국경선이라면 우리 쪽에서 중국을 건너다보고 중국사람들과 손을 흔들지언정, 중국 쪽에 서서 저 얕은 물 속을 더 들어갈 수 없는 제 땅을 건너다 보고 제 민족의 한 사람과 마치 국경을 넘어 외국인에게처럼 손을 흔들고 있는 것이다.

외국여행의 즐거움은 간데없고, 어쩌다가 이런 기막힌 자리에 서게 되었는가 하는 생각뿐이었다. 민족 비극의 현장 판문점이 관광 대상이 되어버린 현실을 가슴 아파했는데, 외국관광을 와서까지 그 비애의 연장선상에 설 수밖에 없는 내 처지가, 그리고 내 땅 네 땅을 가리기 전에 가고 싶어도 갈 수 없는 우리의 땅이 있다는 사실이 가슴을 메이게 했다.

「따오기」를 함께 부르며

1994년 8월 2일부터 3일간 중국 상해사범대학에서 동아연대성발전 (東亞連帶性發展) 국제학술토론회가 열렸다. 2년 전 일본에서 열렸던 '제1차 세계대전 후 동아시아에서의 가능성'을 다루었던 제1차 회의에 이어 '제2차 세계대전 후 동아시아의 가능성'을 토론하기 위한 이 학술회의에는 주최국 중국과 일본, 러시아 학자들과 함께 10명의 남한 학자와 5명의 북한 학자가 참석했다.

2년 전 일본에서 열렸던 제1차 회의에도 북한 학자들이 참석할 예정이었으나 결국 오지 않고 대신 조총련에서 사람이 나와 인사만 했다. 이번에 중국에서 열린 제2차 회의에도 김일성 주석의 급서로 북한 학자들이 참석하지 못하리라는 예상이 강했으나 의외로 김주석 사망발표가 있은 불과 나흘 뒤에 일본 쪽을 통해 참석의사를 밝혀옴으로써 관계자들을 놀라게 했다.

30년간 대학선생 노릇을 하면서 국제학술회의라는 것에 더러 참가해봤지만, 미리 허가를 받아야 하는 북한 학자들과의 만남은 이번이 처음이었다. 남한 쪽 참가자 중 비교적 연장자에 속한다는 '책임감' 같은 것이 있어서 떠나기 전부터 어떤 경우라도 외국 학자들 앞에서 남북 학자가 다투는 일이 있게 해서는 안 된다는 생각을 가지고 있었다. 그러나 조문문제 등으로 남북관계가 날카로워진 상황이라 이런 생각이 얼마나 지켜질지 걱정되기도 했다.

우리 일행이 조금 늦게 도착하여 개회 만찬장에 들어갔을 때 만찬은 이미 시작되어 있었다. 중국·일본·러시아 학자들이 호기심을 가지고 지켜보는 앞에서 생전 처음 김일성 배지를 단 북한 학자들과 인사를 나누게 되었다. 그러나 너무도 당연한 일이지만 영어도 중국어도 일본어도 아닌 우리말로 여느 국내학자들과 첫 대면처럼 다정하게 인사할 수 있었다.

남북의 주요 참석자들이 대부분 50대 이상의 지긋한 학자들이기도 했지만, 학술회의가 진행되는 동안에도 남북 참석자들이 모두 남들 앞에서 동족끼리 다투어서는 안 된다는 생각을 가진 점은 같았다. 남쪽의 주체사상 비판에 북쪽이 강하게 역비판할 태세를 보였으나 역시 남들 앞에서 우리끼리 싸워서는 안 된다는 생각과 사전협의 덕분에 가벼운 언급으로 넘어갈 수 있었고, 북쪽의 변함없는 지루한 논리 전개에도 남쪽 참석자들이 조용히 귀기울일 수 있었다.

토론과정에서는 동아시아의 평화를 위해 일본의 군국주의 부활이 경고되고, 경제적 성장에 따르는 중국의 패권주의가 논의되기도 했으나, 역시 관심의 초점은 한반도의 평화적·자주적 통일문제였다. 그리고 지난 반세기 동안 동아시아는 한반도의 분단을 희생으로 하여 '냉전적 평화'를 유지했지만, 21세기의 동아시아는 한반도의 평화적·자주적·대등적·호혜적 통일을 바탕으로 하여 진정한 의미의 평화가 수립되어야 한다는 점이 남북 학자들 공통의 논리였다고 할 수 있다.

그러나 일본이나 중국 학자들이 동아시아의 평화를 위해 한반도지역의 평화적 통일이 중요하다고 강조하면 할수록 통일문제를 스스로 해결하지 못하고 중국이나 일본이 걱정해주어야 한다니 "너희들 아직도 그 모양이냐" 하는 비아냥으로 들리고, 반세기가 되도록 분단상태에 있는 "너희들 정말 딱하다"는 동정으로 들리기도 하여 견디기 힘들었다. 모르긴 해도 북쪽 사람들 중에도 같은 느낌을 받은 사람이 반드시 있었을 것이다.

3일간의 회의기간 중 하루 저녁에는 시간을 내어 남북에서 각각 준비한 술로 회포를 푸는 자리를 마련했다. 김주석을 애도하는 마음으로 아직은 노래를 부를 수 없다고 하던 그들도 남쪽 학자들이 그들도 알 만한 「반달」 「따오기」 같은 옛 동요를 골라 부르자 조용히 따라 불렀다. 몇 년 전 텔레비전에서 본 남북 예술단 방문공연 때와 같은 감격은 아니었다 해도 "이렇게 되는 것이 바로 통일인데" 하는 생각이 절로 나면서 눈시울이 젖어듦은 어쩔 수 없었다.

회의를 끝내고 마지막 하루는 주최 측의 주선으로 소주(蘇州) 관광을 했다. 그동안 서로가 꽤 친숙해져서 이 정도의 질문은 무난하리라 생각하고 그중의 한 사람에게 앞으로 김일성 배지가 김정일 배지로 바뀔 것인가를 물어봤다. "친애하는 김정일 동지께서 못 달게 할지도 모르죠" 하는 대답이었다. 김일성 체제와 김정일 체제 사이의 차이점이 어떻게 나타날 것인가가 남쪽 학자들의 관심의 초점이었는데, 어쩌면 이 대답이 그것을 대신해주고 있는지도 모르겠다는 생각이 들었다.

우리보다 먼저 떠나게 된 그들과의 이별 장면을 잊을 수 없다. 서로 손잡고 혹은 포옹하면서 뜨거운 목소리로 "또 만납시다" 하고 인사했으나, 다시 싸늘해져가는 남북관계를 생각하면 언제 또 만날 수 있을지 아무도 장담할 수 없었다. 처음 만나면서도 여러 번 만났던 일본이나 중국 학자들보다 너무도 친숙하게 느껴졌던 그들, 불편한 점은 없는지 혹시 여비는 넉넉한지 차마 물어보지 못하면서도 괜히 마음 쓰이던 그들, 나이 아래라고 알았을 때 곧 말을 놓고 싶어지던 그들을 다시 만날 기약을 할 수 없는 이 민족의 비극이 언제까지 계속될 것인지. 돌아오는 여정이 우울하기만 했다.

2

외로운 구름

월영대에 서린 최치원의 비극

경상남도 마산시의 신마산 지역을 지나 가포로 가고 진동 쪽으로 가는 갈림길 부근에 있는 월영대(月影臺)를 마산 사람들은 대개 알고 있다. 지금도 잘 보존되어 있으리라 생각되지만, 신라 말기의 큰 학자 고운(孤雲) 최치원(崔致遠)이 세상을 등지고 전국을 떠돌다가 그 발길이 조용한 바닷가였을 이곳에도 잠깐 머물렀고, 후세 사람들이 그를 추모해서 만든 정자가 있던 자리쯤으로 알려져 있는 것이 아닌가 한다.

그러나 월영대와 최고운의 사연이 그렇게 단순한 것만은 아니다. 천년 전의 이 사연에는 지금의 우리에게도 그 의미가 그대로 살아 있는 '역사'가 배어 있다. 제 처지를 외로운 구름에 비유해서 자(字)를 고운이라 한 사실 자체에 이미 비극적 사연이 담겼음을 알 수 있지만, 최치원의 이 행적에는 하나의 시대가 그리고 역사가 안고 있는 말세적 비극이 깃들어 있다.

10대에 당나라에 유학해서 그곳 과거에 급제하고 20대에 이미 선진 외국에서 문명(文名)을 날린 최치원이지만 본래 성골이나 진골 출신 귀족이 아니었던 그는 귀국 후 여전히 육두품의 제자리로 돌아갈 수밖에 없었다. 선진국에서 쌓은 경륜을 펼 자리를 얻지 못한 그가 외로운 구름이 되어 경치 좋은 바닷가나 조용한 절간을 찾아 떠돌아다닐 수밖에 없을 만큼 이 시기 신라의 지배체제는 폭이 좁고 굳어져 있었다.

변하는 세상을 외면하고 낡아빠진 귀족정치에 안주한 채 새 생각을 가진 새 사람을 기피하며 경직된 골품제도 속에서 맴돌기만 했던 신라의 지배체제가, 선진적 지식과 하나의 시대를 떠맡을 만한 국량을 지닌 인재라 해도 성골이나 진골이 아닌 이상 한낱 외로운 구름이 될 수밖에 없게 한 점에 바로 최치원의 비극이 있었다.

앞서가는 생각을 가진 새로운 인간을 용납할 수 없었던 신라왕조는 필연 망할 수밖에 없었고, 그 대신 들어선 왕건의 고려왕조가 이 외로운 구름이 길러놓은 문인들을 받아들여 새로운 세상을 창조한 역사를 알고 있는 우리는 최치원의 비극 속에서 바로 신라왕조의 비극을 볼 수 있다.

최치원도 한때 왕건에게 마음을 두고 기울어가는 신라를 하나의 가랑잎에, 솟아오르는 고려를 푸른 솔에 비유하기도 했으나 새 세상에 동참하기에는 이미 그는 늙었다. 단지 한 사람이 때를 잘못 만난 것이라 보면 그 비극은 최치원 개인의 것에 한정되지만 하나의 시대가, 그리고 그 지배체제가 동맥경화증에 걸린 결과라 보면 그것은 왕조적 비극으로 연결될 수밖에 없다.

천 년 전 신라의 경우 그것은 개인이나 왕조의 비극에 한정되었을 뿐이었으나, 골품제의 경화증과 분단체제적 경화증이 천 년이란 시간차와 상관없이 결국 같은 결과로 나타날 수 있음을 알고 있는 우리는, 지배체제의 경화증이 바로 민족적 차원의 비극으로 연결되는 세상에 살고 있음을 절감하지 않을 수 없게 된다.

불행하게도 최치원의 비극은 외로운 구름이 된 것만으로 끝나지 않
는다. 그리고 이것은 그가 몸소 겪은 비극이지만, 또다른 그의 비극은
후세의 역사가들이 발견한 비극이며 어쩌면 그가 몸소 당한 비극보다
더 큰 것일지도 모른다.

　최치원 시대의 만주지방에는 고구려 유민들이 세운 발해란 나라가
있었고 근대 이후 우리 역사학은 발해의 역사를 우리 민족사 속에 넣어
야 한다는 생각을 넓혀가고 있다. 일본의 식민사학이 발해를 우리 민족
사에서 빼고 최치원이 산 시대를 통일신라시대라 불렀던 것에 반대하
면서 남쪽의 신라와 북쪽의 발해가 공존했던 남북국시대로 불러야 한
다는 생각이다.

　당시 중국을 지배하던 당나라는 만주지방의 발해와 한반도의 신라
를 효과적으로 견제하기 위해 일종의 원격 조정으로 두 나라 사이를 이
간질하며 요샛말로 하면 제국주의적 분열과 지배정책을 적용하고 있었
다. 이 당나라의 동방정책에 걸려든 발해와 신라는 계속 서로 상극이었
고, 심지어 발해는 바다 건너 일본과 밀접한 관계를 가지면서 신라를 견
제한 흔적들이 있다.

　당나라에 유학했던 당대 최고의 지식인 최치원은 발해를 비방하는
글을 여러 번 당나라에 보냈다. 신라를 아름다운 무궁화동산으로 예찬
하고 발해를 미개한 오랑캐 나라로 비방하면서 신라에 대한 당나라 황
제의 배려와 지원이 없으면 북쪽 오랑캐가 이 무궁화동산을 침해할 것
이라 호소해 마지않았다.

　외로운 구름이 될 수밖에 없었던 비극도, 당나라의 동방정책에 걸려
발해를 비방할 수밖에 없었던 비극도 모두 최치원의 비극이며, 지나간
비극의 크고 작음을 가리는 일 자체가 부질없는 일일지 모르지만, 두번
째 비극은 그가 살다간 이 땅이 천 년이 지난 후 남북으로 분단됨으로써

더 커지고 무거워진 비극이라 할 수 있다. 그에겐 어쩌면 억울하게 씌워진 비극일지 모르겠다.

그의 두번째 비극은 또다시 민족분단의 시대에 살게 된 뒷날의 역사가란 사람들이 제 시대 지식인의 작태를 경계하기 위해 천 년 전에 살다 간 그에게 소급해 씌운 비극일지도 모른다. 역사란 때로 그렇게 잔인하다. 그러나 그가 이 땅에 살다간 그 많은 범인(凡人)이 아니라 천 년이 지난 후에도 역사 속에 살아 있는 최치원이기에 질 수밖에 없는 비극이기도 하다. 이른바 역사적 인물의 책임이 그만큼 무한하다는 말일지도 모른다.

신채호와 이광수의 갈림길

어느 민족사회를 막론하고 역사적으로 큰 변혁기를 맞았을 때 그 변화의 방향을 가늠하고 진로를 제시하는 사상가들이 나오게 마련이다. 우리 민족사회의 경우도 근대사회로 접어들면서 외부로부터 갑자기 강요된 변화에 적응하기 위한, 그리고 그 과정에서 생긴 어려운 문제들을 슬기롭게 극복하기 위한 방안들이 많은 사람들에 의해 제시되었고, 그것들이 지금에는 우리 근대사상사의 귀중한 자산이 되고 있다.

아직 우리 근대사상사가 제대로 정리되지 않아서 단언하기 어렵지만, 근대사상가들 중 신채호와 이광수 두 사람은 비록 그들이 태어나고 자란 환경이나 교양 및 학문적 기본 소양에는 일정한 차이가 있었다 해도, 또 살아온 처지와 특히 민족운동사에서 차지하는 위치와 노선에서 큰 차이가 있었다 해도, 일단 우리의 근대사상가 대열에서 긍정적이건 부정적이건 각각 상당한 비중을 가진 사람들로 꼽을 수 있다.

우리 근대사상의 흐름을 무엇에다 기준을 두고 그 갈래를 잡아야 할 것인가 하는 문제가 아직도 제대로 체계화된 것은 아니라 해도, 근대사상이란 것이 반중세성, 반봉건성에 철저해야 한다는 점에는 이견이 있을 수 없으며, 그 점에서는 신채호와 이광수가 어떤 사상가보다 앞섰다고 봐도 괜찮지 않을까 한다. 다시 말하면 근대사상가로서 이들 두 사람은 제 민족사회가 가진 중세적·봉건적 인습이나 사고구조에 대해 어느 사상가들보다도 강도 높은 비판을 가한 사람들이었다.

신채호의 경우, 반가(班家)에서 자란 그 교양의 바탕은 유교적인 것, 그것도 주로 중세유교적인 것이었고 이른바 근대교육 특히 근대적 학교교육은 전혀 받지 않았지만, 제 민족문화의 봉건적 속성에 대한 비판은 철저하고 가혹한 것이었다. 지금도 우리 학문풍토 속에는 전근대문화를 이른바 전통문화라는 이름으로 비판 없이 수용하려는 경향이 남아 있지만, 신채호는 우리 중세의 유교문화를 사대주의 문화로 규정하면서 철저히 비판했다. 「조선 역사상 1천년래 제1대 사건」은 그 대표적 논설 중의 하나라 할 수 있다.

이광수의 경우, 고아의 처지가 되어 일진회 유학생으로 일찍 일본에 유학하고 그곳의 근대문화를 접함으로써 제 민족사회의 봉건적 인습과 문화에 대한 비판적 안목을 터득할 수 있었고 소설과 논설들을 통해 제 민족사회의 봉건적 속성을 강하게 비판했다. 『유정』『개척자』 등 그의 초기 작품은 당시 우리 사회의 봉건적 인습 및 그 문화구조에 대한 강도 높은 비판의식의 소산물이었다고 할 수 있다.

불행하게도 신채호와 이광수의 조국은 식민지로 전락했고 이들 두 사상가는 자연스럽게 민족해방운동에 투신하게 된다. 봉건적 문화 속성을 앞장서 비판했던 근대사상가로서 이들은 당연히 복벽주의를 극복하고 공화주의 임시정부에 참가했다. 신채호는 임시의정원 전원위원장으로서, 이광수는 『독립신문』 사장으로서 초기 임시정부에서 나름대로의 역할을 다하게 된다. 그러나 이들 두 사람은 곧 임시정부 노선에 대한 불만과 회의로 거기서 이탈하게 된다. 신채호는 외교독립노선 중심의 온건 방법이 불만이었고 이광수는 망명 독립운동가라는 자신의 처지 자체에 회의를 가지게 되었다.

이후 신채호는 폭력투쟁, 민중혁명만이 민족해방운동의 옳은 길이라 판단하고 무정부주의자가 되어 적극투쟁노선으로 일관하게 되고, 이광수는 조선총독부의 촉탁으로 상해에 파견된 애인의 권유에 따라 민족해방운동전선을 떠나 국내로 들어오게 된다. 결국 신채호는 일제 경찰에 체포되어 망명지 감옥에서 옥사하고 이광수는 국내에 들어와 민족개조론자로, 소설가로 행세하다가 식민지시대 말기에는 적극적인 친일파로 전락함으로써 8·15 후 민족반역자로 심판받게 된 것은 우리가 다 아는 일이다.

불행했던 우리 근대사에서 중요한 사상가로서 민족사회가 가진 봉건적 인습과 문화체제를 비판하며 근대 민족문화의 수립을 위해 날카로운 필봉을 휘둘렀고, 조국이 식민지로 전락한 뒤에는 민족해방운동에 투신했던 이들 두 사람이었다. 왜 한 사람은 목숨을 바쳐 민족운동전선을 지킴으로써 8·15 후 민족해방운동가로 추앙받게 되고, 다른 한 사람은 그 전선을 이탈했다가 결국 민족반역자로 심판받게 되었는가, 오늘에 사는 우리에게 그야말로 '타산지석'이 아닐 수 없다.

신채호나 이광수가 모두 근대사상가로서 전근대적 문화 속성을 비판하는 데 앞장섰지만, 그들의 민족관 자체에는 큰 차이가 있었다. 신채호 민족관의 밑바닥에는 제 민족의 역사와 문화창조력에 대한 무한한 신뢰와 애정이 깔려 있었다. 그의 역사인식에 의하면 중세 이후 사대주의에 빠진 우리 역사가 그것에서 벗어나지 못하고 식민지로 전락했지만, 고대사회에서는 어느 민족에 뒤지지 않는 창조적이고 진취적인 능력을 가지고 있었으며, 그것을 식민지적 조건에 맞게 민중 주체로 되살리기만 하면 반드시 민족해방을 달성하고 세계사 대열에 앞장설 수 있다는 확신을 가지고 있었다.

신채호가 체득한 제 민족의 역사 창조력에 대한 확신과 그 자신이 민족해방운동의 주체로 발견한 민중에 대한 무한한 신뢰와 애정이 그로 하여금 민족해방운동전선을 끝까지 지키게 했고 결국 그것을 위해 목숨을 바치게 했다. 이렇게 보면 근대사상가 신채호의 중세적·봉건적 문화구조에 대한 가차 없는 비판은 제 민족에 대한 변함없는 신뢰와 애정을 바탕으로 한, 민족문화의 재창조를 위한 비판 그것이었으며, 이 점에서 이광수의 비판과는 본질적인 차이가 있다.

한때 참가했던 민족해방운동전선을 스스로 떠난 이광수는 국내에 돌아온 후 이른바 민족개조론을 집필하고 타협주의 노선을 걷게 되었다. 그에게는 식민지시대의 조선 민족은 나태와 퇴영과 패배만이 남은, 따라서 '개조'하지 않는 이상 희망이 없는 민족으로밖에 보이지 않았다.

하나의 민족을 필요에 따라 '개조'할 수 있느냐 하는 문제는 그만두더라도 이같은 패배주의적 민족관은 그가 민족해방운동전선을 떠난 후에 형성된 것이기보다 일본유학 때부터 이미 싹튼 것으로 보는 견해도 있다. 다만 그 증상이 심하지 않았을 때 민족해방운동전선에 참가했다가 오히려 패배주의가 심화된 것이라 볼 수 있다.

신채호의 건설적·희망적 비판의식과 이광수의 투항적 '개조'론적·패배주의적 비판의식, 그리고 '개조'하지 않는 민중 그 자체를 역사 주체로 본 신채호의 민족관과 '개조'할 수밖에 없는 민족이라 생각한 이광수의 민족관이 두 사상가의 역사적 위치를 가늠하는 중요한 근거가 되었다.

어느 시대나 역사의식에 투철한 사상가라면 제 민족사나 민족문화에 대한 비판의식 또한 날카롭기 마련이다. 다만 그 비판이 건설적이냐 패배적이냐에 따라 그 가치가 좌우되고, 그것은 또 본질적으로는 각자의 민족관의 차이에 따른 것이라 할 수 있다. 우리 근대사에서 그 위치가 뚜렷한 신채호와 이광수의 차이도 바로 여기에 있었다.

한때 영웅주의에 빠졌으나 식민지시대에 와서 오히려 그것을 극복하고 민중주의, 저항주의로 나아간 신채호의 민족의식·역사의식과 계몽주의에서 '개조'주의로 투항주의로 전락해간 이광수의 그것 사이에 엄존하는 어쩔 수 없는 차이가 무엇을 가리키는가 되새겨볼 만하다.

시대를 앞서간 지도자 몽양 여운형

몽양 선생, 이제 선생에 대한 추도사는 만인을 감싸는 선생의 인간적 도량이나 투철한 애족심, 난마와 같은 정치현실 속에서 더욱 돋보이던 그 식견과 역량, 그리고 그것을 펼치지 못하고 비명에 가신 안타까움 등을 말하는 그런 단계는 넘어서야 할 것 같다. 반세기에 걸친 선생의 투쟁 전체를 역사적으로 조명하고 그것을 다시 우리 민족사 위에 자리매김하는, 그런 추도사가 요청되는 단계가 된 것이라 생각한다.

돌이켜보면, 우리 민족운동사 위에서 선생의 투쟁은 1944년 건국동맹 결성을 고비로 그 전기와 후기로 대별할 수 있으며, 그 전기는 또 1929년에 일본경찰에게 잡혀 국내로 압송되기 이전과 그 이후로 나눌 수 있을 것 같다. 여기서 그 투쟁의 역사를 일일이 회고할 수 없지만, 국내외 투쟁을 통해 선생은 언제나 최전선에 위치했음을 확인할 수 있다.

한 가지만 예를 들면, 일본인들의 감옥에서 석방된 선생이 『조선중앙일보』 사장과 조선체육회 회장이란 합법적 위치에 있던 1934년경 국내 공작을 위해 잠입하는 조선의열단 혁명간부학교 졸업생들이 선생과 접

선하라는 지령을 받고 온 사료(史料)들이 남아 있다. 선생의 경우 합법적·표면적 위치란 비합법 투쟁을 위한 보호막에 지나지 않았던 것이다.

그러나 민족사가 분단된 오늘 및 통일될 내일과 관련하여 선생의 투쟁 중 가장 빛나는 부분은 역시 건국동맹 조직 이후부터라 할 수 있다. 1944년을 국내에서 살아본 사람이면 알 수 있겠지만, 이 시기에 선생과 같은 지명도 높은 사람이 반일조직이나 항일조직을 만든다는 일 자체가 거의 불가능한 일이었다. 그럼에도 건국동맹은 극비리에 좌우익 통일전선으로 조직되었고 국내 조직을 확대해가는 한편 중국 연안의 독립동맹 및 중경임시정부와 통일전선을 추진했다.

건국동맹은 가혹한 일제의 파쇼체제 아래서 항일운동단체로 조직되었다는 점에도 큰 의미가 있지만, 우리 민족해방운동전선의 통일전선을 지향한 단체였다는 점에 그 역사적 의의가 있다. 민족의 해방을 한층 더 가깝게 전망한 이 시기의 전체 민족해방운동전선은 정치적 통일과 군사적 통일을 최대의 과제로 삼았고, 건국동맹도 바로 국내 좌우익전선의 통일과 해외전선과 통일을 지향하면서 조직된 것이었다.

몽양은 일제의 단말마적 탄압 아래서 건국동맹을 조직하여 투쟁하였기에 패망하는 일본제국주의로부터 아무 거리낌없이 전체 조선의 치안권을 이양받을 수 있었다. 그리고 뒤이은 건국준비위원회는 그야말로 백두산 아래서 한라산까지 전국적으로 성립된 140여 개 지방인민위원회의 지지를 받았고, 그것을 기반으로 미군의 진주에 대비하면서 좌우익 통일전선정부로서, 그리고 장차 실시될 총선거를 담당할 임시정부로서 조선인민공화국이 선포되었다.

진주한 미군이 인정하지 않는 속에서 조선인민공화국과 귀국한 대한민국임시정부가 대립하는 양상이 나타나고 신탁통치 문제로 정국이 분열되고, 민족분단으로 나아갈 조짐이 보이자 '인공'과 '임정'을 합작하려는 노력이 나타났다. 이 노력이 실패하게 되자 선생은 좌익통일전선체라 할 수 있을 민주주의민족전선 의장단의 일원이 되었다. 그러나 '민전'과 우익의 '독촉'이 대립하여 통일민족국가 수립의 전망이 흐려지게 되자 선생은 다시 김규식 박사와 함께 남북통일과 좌우익 통일전선을 통한 통일민족국가 수립운동이라 할 수 있을 좌우합작운동을 펴나갔다.

일제시대 말기의 우리 민족해방운동사를 뒤돌아보면, 선생이 조직한 건국동맹이 전체 민족해방운동전선의 통일전선을 지향한 것과 같이 '만주'에서 성립된 조국광복회도 민족적 통일전선을 지향했고, 임시정부는 우익의 한국독립당과 진보세력의 집결체였던 조선민족혁명당, 그리고 무정부주의자들의 통일전선정부가 되었다. 여기에 연안의 독립동맹까지 합류하여 일제 패망 후에는 좌우익의 사상적 대립을 극복하고 통일민족국가를 수립할 기반이 성립되어갔다.

불행하게도 일제의 패망은 38선 획정과 함께 왔고 이를 계기로 좌우익의 대립은 심화되어갔으며 민족해방운동 과정에서 추진되던 통일전선운동은 위협받게 되었다. 이런 과정에서 선생을 중심으로 추진된 건국동맹과 건국준비위원회 활동, 민주주의 민족전선운동과 좌우합작운동은 한마디로 말해서 통일민족국가 수립운동의 연장선상이었다.

그러나 대단히 불행하게도 우익의 일부는 분단국가 수립을 공언하고 나섰고 그 다른 일부는 좌우합작에 소극적이었으며, 좌익은 좌익대로 '혁명노선'을 강조했다. 이런 상황 아래서 선생은 기회주의자, 회색분자로 몰리면서 몇 번의 테러를 당하다가 기어이 흉탄에 쓰러지고 말았다. 선생의 죽음은 좌우합작운동의 종말이었고 그것은 또 통일민족국가 수립운동의 종말이었다. 다음해에 우익의 일부도 참가한 남북협상이 열렸지만 때는 이미 늦었던 것이다.

몽양이 떠난 지 45년이 지난 지금에도 민족은 아직 분단상태에 있고 선생을 흠모하고 그 정치노선을 지지하는 사람들은 민족통일사업을 직접 담당할 처지에 있지 못한 채 이렇게 선생을 추도하는 일로 마음을 달래고 있다. 그럼에도 불구하고 우리는 다음과 같은 사실을 확인하면서 역사발전의 정직성을 다시 한번 확신하게 된다.

무엇보다도 '8·15 공간'의 '사실'들이 '역사'로서 승화되면 될수록 전국적 지방인민위원회의 지지를 받으면서 극좌주의·극우주의를 피한 진보노선, 평화적 통일민족국가 수립노선으로 압축될 수 있을 선생의 정치노선에 대한 역사적 정통성과 정당성이 점점 부각되고 있다는 사실이다. 그뿐만 아니라 이 노선은 40여 년이 지난 지금에 와서 남북한을 막론하고 그 집권층에 의해서까지 내세워지는 비무력·비혁명·비흡수 평화통일노선으로서 되살아나고 있는 것이다.

몽양은 정치적으로는 불우했으면서도 역사적으로는 성공한, 다시 말하면 그만큼 시대를 앞서간 지도자였다. 이제 선생이 염원하던 통일민족국가의 수립이 머지않아 실현될 것 같은 조짐들이 보이고 있다. 통일이 왔을 때 선생의 역사적 성공은 한층 더 확실하게 되겠지만, 그 때문에 분단국가체제 아래서는 그 흔한 동상 하나도 세워질 수 없고, 또 당연히 누려야 할 독립유공자란 위치도 거부되고 있다.

그러나 우리는 지금 역사에서 떳떳한 것만이 영원히 떳떳하다는 사실을 되새기며 어둡지만은 않은 마음으로 선생을 추도할 수 있는 것이다. 고이 잠드소서.

김규식의 큰 선택

평생을 조국의 해방과 독립과 통일을 위해 몸바친 우사(尤史) 김규식

(金奎植)은 이미 알려진 것과 같이 고아 출신이었다. 여섯 살 때 어머니를, 아홉 살 때 아버지를 여의고 고아가 된 그는 미국인 선교사 언더우드가 운영하는 고아원에서 자랐지만 조금도 빗나가거나 좌절하지 않고 자랐다. 열여섯 살이 된 1897년에 미국의 버지니아주에 있는 로녹(Roanoke)대학에 유학하여 1903년에 졸업했다. 1904년 23세 나이에 귀국한 김규식은 주로 선교사업에 종사하여 새문안교회 장로, 기독교계 경신학교 교사, YMCA 간사 등을 지냈고 1906년에는 결혼하여 가정을 이루었다.

1905년 을사조약 이후 조국이 일본의 보호국으로 전락하고 곧 식민지가 될 조짐을 보이고 있었지만, 당시만 해도 대단히 드물었던 미국대학 졸업생 김규식이 국내에서 선교활동이나 하면서 또 영어나 가르치면서 편안하게 살려고 생각했다면 그의 앞길은 탄탄대로이기에 충분했다. 그러나 그는 일제식민지배하의 국내에서 안일하게 살기를 택하지 않고 1913년에 험난한 망명의 길을 선택했다.

일본제국주의의 한반도 식민지화는, 그 속에 살고 있는 사람들로 하여금 일본의 통치를 감수하며 그대로 살 것인가, 아니면 그 통치 아래 살기를 거부하고 국외로 망명할 것인가 양자택일을 강요하는 일이기도 했다. 김구·여운형 등 많은 지사들이 망명의 길을 선택했고 김규식도 그중의 한 사람이 되었다.

그러나 김규식의 망명 선택은 조금 남다른 점이 있다. 그는 고아가 된 어린 시절 중병을 앓아서 주변 사람들이 살리기를 포기하다시피 한 일이 있었고, 이후에도 평생 병약한 몸으로 살았다. 그는 또 흔히 말하는 '정치적 기질'의 사람이라기보다 "식민지 백성으로 태어나지 않았으면 대학의 영문학 교수로나 살았을 것이다" 할 만큼 '비정치적 기질'의 사람이었다.

그런 그가 망명의 길을 선택하는 데는 남다른 결심이 필요했을 것이다. 또 비록 망명생활일지라도 조금 살기 쉬운 곳을 택하려 했다면 유학했던 미국을 택할 수도 있었을 것이다. 그러나 그는 우리 민족해방운동의 최일선이라 할 수 있는 낯선 중국을 망명지로 택했고, 독립기금 모집을 위해 몇 차례 미국을 다녀온 이외에는 32년간 망명생활을 중국에서 보냈다.

일찍이 독립협회 회장을 지낸 윤치호가 한일'합방' 후 일본이 조작한 이른바 105인사건에 연루되어 옥고를 치른 후 함께 연루되었던 양기탁 등이 망명했는데도 망명하지 않고 국내에서 이른바 순수 종교활동만 하면서 살려다가 결국 친일파로 전락한 것과 비교해보면, 어려운 조건에서 어린 시절을 보낸 병약한 종교인, '비정치적 기질'의 영문학자, 그 시대로서는 보기 드문 미국대학 졸업생 김규식의 망명은 다른 사람의 경우보다 훨씬 어려운 선택일 수 있었다.

그러나 그것은 그로 하여금 영광된 역사 위에 영원히 살게 하는 선택이 되었다. 이순신도 말했지만 죽는 것이 곧 사는 것이라는 말이 있다. 병약한 몸으로 '정치적 기질'도 아니면서 미국대학 졸업생으로서 국내에서 보장될 수 있는 안일한 생활을 버리고 험한 망명의 길을 선택한 것은 그야말로 죽음을 택하는 일이나 다름없었을 것이다. 그러나 그 선택은 곧 김규식으로 하여금 민족사 위에 영원히 살게 하였다.

외국인이 아닌 외국인 서재필의 비극

전라남도 동복에서 1863년에 태어난 서재필은 안동 김씨 세도집안이던 서울의 양외가에서 자라 18세 때 과거에 급제함으로써 평탄하고 화

려한 장래를 보장받았다. 그러나 그의 운명은 외가에 출입하던 김옥균을 만나면서 방향이 바뀌기 시작했다. 김옥균의 개화사상과 지도력에 감화되고 그의 주선으로 일본에 가서 2년간 근대적 군사교육을 받은 서재필은 당연히 갑신정변에 참가했고 정변이 성공하자 20세의 약관으로 병조참판에 발탁되었으나 '3일천하'로 끝남으로써 전혀 기약 없는 미국 망명의 길에 올랐다.

미국 땅에서 품팔이로 전전한 끝에 의사가 되어 일단 생활의 안정을 얻었으나 청일전쟁 후 국내정세가 바뀌자 그는 천신만고 끝에 개업한 병원의 문을 닫고 다시 조국에 돌아왔다. 귀국한 그에게 몇 가지 벼슬자리가 권해졌으나 모두 거절하고 약 2년간 조국의 낙후된 민주주의의 기초를 닦고 독립정신을 고취하기 위해 민간인 자격으로 최초의 민간신문이라 할 수 있을 『독립신문』을 발행하는 한편 독립협회를 조직하고 독립문을 세웠다.

3·1운동 후에 발간된 우리말 신문들이 국한문 혼용으로 나온 것에 비하면, 1890년대에 발행된 『독립신문』이 한글 전용으로 된 것은 갑신정변의 실패가 일반민중의 성원이 박약했던 데 있었다고 회고한 서재필이 민중의 계몽만이 국가 발전의 지름길이라 믿은 결과가 아닌가 한다. 그러나 아직도 보수세력의 압력은 완강했고 이를 견디지 못한 그는 결국 다시 미국으로 돌아갈 수밖에 없었다.

귀국해서 활약한 3년간의 공백 때문에 미국의 의사생활로 돌아가기 어렵게 된 그는 친구와 함께 인쇄업에 종사함으로써 상당한 돈을 벌 수 있었다. 그러나 일본의 식민지로 된 조국에서 3·1운동이 폭발하자 다시 제자이기도 한 이승만을 도와 미국에서의 독립운동에 헌신했다. 뒷날 그는 3·1운동 후 3년간의 독립운동에 시간과 재산을 모조리 바치고 사실상 파산상태가 되고 말았다고 회고하는데, 이 점에서 그는 이승만의 경우와는 좋은 대조가 된다.

임시정부 대통령이란 명분과 위치를 가진 이승만의 경우 그 활동자금의 대부분을 구한말에 미국의 노동시장으로 팔려간 교포들의 성금으로 조달하였지만, 서재필은 각고 끝에 이룬 자신의 재산을 독립운동에 모두 바치고 심지어 가족의 부양이 어려울 만큼 무일푼이 된 것이다.

일본의 패전으로 조국이 해방되었을 때 서재필은 82세 고령이었다. 미군정청의 요청이 있자 그는 조국에 대한 마지막 봉사를 결심하고 1947년에 귀국하여 1년 2개월간 미군정의 특별 의정관으로 있었다. 그러나 갑신정변, 독립협회, 3·1운동을 통해 민족사의 핵심부에 위치했던 그는 정작 해방된 조국에서 외국인으로서의 처지를 실감하고 영영 외국인인 채 파란 많은 생애를 마치게 된다. 서재필의 비극은 갑신정변의 실패나 독립협회 및 3·1운동 후의 좌절보다 해방 후의 조국에서 더 크게 드러난 것이다.

1948년의 남북협상이 실패한 후 남한 단독선거로 제헌국회가 성립되고 이승만 세력에 의한 단독정부 수립이 추진되자 반이승만 세력의 일부가 서재필을 대통령으로 추대하려는 움직임을 보이게 된다. 이들이 서재필에게 수락을 요청하는 간원문을 보내고 추대연합준비위원회를 조직하게 되자 이승만 지지세력은 반대운동을 일으켰다. 이에 서재필은 "설혹 나에게 그 지위가 제공된다 하더라도 나는 그것을 수락하지 않을 것이다. 나는 미국시민이며 또한 미국시민으로 머무를 생각이다"라는 수락거부 소견을 발표하고 특별 의정관을 사임했다.

그가 미국으로 돌아갈 채비를 하자 개원한 제헌국회에서 그의 출국을 만류하는 움직임이 있었고, 정부수립 후 떠나기로 마음먹은 그는 단독정부일지라도 이승만과 김구, 김규식 세력 등이 연합한 정부가 되게 하려는 노력의 일단을 보였다. 그러나 김구, 김규식이 단독정부에의 참가를 거부했을 뿐만 아니라 이승만도 이를 반대하여 성사될 수 없었다.

제헌국회에서 초대 대통령을 선출할 때 본인의 의도와는 상관없이 서재필에게 투표한 의원이 있었고, 그가 외국인이라는 이유로 이 표가 무효로 처리되었다는 소식을 전해들은 그는 "대한민국 국회가 나를 외국인으로 규정한 것은 당연한 일이라고 생각한다. 나는 조금도 섭섭하게 생각하지 않는다"고 했지만, 평생을 두고 조국의 개혁과 민주주의 발전과 독립을 위해 헌신한 그의 속마음이 어떠했을까 짐작할 만하다.

이승만정권이 성립된 후, 어느 기자가 미국으로의 귀환을 만류받으면 조국에 남을 생각이 있는가 하고 질문하자 서재필은 "국민이 나의 귀미(歸美) 중지를 원한다면 국민의 의사를 배반하는 것을 원치 않는다"고 대답함으로써 속마음의 일단을 드러내기도 했다. 이후 국회가 그를 대한민국 국민으로 환영한다는 결의안을 가결하여 국민임을 확인했으나 그는 결국 1948년 9월 인천항에서 미국 군용선을 타고 미국으로 돌아갔고, 그의 조국이 민족상잔의 전쟁 속에 빠져 있던 1951년에 미국에서 파란 많은 생애를 마쳤다.

그후 독립유공자 포상이라는 것이 생기고 수많은 사람들이 포상되었지만, 외국인이란 이유로 서재필은 여기에서도 제외된 것이 아닌가 싶다. 설령 포상되었다 해도 외국인으로서의 포상일 수밖에 없었을 것이다. 웬만큼 쓴 우리 근대사에서 서재필의 이름을 뺄 수는 없으리라 생각되지만, 망명생활에서 취득한 국적 하나 때문에 그의 조국에서 영원한 외국인이 될 수밖에 없다면 역시 비극이 아닐 수 없다.

서대문형무소에 스민 역사

영예를 잉태한 현장

어느 민족을 막론하고 그 역사에는 영욕이 교차되기 마련이다. 근현대사를 식민지시대와 분단시대로 채우다시피 한 우리의 경우 안타까운 일이지만 영예보다 치욕과 고난과 한이 더 많은 역사였음을 솔직히 시인하지 않을 수 없다.

제 민족의 역사를 되돌아보면서 영예로운 부분보다 치욕스러운 부분을 들추는 것은 결코 유쾌한 일이 아니다. 그러나 치욕스러운 역사 부분이야말로 영예로운 역사를 잉태하는 모태이며, 그것에 대한 기억이야말로 영예로운 역사를 가꿀 밑거름임을 또한 생각하지 않을 수 없다.

건망증이 심한 민족일수록 역사 실패를 거듭하기 마련이며 그것을 경계하기 위해 오욕과 고난의 역사도 반드시 기억해야 한다. 제 민족의 역사, 그것도 고난과 한으로 점철된 근현대사를 공부하면서 혹시 서대문형무소(이곳이 교도소, 구치소로 바뀌기도 했지만 형무소란 이름이 아직도 자연스럽다)의 식구가 되었던 경험이라도 가진 사람이면 그곳이야말로 치욕이 영예로 이어지는 역사의 현장으로 기억되어야 할 이유를 더 절실하게 느끼게 된다.

조선왕조시대 상국으로 섬긴 중국 사신을 맞이하던 치욕의 문인 영은문을 헐고 세운 독립문을 지나 조금 올라간 자리에 회색 담과 철문으로 둘러놓은 또 하나의 치욕의 세계, 서대문 형무소가 있다.

서울 시내의 각 경찰서(이 기관이 아직도 경찰서란 이름으로 되어 있다는 일 자체도 치욕스러운 역사의 연장으로 생각되지만)에서 구속이 확실하게 된 피의자들이 이 회색 담에 이어진 철문으로 들어가서 푸른 수의로 바꾸어 입고 검은 고무신을 신고 나면, 어쩔 수 없이 치욕으로 몸을 감은 별난 세계의 인간이 되었음을 실감하게 된다.

더구나 반공법이나 국가보안법 피의자가 되어 빨간 바탕에 죄수번호를 쓴 딱지를 달고(일제시대의 이른바 사상범에게도 수의 번호 딱지가 일반 피의자와 다른 빛깔이었을까 궁금하다) 독방에 들어앉게 되면 이 별난 세계 속의 주민들에게마저 남다르게 보이는 존재가 되었음을 또 한번 실감하게 된다.

출입문과 뒤창은 찢어진 비닐로 겨우 가려졌고 영하 18도의 추위가 1주일씩 계속되어도 불기라고는 찾을 수 없는 감방에 빨간 딱지 피의자라 하여 혼자 넣어지고 나면 한 평 남짓한 방이 시베리아 벌판만큼이나 황량해진다.

이 벌판에 던져졌던 당초의 긴장이 어느정도 가라앉고 4면 벽을 둘러보면 이미 이 방을 거쳐간 많은 사람들이 남긴 크고 작은 흔적들이 눈에 띈다. 시덥잖은 것들이 많지만 역사라는 것에 어느정도 관심을 가진 사람이면 이 방이야말로 우리 근현대사의 한 부분임을 실감하게 하는 흔적들도 더러 있다.

추위와 긴장을 잊기 위해, 그리고 다소 마음의 안정을 얻은 후엔 무료

함을 메우기 위해 '서대문형무소를 통해 본 우리 근현대사' 같은 것도 써볼 만하다는 생각을 해볼 수도 있지만 사람의 일이란 것이 그때만 지나고 나면 그만이게 마련이다.

이제 그 서대문형무소도 서울이란 도시의 '발전'에 밀려 옮겨가고 그 자리를 어떻게 할 것인가 하는 문제로 설왕설래가 있는 것 같지만, 그곳은 민족사의 현장으로 남아야 한다는 생각이 간절하다. 그러기 위해선 서대문형무소가 우리 근현대사에서 어떤 곳이었던가를 되새겨볼 필요를 느끼게 된다.

식민지배의 족쇄

인류의 역사 위에 권력이 생겨난 국가시대로 들어오면서 사람을 가두어두는 감옥이 생기게 마련이었고 우리 역사의 경우도 예외일 수 없었다. 그러나 이른바 근대화 이전까지만 해도 감옥이란 것은 규모도 작고 시설도 엉성하였다.

조선왕조시대에도 서울 안에 전옥서감옥, 의금부감옥, 포도청감옥 등이 있었지만, 1908년 이전까지도 그 가운데 제일 큰 감옥이라야 남감(男監)의 경우 1실에 20명을 수용하는 감옥 21실 정도였다.

그러나 일본의 침략에 저항하는 의병전쟁이 격렬해지면서 권력 측은 감옥을 늘릴 필요가 절실해졌다. 이미 조선을 보호국으로 지배하던 일본인들에 의해 서대문 밖 인왕산 밑 금계동, 즉 지금의 영천에 약 5만 원의 비용을 들여 480여 평의 옥사와 부속건물, 80여 평의 청사와 부속건물을 지어 1907년에 완공했다. 이때는 아직 경성감옥으로 불렸지만 서대문형무소의 역사는 이때부터 시작된다.

신식 감옥으로 지었지만 전면만을 벽돌로 쌓고 지붕은 함석으로 덮은 목조건물이었고 수용인원은 500명 정도였으며 기결수만을 수용했다고 한다. 이른바 한일합방을 준비하던 일본으로서는 의병항쟁을 탄압하는 일이 시급했고, 그것을 위해 늘려 지은 감옥이 서대문형무소였으니 이 형무소의 출발 자체가 일제의 우리 민족운동 탄압사와 직결되었다.

서대문형무소가 준공된 후 최초로 대규모의 민족운동세력이 수용된 것은 1911년의 이른바 '105인사건' 피의자들이다. '합방'을 강행한 일제가 주로 서북지방의 민족운동세력을 숙청하기 위해 총독 암살모의가 있었다는 핑계로 윤치호, 양기탁 등 400명에 가까운 지식인, 학생들을 구속했다가 그중 123명을 기소하여 제1심에서 105명을 유죄판결한 사건이다.

이 사건의 취조과정에서 일제 경찰은 야만적인 고문을 통해 받은 허위자백을 근거로 초심에서 유죄판결을 내렸으나 경성복심원, 고등법원, 대구복심원으로 이첩되면서 이른바 주모급 6명을 제외한 99명을 증거불충분으로 무죄판결함으로써 이 사건이 조작되었음을 스스로 폭로하고 말았다.

이 사건의 연루자로 15년형을 받고 서대문형무소에 수감되었던 김구는 『백범일지』에서 그 속에서의 생활을 이렇게 말하고 있다.

나도 처음 서대문감옥에 들어갔을 때는 먼저 들어온 패들이 나를 멸시했으나 이른바 국사강도범이란 것이 알려지면서부터 대접이 변했다. … 나는 처음에는 백여 일 동안 수갑을 채인 대로 있었다. … 손목은 아프고 방은 좁아서 몹시 죄이므로 큰 죄인으로 만들 뿐더러 사람의 자존심과 도덕성을 마비시키게 된다.

1912년에 마포감옥이 생기면서 서대문의 경성감옥을 서대문감옥으로 부르게 되지만, 이 감옥이 민족사의 표면에 다시 떠오르게 된 것은 역시 3·1운동 때 33인을 비롯한 많은 참가자가 수감된 일이었다. 식민지시기 최대규모의 이 운동으로 이 형무소에 얼마나 많은 사람들이 수용되었는지 정확하게 알 수 없다. 당시 전옥(典獄)이었던 일본인 카끼하라(栭原琢郎)는 당시의 정황을 이렇게 말하고 있다.

교회당이나 공장에도 철조망을 둘러서 감방으로 대용하는 궁책을 취했으나 흥분한 재감자 중에는 방 안에서 큰 소리로 독립운동의 연설을 하면 박수로 공명하며 그 혼잡은 도저히 비유할 수 없는 상태였다. 게다가 감옥의 앞과 뒤의 고봉(高峰)에 독립운동가가 올라가서 낮에는 한국기를 흔들고 밤에는 봉화를 올려서 재감자를 선동하는 일이 날마다 밤마다 연속되어 한 달 이상이나 계속되었다. … 당시는 개축공사중이어서 3면의 기와벽은 겨우 완성되어 있었으나 1면은 취약한 종래의 함석판 담이었으므로 파옥(破獄)이 매우 쉬워서 실로 누란의 위기인 실정이었다. 만약 3천여 명의 재수(在囚)가 일시에 밀고 나오면 치안이 아직 완전히 회복되지 않은 경성시 내외는 어떻게 될 것인가 밤낮으로 걱정했다. 또한 파옥이 오늘이나 내일로 박두한 것을 기다리는 것 같았다.

'누란의 위기'에서 파옥을 겁내고 있던 일제 당국은 결국 수감자에 대한 무자비한 탄압으로 그 위기를 극복했다. 그 증거의 하나로 유관순의 죽음을 들 수 있다.

감방 안에서 아침저녁으로 만세를 부르고 시위를 벌인 유관순은 지하의 독방에 수감되어 야만적인 고문을 당한 끝에 결국 옥사했다. '유관순굴'로 알려진 이 지하 감방은 형리들도 무서워 접근하지 못하다가 8·15

후의 개축으로 잊혀졌으나 얼마 전에 확인되었다는 말이 있다.

서대문감옥은 1923년에 그 이름이 서대문형무소로 바뀌었고, 3·1운동 후 활기를 띤 국내외의 독립운동전선에서 활동하다 체포된 중요한 인물들이 이 형무소에서 옥사하거나 그 사형장에서 처형되었다.

3·1운동 후 새로 부임하는 조선총독 테라우치(寺內)에게 폭탄을 던졌다가 체포된 강우규가 이 형무소 감방 마루에 '姜宇奎 四三五三 一九二〇 十一 二九'라고 자신의 이름과 처형당한 날짜를 새겨둔 사실은 이곳이 민족운동의 역사 위에 영원히 기억되어야 할 장소의 하나임을 일깨워주는 일이다. 1926년 4월에 금호문 앞에서 역시 테라우치 총독을 암살하려다 실패하고 체포된 송학선도 이 형무소에서 처형되었다.

이후 '만주'지역 독립운동전선의 서로군정서 참모장, 통의부 위원장 등으로 활약하다 체포된 김동삼이 10년형을 받고 옥살이를 하다가 이 형무소에서 옥사하고, 통의부와 정의부 등의 군사위원장으로 활약하다 체포되어 무기형을 받은 오동진이 옥사한 것은 독립운동전선의 중요인물이 형무소에서 목숨을 잃은 대표적인 예라 할 수 있다.

서대문형무소에는 이후에도 전체 식민지시기를 통해 민족운동사에 이름을 남긴 웬만한 사람은 모두 다녀갔다 해도 과언이 아니다. 임시정부 내무총장을 지낸 안창호가 상해에서 일본경찰에 검거되어 와서 서대문형무소를 거쳤고, 다시 수양동우회사건으로 150여 명과 함께 검거되어 옥중에서 얻은 병으로 결국 목숨을 잃었다.

역시 임정의 외무차장을 지낸 여운형도 검거되어 와서 3년형을 살면서 이 형무소를 거쳤고, 8·15 후 건국준비위원회에서 그와 함께 활동한 안재홍도 신간회 활동으로, 또 임정과의 내통으로 검거되어 이곳을 거쳤다.

한편 1920년대로 들어오면서 민족운동전선에 좌익전선이 본격적으로 부상했고 이에 대한 일제의 탄압이 극심해지면서 서대문형무소 수감자의 좌익운동가 비율이 높아져갔다. 특히 20년대 전반기까지의 공산당운동은 대체로 해외운동 중심이었으나 1925년에 국내에서 조선공산당이 성립된 후부터는 1차당에서 4차당까지 당의 성립과 일제 검거가 반복되면서 서대문형무소는 공산주의운동가들이 제 집처럼 드나드는 곳이 되었다. 1930년대 이후의 당재건운동 과정도 사정은 같았다.

1925년에 20명 정도의 지식인에 의해 비밀리에 조직된 제1차 조선공산당은 그해 11월 조직이 탄로되어 일제 검거되었고, 뒤이어 조직된 2차당도 1926년 6·10만세운동을 계기로 역시 조직이 탄로되어 당원 100여 명이 검거되었다.

1차당, 2차당 피검자들이 모두 서대문형무소를 거쳐갔다. 1차당 사건으로 검거투옥되었던 박헌영이 감옥에서 정신이상자로 가장하여 병보석되고 해외로 망명한 사실은 널리 알려진 일이다.

일제의 탄압이 심할수록 민족운동 측의 저항도 끈질기게 계속되어 2차당에 이어 바로 3차당이 조직되었다. 흔히 ML당으로 알려진 3차당은 민족유일당운동에 참가하면서 1년 이상 활동이 계속되었으나 역시 탄로되어 30여 명이 검거되었고, 바로 이어 성립된 4차당은 불과 4개월 만에 170여 명이 검거되면서 와해되었다.

4차당이 와해된 후 코민테른의 '12월 테제'에 의해 종래의 인텔리 중심당 해체와 노농계급중심당 재건이 결정되고 이에 따라 1930년대 이후 당재건운동이 꾸준히 계속되었다. 이 과정에서도 많은 사람이 구속되고 그들의 대부분이 역시 서대문형무소를 거쳐갔다. 또 이 형무소에서 처형된 사람도 많았다.

1930년대 초 흥남질소비료공장의 노동자로 근무하다 김호반 등이 주동한 1차 태평양노동조합에 참가하여 약 10년간 옥살이를 한 일본인 이

소가야(磯谷季次)의 회고에 의하면, 그가 항소하여 옮긴 서대문형무소에는 간도공산당사건으로 체포된 박익섭 등이 있었다.

당시 이 형무소에는 이 사건으로 사형을 선고받아 형 집행이 확정된 사람만도 22명이나 있었는데, 같은 방에 있던 사형수 박익섭은 항상 싱글벙글 웃고 있었으며 때로는 다른 죄수들을 웃기기도 했다. 이소가야가 본 그는 '나 자신 민족적 양심이 명령하는 대로 해야 할 것을 했다. 그래서 만족스러우며 뒷일은 천명에 따른다'고 생각하는 것 같았다.

또 박익섭의 그런 모습을 보고 이소가야는 '참된 자유인이란 자신의 혼이 최대의 양심을 위한 싸움에 직면했을 때 교수자(絞首者)들의 협박이 있더라도 아무런 지배도 속박도 받지 않고 굴복당하지 않는 인간'이라 생각했다고 한다.

간도 공산당사건으로 사형이 선고된 22명은 모두 처형되었다. 그 가운데 김응수는 사형장으로 가면서 적기가를 처음에는 조선어로, 다음에는 일본어로 소리 높여 불렀다. 이소가야에게 그것은 이 형무소에 수감되어 있던 당시의 경성제국대학 교수 미야께(三宅鹿之助) 등 일본인 수감자들에 대한 고별의 노래로 들렸다.

제국대학 교수로는 드물게 서대문형무소를 거쳐간 미야께는 독일 등지에 유학한 진보적 지식인이었고, 그의 조수인 정태식을 통해 '공산당 재건 경성준비그룹'을 지도하던 이재유를 알게 되어 함께 조선공산당 재건을 토의했다. 이후 이재유가 체포되었다가 경찰서에서 탈출하자 자신의 집에 숨겨주었다가 검거되어 3년형을 받고 이 형무소에 수감된 것이다.

미야께가 검거될 때도 극적으로 탈출한 이재유는 2년 반이나 더 활동하다 결국 검거되었다. 7년형을 받은 그는 감방에서도 수인 대우 개선투쟁, 수인 및 형리에 대한 사상교육, 조선어 사용금지 반대투쟁 등을 벌였기 때문에 형기가 지나도 비전향자라 하여 출옥하지 못하다가 해방을 불과 10개월 앞두고 옥사했다.

　서대문형무소 수감자 중에는 또 정평(定平)농민조합 지도자의 한 사람인 이재필이 있었다. 당시 이 형무소장 일본인 미야사끼(宮崎)는 독일 베를린대학 출신으로 조선의 형무소장 중에서도 가장 유능한 행형리(行刑吏)로 알려져 있었다.

　미야사끼는 이재필을 어떻게 해서라도 사상전환을 시키려고 전향만 하면 자기 딸을 주겠다고까지 했다는 소문이 있을 정도였으나 이재필은 전향을 거부했다. 뒷날 그는 격리병동에서 유리창문 밖 쇠창살에 끈을 매고 목을 매달아 자살했다.

　일제식민지시기의 서대문형무소는 마지막까지 일제 측에는 지배체제 유지의 큰 보루 역할을, 좌우익을 막론한 민족운동전선에는 족쇄 역할을 단단히 했다. 태평양전쟁이 한창이던, 따라서 일제의 탄압이 절정에 다다랐던 1943년에도 중국과 미국의 우리말 방송을 들은 혐의로 150여 명이 구속되어 그 가운데 6명이 옥사했다.

　또한 1937년의 보천보공격 때 잡힌 박금철 등도 서대문형무소에 수감되어 있었고, 해방 전해인 1944년에도 전국에서 사상범으로 8558명이나 검거되었다. 이런 사실들은 국내에서도 마지막까지 항일투쟁이 얼마나 끈질기게 계속되고 있었는가를 말해주고 있다.

다시 민주·통일운동의 현장으로

　일본제국주의의 패망과 함께 서대문형무소를 비롯한 전국의 옥문이 활짝 열렸다. 그러나 끈질긴 항쟁에도 불구하고 민족독립운동전선 스스로가 직접 일본의 항복을 받지 못한 결과 38선이 그어지고 미소 양군의 분할점령이 뒤따랐으며, 전쟁 후 한반도 문제의 결정권은 일단 연합국에게 주어졌다. 모스끄바3상회의 결정이 그것이다.

38선 이남에 미군정이 시작되면서 서대문형무소는 또다시 정치범, 양심범을 수감하는 곳이 되어갔다. 1946년에 벌써 박헌영을 비롯한 공산당 간부들에 대한 체포령이 내려 이주하가 체포되었으며, 노동자·학생·시민이 참가한 대규모의 대구폭동이 일어났고, 철도파업으로 1700여 명이 검거되는 사태가 벌어진 것이다.

그뿐만 아니라 다음해에는 식민지시기 국내에서 일제 측과 타협하지 않고 살아온 진보적인 학자 박문규·김오성 등이 포고령 위반죄로 구검되어 재판을 받았고, 심지어는 3·1운동 후 중국에 망명하여 의열단·민족혁명당 등을 조직해 활약했고 임시정부 군무부장으로 귀국한 김원봉과 역시 의열단·민족혁명당 등에서 활약하고 임정 국무위원으로 귀국한 김성숙 등이 검거되는 사태가 벌어졌다.

미군정은 일제시대의 경찰조직과 그 요원을 그대로 잔존시켰고, 이들이 미군정 좌익탄압의 하수인이 되어 식민지시기 민족운동전선의 진보세력을 좌익이라 하여 다시 검거하는 상황이 되었다. 민족운동전선의 진보세력에게는 해방 후의 서대문형무소도 여전히 제 집처럼 드나드는 곳이 되어버린 것이다.

식민지시기나 8·15 후나 같은 사람들이 이 형무소를 드나들게 되었다는 사실이 바로 이 두 시기 사이의 역사적 성격에 큰 차이가 없음을 알려주는 증거의 하나가 된다. 8·15 전의 서대문형무소가 민족독립운동에 헌신한 사람들의 제 집처럼 되었다면 8·15 후의 이곳은 이제 민족통일운동과 민주주의운동에 몸바치는 사람들의 제 집처럼 된 사실에 겉보기의 차이가 있다.

그러나 일제식민지시기의 좌우익전선을 막론한 항일독립운동이 민족운동의 큰 방향이었다면 8·15 후는 민주주의운동과 민족통일운동이 전체 민족운동의 방향이었다. 그런 관점에서 보면 서대문형무소는 우리 근현대사를 통해 언제나 민족운동의 핵심세력이 제 집처럼 드나드는 곳이 되어버린 셈이다. 여기에 이 형무소가 단순한 형무소 이상의 역사성을 가지는 이유가 있다.

식민지시기의 민족운동세력에게는 좌우를 막론하고 민족해방은 하나의 혁명으로 인식되고 있었다. 따라서 8·15가 혁명이 되기 위해서는 그것을 기점으로 하여 서대문형무소의 수감자는 적어도 정치범에 한해서는 완전히 바뀌어야 했다. 다시 말하면 8·15를 기점으로 수감당한 자와 수감한 자의 위치가 완전히 바뀌어야 했을 것이다.

8·15 후 서대문형무소에도 한때 역사의 징벌에 의한 죄수들이 수감되었다. '반민특위'에 의해 구속된 거물급 친일파들이 그들이었다. 그러나 8·15는 서대문형무소의 경우에도 혁명이 되지 못하고, 같은 시기에 이른바 국회프락치 사건의 피의자들도 함께 수감되었다.

이후 반민특위 수감자들은 곧 풀려날 수 있었지만 '프락치사건' 수감자들의 대부분은 6·25전쟁 때까지 풀려날 수 없었다. 앞으로 민족통일지향의 역사가 더 진전되어 '프락치사건'이 평화통일운동의 일환으로 해석된다면 서대문형무소가 가진 역사적 아이러니는 이 점에서 한층 더 부각될 것이다.

민족사적 진행이 순조롭지 못한 조건 아래서 형무소라는 폐쇄된 일정한 장소에 여러 층의 사람들이 수감되기 때문에 특히 양심범의 경우 일종의 '신화' 같은 것이 생길 수 있었다. 수도 서울에 위치하여 민족운동가·정치가들이 수감될 기회가 많았던 서대문형무소에도 '신화'를 남긴 수감자들이 있기 마련인데, 평화통일론을 주장했다가 그곳에서 파란 많은 생을 마친 진보당 당수 조봉암도 그중의 한 사람이다.

　계속 그의 감방을 찾아왔다는 한 마리 새의 이야기는 널리 알려졌지만, 감방생활이라는 인간생활의 극한적 상황에서 범상인의 경지를 넘어선 그의 의젓한 자세가 형리들에게도 깊은 감명을 주었던 것 같다. 그가 형장의 이슬로 사라진 지 24년 후 그곳의 식구가 된 어느 범인(凡人)이, 그의 형 집행에 참여했다는 한 형리로부터 오랜 형리생활중 그만큼 의젓하게 감방살이를 하다가 죽어간 사람을 볼 수 없었다는 회고를 들을 수 있었으니 말이다.

　그의 형이 집행된 지 1년도 못되어 폭발한 4·19는 이번에는 그를 수감시킨 편의 많은 사람들을 서대문형무소로 보냈다. 불과 1년이란 세월이 한 사람의 민족운동가요 정치지도자인 그를 형장에서 구하지 못한 결과가 되었으나, 그후 1년여 만에 일어난 5·16군사정변은 또 4·19의 주동세력을 서대문형무소로 보냈다.

　반민특위 피검자와 이른바 국회프락치사건 피검자가 함께 수감된, 그리고 4·19로 인한 피검자와 5·16으로 인한 피검자가 함께 수감된 서대문형무소는 바로 우리 현대사의 격변을 말해주지만, 한편으로 이 시기 우리 역사의 일진 일퇴하는 모습이 이 형무소의 수감자들을 통해 그대로 나타나고 있었음을 극명하게 드러내고 있기도 하다.

　그러나 5·16 후부터 서대문형무소의 양심범·정치범 수감자 상황은 달라졌다. 반역사적 수감자, 다시 말하면 반민족자·반민주주의자의 수감은 없어지고 주로 민주주의운동가·평화통일운동가의 제 집처럼 되어간 것이다.

　체제 측의 통일론이 겉으로나마 평화통일론으로 돌아선 7·4공동성명 후에도 서대문형무소가 평화통일론자의 제 집이긴 마찬가지였고, '유신' 후에는 이른바 대통령 긴급조치에 의해 반유신·민주세력의 제

집으로서의 자리가 확고해져간 점에는 변화가 없었다.

이 점은 10·26 후에도 마찬가지였을 뿐만 아니라 오히려 더 확대되어갔다. 역사는 정직해서 탄압이 심해질수록 평화통일세력과 민주세력은 급격히 확대되어갔고, 서대문형무소의 식구도 늘어갔다. 이들 식구들에게 그곳은 이제 형무소가 아닌 이론연마의 교실이 되었고 그들에 의해 평화통일론·민주화론은 날카롭게 다듬어졌으며 그 결과는 운동자체의 단계를 계속 높여갔다.

마침내 6·29의 승리가 있었고, 이후 대단히 느린 속도이긴 하지만 서대문형무소의 양심범 식구는 일단 줄어들고 있다. 그리고 양심범 식구가 줄어든 자리에 그들을 이곳 식구로 만든 사람들이 대신 채워질 것인가, 채워진다면 얼마나 될 것인가를 두고 이 시대의 역사가 어디만큼 와 있는가를 가늠할 수도 있을 것이다.

역사는 남아야 한다

파란 많은 우리 근현대사의 한가운데 서 있던 서대문형무소는 이제 옮겨가고 그 자리만 남았다. 그러나 지금도 잘 놓여진 고가도로로 차를 타고 지나면 저절로 고개가 그쪽을 향하게 되고 그곳에서의 많은 일들을, 그리고 그곳에 배인 우리 역사를 생각하게 된다.

직접 보지 못했던 옛일은 그만두고라도 '집시법' 위반으로 노란 딱지를 붙이고 오랏줄에 묶여 끌려나가면서도 괴로운 빛이라곤 어디에서도 찾을 수 없이 당당했던 젊은이들, 같은 빨간 딱지를 보고 친근감이라도 느낀 듯 서투른 모국어로 "나는 간첩이 아닙니다"라고 강조하던 어느 재일교포 유학생, 취침시간이 오면 다른 방의 동료에게 안부를 알리는 고함소리, 이런 것들이 지금도 보이고 들리는 것 같다.

서대문형무소에 양심수만 있었던 것은 물론 아니다. 옥살이의 예비지식이 없는 초입자에게 얼굴을 싸매 귀 동상을 막으라고 세면장 가는 길에 수건을 넣어주던 옆방의 살인범 사형수, 무슨 죄로 들어왔느냐는 물음에 "가난이 죕니다" 하고 서슴없이 답하던 밥심부름 하는 앳된 죄수, 이들도 넓은 의미의 역사가 만들어놓은 수감자들이었다.

역사는 남아야 한다. 더구나 이 진한 역사의 현장은 반드시 그 의미를 지닌 채 남아야 한다. 어떻게 남을 것인가. 공원이나 독립운동을 기념하는 곳으로 남을 수도 있겠지만 그런 것이라면 다른 곳도 있을 수 있고 또 남는 의미 자체도 너무 약하다는 생각이다. 제국주의와 독재권력의 잔학상을 그대로 보전하여 후세의 경계가 되게 하기 위해, 민족과 자유를 사랑하다가 이곳의 식구가 되고 고혼(孤魂)이 된 사람들의 고통을 영원히 기억하기 위해, 제국주의자와 독재자들이 사용한 형구(刑具)를 수집 보관하는 형정(刑政)박물관 같은 것을 만들어 나치의 잔학상을 기억하게 하는 아우슈비츠의 역할을 하게 할 필요가 있다.

제국주의자와 독재자들의 잔학상을 남겨 뒷사람들이 그것을 기억하게 하는 일이야말로 그들로 하여금 평화와 자유를 사랑하는 인간이 되게 하는 길이며, 또 그것이야말로 치욕의 현장이 바로 영예를 잉태하는 현장이 되게 하는 길이다.

『5공화국 전사』의 진실

구국 일념의 역사적 거사?

우리는 전두환·노태우 등 전직 대통령의 군사반란 재판과정을 통해서 『5공화국 전사(前史)』라는 것이 있음을 알게 되었다. 10·26사건 이후 군부 내 사조직 하나회를 중심으로 성립된 신군부 전두환 세력이 12·12 군사반란을 일으켜 군권을 장악하고, 이후 5·17 계엄확대, 5·18광주민중항쟁 탄압을 거쳐 결국 정권을 탈취하게 되는 과정을 그들 자신이 기록으로 남긴 것이 『5공화국 전사』라고 한다.

전두환 세력 사이에서 집권과정을 기록으로 남기자는 의견이 처음 나온 것은 12·12 군사반란 성공 자축회 때였고, 실제로 편찬이 시작된 것은 1981년 초 이미 대통령이 된 전두환의 지시에 의한 것이라 한다. 편찬 실무는 군부 내 역사학 관계자들이 담당하여 본문 6권과 부록 3권 등 총 9권, 3800여 쪽을 1982년 5월경 완성했으나, 20년 후에 공개한다는 조건으로 3질만 인쇄하여 전두환이 한 질 가지고 나머지는 보안사령관실과 그 자료실에 보관했다고 한다.

전두환 세력이 집권과정을 자축하고 또 정당화하기 위해 철저하게 그들의 의도대로 편찬한 『5공화국 전사』를 왜 완성된 즉시 정정당당하게 대량으로 공개·반포하지 못하고, 겨우 3질만 인쇄하여 비밀히 보관했다가 20년 후에나 공개하기로 했는지 의문이 생긴다. 그러나 그보다도 전두환 세력의 '떳떳한' 집권과정을 밝히고 정당화하기 위해 편찬된 『5공화국 전사』가 이제 와서 검찰 측에 의해 오히려 12·12사태를 군사반란으로 단죄하는 자료로 이용되었다는 신문보도를 접하게 되었으니 역사란 참으로 묘한 것이라는 생각이 들 만도 하다.

정규 육사 출신으로 명문대학 역사학과에서 수학하고 12·12 군사반란에 참가하여 5공정권 실력자의 한 사람이 되었다가 지금은 내란죄로 재판을 받고 있는 어느 인사가 역사학을 배운 사람답게 『5공화국 전사』 편찬자들에게 "조선왕조실록과 같은 사초(史草)를 만드는 자세로 만들라"고 지시했다고 한다. 설령 그런 지시가 없었다 해도 역사의 기록이란 반드시 사실(史實)을 바탕으로 해야 하고 그 위에서 그 사실이나 나아가서 정권의 정당성을 세우게 마련이다. 어떤 경우도 사실을 바탕으로 하지 않을 수 없다는 점에 어쩔 수 없는 역사의 엄정성 같은 것이 깃들게 마련이다.

전두환 세력은 그 집권과정의 정당성을 주장하기 위해 12·12사태의 사실과 경위를 기록으로 남겼는데, 왜 김영삼정권의 검찰에게는 그것이 군사반란임을 증명하는 자료로 이용되었을까. 다음 정권에 가면 12·12 사태가 다시 군사반란이 아니라 '구국일념에서 나온 정당한 역사적 거사'로 바뀌지는 않을까. 불변의 역사적 진실이란 과연 있는 것인가. 역사적 사실이란 귀에 걸면 귀걸이요 코에 걸면 코걸이가 아닌가 하고 의심할 수도 있다. 그리고 인간세상의 긴 역사에는 그렇게 의심할 만한 경우가 많았던 것도 사실이다.

그러나 어떤 사실을 역사적으로 보거나 판단하는 일이 그렇게 어려운 것만은 아니다. 인간의 역사를 긴 안목으로 보면 때에 따라 일시적 굴곡은 있다 해도 결국 정치·경제·사회·문화적 민주주의가 고루 신장하는 방향으로 발전해왔으며 앞으로도 마찬가지이다.

어떤 하나의 역사적 사건이 벌어졌을 때 그것이 정치·경제·사회·문화적 민주주의를 발전시키는 방향에 선 것인가 그렇지 못한가를 판단하고, 그렇지 못한 경우 소극적으로는 협력하지 않으며 적극적으로는 반대하는 일이 중요하다. 때에 따라서는 정치·사회·문화적으로는 비민주적 방향이지만 경제적으로는 발전적 방향이라 강변하는 경우도 있다. 올바른 역사인식에서 보면 많은 부문이 반역사적인데 어느 특정 부문만 역사적인 그런 경우란 있을 수 없다.

인간역사의 절대 명제인 민주주의 발전을 가로막은 12·12 군사반란을 '구국일념의 거사'로 평가하는 정권이 만약 다시 선다면 그것은 당연히 반역사적 정권일 수밖에 없다. 12·12사태의 정당성을 증명하려고 쓴 『5공화국 전사』가 오히려 그것이 군사반란이었음을 증명하는 자료가 된 진실은 12·12사태 자체가 정치·경제·사회·문화적 민주주의 발전에 역행한 반역사적 사실이었다는 그 점에 있을 뿐이다.

피를 토해 죽는다 해도 정통성은 세울 수 없다

언제부터인가 우리 사회에도 비만아동 문제가 걱정되고 체중을 줄이기 위해 일부러 단식하는 사람들이 늘어나게 되었다. 그러나 지난날 우리의 서민들은 서러움 중에서도 배고픈 서러움을 으뜸으로 쳐왔고, 애국지사나 정치인들이 제 뜻을 펼 방법을 모두 빼앗겼을 때 마지막 수단으로 목숨을 걸고 단식을 택하는 비장한 경우들이 있어왔음을 알고 있다.

구한말 일본의 침략에 맞서 싸우다가 대마도에 감금된 의병장 최익현이 단식으로 저항하여 목숨을 끊은 일을 역사에서 배웠고, 가깝게는 5·18민중항쟁에서 동지들과 함께 죽지 못하고 살아남은 가책 때문에 옥중 단식으로 끝내 목숨을 끊은 전남대 총학생회장 박관현을 알고 있으며, 전두환 등 신군부세력에 의해 자택감금되어 아무것도 할 수 없게 된 신민당 당수 김영삼이 마지막 수단인 단식으로 저항했던 일을 알고 있다.

역사는 때로 우회하거나 후퇴하는 것처럼 보일 때도 있지만 결국 앞을 향한 제 본래의 길을 가고 만다. 전두환정권에 의해 감금된 김영삼이 단식으로 저항한 지 불과 15년이 지났는데, 이번에는 김영삼정권에 의해 구속된 전두환이 구치소에서 단식을 하다가 그쳤다고 한다. 이런 일을 두고 흔히 역사의 아이러니라 말하지만 그것으로는 부족하다. 그것은 엄숙한 역사의 정직성이다.

언론 보도에 의하면 전두환은 5공정권의 정통성을 인정받기 위해 단식했다고 한다. 비록 부당한 방법으로라도 하나의 정권을 담당했던 사람은 누구나 제 정권의 정당성이나 정통성을 확보하려 애쓰기 마련이고 전두환의 경우도 예외일 수 없을 것이다. 그러나 정권의 정통성이 그 담당자의 일시적 단식을 통해 세워지는 것은 물론 아니다. 정권의 정당성이나 정통성은 단식이 아니라 설령 피를 토하고 죽는다 해도 정권 담당자 자신이 확보하려 한다 해서 확보되는 것은 결코 아니다. 정권 담당자 마음대로 정통성이 확보된다면 역사 위에 그것을 확보하지 못한 정권이 어디 있겠는가. 어느 정권의 정통성 유무를 결정하는 일이야말로 그 정권을 담당했던 당사자가 아니라 국민의 몫이요 엄정한 역사의 몫이다.

전두환정권의 경우 역사의 판정을 기다리기에 앞서 전두환 자신이 이미 그 정통성을 사실상 부인한 사실이 있다. 1988년 노태우정권 아래서 국정감사와 국회청문회를 통해 '5공비리'가 폭로되었을 때, 국민의 강력한 요구에 밀린 전두환이 국회에 나와 "나는 어떤 단죄도 달게 받아야 할 처지임을 깊이 깨우치면서 국민 여러분의 심판을 기다리겠다" 하고, 퇴임 후를 대비해 가지고 있었다는 139억 원과 주택을 비롯한 모든 재산을 국가와 사회에 헌납한다고 약속하면서 백담사로 '귀양'갔다.

국민의 혈세로 달마다 2천만 원 이상을 받는다는 전직 대통령이 무엇 때문에 139억 원이란 돈을 가지고 있었는지도 의문이지만, 지금 그의 부정축재가 조사되는 것으로 보아 139억 원이 축재액의 일부에 지나지 않았음을 알 수 있으며, 주택 등의 재산헌납도 이행되지 않았다. 국민 앞에 한 말이 모두 거짓이었음은 물론, 단식인가 절식인가를 하면서 확보하겠다는 정권의 정통성을 7년 전에 스스로 부인한 사실조차 까맣게 잊고 있는 것이다.

초등학생이 반장자리 하나를 맡아도 일정한 도덕성과 책임감을 느끼고 급우들과의 공약을 지키면서 학급을 정직하고 성실하게 운영하려 노력하게 마련이다. 작건 크건 공직이란 바로 그런 것이다. 죄 없는 사람들을 죽이고 강탈했을지언정 한 나라의 대통령 자리에 있었던 사람이 양민학살과 부정축재를 모두 시치미 뗀 채 며칠 굶는 일로 감히 정권의 정통성을 확보하겠다니 한마디로 소가 웃을 일이다. 역사를 희롱하는 전두환의 오만에 우리는 할 말을 잃는다.

군사정권의 탯줄은 끊었는가

김영삼정권이 갖는 역사성

얼마 전 어느 글에서 새로 출범하는 김영삼정권을 '6공' 2기 정권으로 볼 것이 아니라 4·19민주화운동 후에 성립된 '2공'인 장면정권의 뒤를 잇는 '3공'정권으로 봐야 한다는 주장이 있었음을 읽은 적이 있다. 김영삼정권은 헌정상으로야 당연히 '6공' 2기 정권이지만, 그러나 그것을 '3공'으로 보려는 관점도 있을 수는 있겠다.

직업군인으로 살겠다고 생각하고 사관학교에 갔던 사람들이 '엉뚱하게' 차지했던 군사정권이 아니라, 평생을 두고 정치를 통해 민족사회에 이바지하겠다고 생각한 문민에 의해 성립된 정권이라는 점에 초점을 두고, 김영삼정권을 장면정권에 이은 '3공'으로 간주해야 한다고 주장한 것이라 할 수 있으며, 이런 견해는 5·16군사정변 이후 30년 만에 출범하는 문민정권에 대한 기대에서 나온 것이라 말할 수 있다.

앞에서 말한 '3공론'도 반드시 그런 뜻으로 말한 것은 아니라 생각되지만, 1990년대에 출범하는 김영삼정권이 하필 1960년대의 장면정권을 뒤이어야 할 이유는 없을 것 같다. 만약 민주당 신파 정권인 '2공'을 뒤이은 민주당 구파정권으로서의 '3공'이 된다는 생각이 추호라도 있다면 그야말로 큰일 날 일이 아닐 수 없다. 김영삼 개인은 비록 1950년대부터 정치를 해왔고, 자유당이나 민주당 구파에 속하기도 했지만, 그의 정권은 분명히 1990년대의 우리 역사 속에서 성립되었고, 바로 1990년대의 시대적·민족사적 사명을 띠고 있기 때문이다.

김영삼정권이 가지는 역사적 위치가 1960년대나 있을 수 있었던 민주당 구파류의 분단체제적이고 보수주의 및 반공주의 일변도적인 정권이 되어서는 안 됨은 말할 것도 없고, 단순한 문민정권으로서의 성격에 한정되어서도 안 된다는 점을 강조하지 않을 수 없다. 왜냐하면 1990년대 우리 국민의 선택에 의해 대통령이 된 김영삼 개인의 역사인식이 거기까지 미치는가 그렇지 못하는가 하는 문제와는 상관 없이, 그의 정권이 성립된 이 시점의 우리 민족사는 1960년대와는 전혀 다른 고비에 서 있기 때문이다.

김영삼정권은 30년간 지속된 군사정권의 태내에서 나온 문민정권이라는 '기박한' 처지의 정권이면서도 한편으로는 우리 민족사의 불행했던 세기로서의 20세기를 마감하는 정권이 되었다. 돌이켜보면 20세기는 세계사적으로도 두 번의 대전을 겪은 세기이며 우리 민족사도 그 전반기를 식민지시대로, 그 후반기를 분단시대로 지낸 불행한 세기이다. 여기에는 많은 역사적 침체와 좌절과 굴절과 왜곡이 있었고 그 결과 지금의 우리 민족은 지구상에서 '유일한' 분단민족으로 남아 있다.

이 불행했던 20세기를 넘기기 전에 민족사적 침체와 좌절과 굴절과 왜곡을 극복하고 민족문제를 슬기롭게 풀어가야 할 책무가 문민정권으로서의 김영삼정권에 주어져 있음을 다시 한번 강조하지 않을 수 없다. 대통령으로서의 김영삼이 시대적·역사적 지도자로 위치하기 위해서는 분단시대적 역사인식 및 정치관의 한계를 뛰어넘는 역사인식상의 '혁명적' 변화가 요구되고 있다. 다시 말하면 그는 분단시대를 통해 길러진 정치인이지만, 그에게는 분단시대를 넘어서는 민족관과 정치관 및 정치역량이 요구되고 있다는 말이다.

한편, 문제의 절박성은 주변정세의 변화에서도 나타나고 있다. 우리 근대사 이후의 시련은 19세기 말 한반도를 둘러싼 중국과 일본의 대립에서 시작되었고, 강화도조약·청일전쟁 등은 모두 한반도를 둘러싼 양국의 대립구도 속에서 빚어진 일이었다. 청일전쟁에 패배한 중국을 대신해서 대륙세력 러시아가 한반도로 진출하고 일본제국주의가 한반도의 식민지화를 기도함으로써 빚어진 러일전쟁의 결과 이 지역은 해양세력 일본의 식민지로 되어 말로 다할 수 없는 희생을 치렀다.

청일전쟁 후 꼭 백 년 만의 한반도에서는 제2차 세계대전 후 40년간 지속된 미소의 대립구도가 무너지면서 연간 10% 이상의 경제성장을 계속하며 엄청난 세력으로 등장하고 있는 중국과 이미 경제대국·군사대국이 된 일본과의 대립구도로 다시 바뀌고 있다. 19세기 말 중일의 대립구도 속에서 한반도는 결국 식민지가 되었고, 21세기를 바라보는 시점에서 다시 돌아온 같은 대립구도 속에서 이 지역은 아직도 남북으로 분단된 채 한쪽은 중국의 영향권 속에 다른 한쪽은 일본의 영향권 속에 빠져들면서, 아직도 우익이 아닌 자는 모두 좌익이 되어 너 죽기 아니면 나 죽기 식의 '어리석은' 행진을 계속하고 있다.

바로 그런 시점에서 성립된 문민정권으로서의 김영삼정권은 흔히 말하는 정치적 민주주의의 발전이나 침체한 경제의 활성화나 비리척결 정도로 그 시대적 사명을 다할 수 있는 것이 아니다. 그리고 북한에 대한 고립화나 봉쇄화 효과로서의 '북방정책' 정도가 민족문제 해결의 길이라 생각할 그런 계제가 아닌 것 같다.

미소의 대립구도보다 훨씬 절박하게 닥쳐올 새로운 대립구도 속에서 하나의 세기를 마감하는 정권으로서, 전체 민족적 자결권을 확립하여 식민지시대와 분단시대 이래의 굴절된 민족사의 방향을 크게 전환시키는 그런 정권이 될 때 비로소 그 역사성을 세울 수 있을 것이다.

문민정부는 역사인식부터 달라져야 한다

김영삼 문민정권 아래서 왜 우리 현대사인식에 대한 논란이 일어나고 있는가를 차분히 생각해볼 필요가 있을 것 같다. 김영삼정권은 군사정권의 태(胎) 안에서 나왔지만 그 정권의 뿌리나 정당성을 군사독재에 저항한 민주화투쟁에 두려는 것 같다. 따라서 군사정권과의 탯줄을 끊을 필요가 있으며, 그 때문에 5·16정변이나 12·12사태를 반민주적·반역사적·쿠데타적 사건으로 규정하지 않을 수 없는 처지에 놓이게 되었다.

노태우정권 때 군사정권 세력과 연합하기는 했지만 김영삼정권의 핵심세력이 지난 30년간 민주화투쟁을 한 것은 사실이기 때문에, 여당 안에 5·16정변이나 12·12사태의 장본인들을 그냥 두고도 그것들을 쿠데타적이며 반역사적인 사건으로 규정하고 넘어갈 수 있었다. 그리고 국정국사교과서를 그런 방향에서 바꾸는 데도 큰 반대가 없었다.

국정 국사교과서를 개정하려는 과정에서 이런 상황의 변화에 다소 고무된 젊은 역사학자들이 내친걸음에 5·16정변이나 12·12사태뿐만 아니라 제주도 4·3사태나 경북지방의 10월폭동까지 '사태'나 '폭동'보다 다소 긍정적 의미를 가진다고 생각되는 '항쟁'으로 바꾸자는 의견을 제시했고, 이에 놀란 일부 정계와 언론계 및 학계에서 반대의 목청이 높아졌다. 그리고 마침내 대통령까지도 섣불리 바꾸어서는 안 된다는 의견을 제시하기에 이르렀다.

그동안 5·16정변에 대한 단편적 논평은 더러 있었지만 학문적 차원의 연구는 없었다 해도 과언이 아니며, 12·12사태에 대해서는 연구는 물론 논평조차도 거의 없었다. 그것에 비하면 4·3사태나 10월폭동에 대해서는 『제민일보』와 같은 현지 언론기관의 진상조사나 학자들의 연구가 몇 권의 단행본으로 나올 정도로 상당히 진행되었다.

10월폭동을 '항쟁'으로 부르자고 한 근거를 보자. 종전에는 그것을 남로당의 이른바 신전술에 의한 폭동으로만 보았는데 실제로 연구해본 결과 미군정의 통치에 불만을 가진 경상북도 일원의 광범위한 사회계층이 참가한 민중항쟁적 성격이 강하다고 논증되었다.

4·3사태의 경우도 진상을 조사한 결과 3만 명에서 6만 명 정도의 제주도민이 희생된 것으로 밝혀졌는데, 제주도에 남로당원이 그만큼 있었을 리 없고, 이것 역시 미군정의 남한단독선거에 반대한 민중항쟁의 성격이 강하다는 논증을 뒷받침하는 것이라고 할 수 있다.

학술적 차원의 연구가 덜 되었거나 전혀 없었던 5·16정변이나 12·12사태는 대통령의 시사적 언급 하나로 쉽게 쿠데타적 사건으로 바뀔 수 있었는데, 4·3사태나 10월폭동은 민중항쟁으로서의 성격이 높다는 언론사의 진상조사나 학자들의 연구 결과가 있는데도 왜 항쟁으로 이름 짓는 일이 어렵게 되었는가 하는 문제를 생각해보지 않을 수 없다. 김영삼정권이 민주화운동에 대해서는 긍정적으로 보면서도 반분단투쟁이나 통일민족국가 수립운동에 대해서는 아직 긍정적으로 볼 수 있을 만한 역사적 위치에 나아가지 못한 한계성을 가지고 있는 것이라 생각할 수도 있겠다.

8·15 이후의 우리 역사 전개과정에서 민주주의운동과 주체적·평화적 민족통일운동은 언제나 그 궤를 같이해왔다. 이승만정권이나 박정

희정권과 같은 독재정권 아래서는 주체적·평화적 통일운동이 철저히 봉쇄되고 그 역사성도 부인되었다. 장면정권과 같이 상대적으로 민주적이었던 정권이 섰을 때는 그 운동이 활성화되고 역사성도 어느정도 긍정되었다.

김영삼정권이 그 반독재투쟁 경력을 바탕으로 하는 민주정권이 되기 위해서는 반독재민주화운동을 긍정적으로 평가할 뿐만 아니라 반분단 통일민족국가 수립운동도 긍정적으로 평가하고 교육할 수 있는 역사인식을 갖추어야 함은 말할 나위가 없다.

특히 어느 때보다도 무력통일론, 흡수통일론이 부인되고 평화통일론이 정착된 지금의 시점에서는 정부 쪽의 현대사인식과 대북인식도 바뀌어 4·3사태나 10월폭동을 그 사실에 맞게 이름지어야 한다. 그뿐만 아니다. 김규식·여운형 등이 추진한 좌우합작운동이나 김구·김규식 등이 참가한 1948년 남북연석회의, 그리고 1970년대 이후의 민간 통일운동에 대해서도 통일민족국가 수립운동으로서 정당한 역사적 위치를 인정하고 적극적으로 평가하고 가르쳐야 할 것이다. 민주주의정권과 군사독재정권의 차이점을 여러가지로 설명할 수 있겠지만, 근본적인 문제는 그 역사인식의 차이에 있다.

한 가지 더 지적하고 넘어가야 할 일이 있다. 중고등학교의 국사교과서를 검인정제에서 국정제로 바꾼 것은 박정희 '유신'정권이었다. 군사독재 '유신'정권의 산물인 국사교과서 국정제가 문민정권 아래서도 그대로 계속되고 있다는 사실도 놀라운 일이지만, 그뿐만이 아니다.

독재정권의 요구에 의해 5·16을 혁명으로 규정했던 정부기관과 그 위촉을 받고 역사를 쓴 '학자'들이 이제 문민정권의 요구에 따라 일말의 자책은 물론 하다못해 변명 한마디 없이 같은 사건을 반역사적 쿠데타로 바꾸어 쓴다면, 우리의 상식으로는 그것 또한 놀라운 일이 아닐 수 없다.

5·18광주민중항쟁과 역사의 심판

광주항쟁은 전두환정권 때는 그 의미가 '폭도'들이 일으킨 '광주사태'로 고정된 채 제대로 거론조차 되지 못하다가 노태우정권 때 민주화운동으로 일단 바뀌었고, 김영삼정권 성립 후 그 피해자 쪽에서 진상규명과 책임자 처벌을 주장하면서 소송을 제기했다. 공소시효를 얼마 남기지 않은 시점에서 검찰조사가 진행되고 있지만, 검찰조사의 결과와 상관없이 김영삼정권은 이미 광주항쟁을 역사의 심판에 맡겨야 한다고 천명한 바 있다.

두말할 것 없이 모든 역사적 사건은 반드시 역사적 평가를 겪게 되어 있다. 그리고 어느 한 정권이 공소시효가 끝나지 않은 역사적 사건을 실증법으로 다스리지 않고 뒷날의 역사적 심판에 맡긴다 해도 그것으로 모든 처리가 종결되고 책임이 면해지는 것도 아님은 물론이다.

예를 들면 3당합당으로 군사정권의 태 안에서 나온 김영삼정권이 스스로 문민정권임을 강조하기 위해 5·16을 쿠데타로, 12·12를 쿠데타적 사건으로 규정하여 제 입장을 밝히지 않을 수 없었던 것과 같이, 설령 공소시효가 지난 역사적 사건이라 해도 그것에 대한 정권 자체의 입장을 밝히지 않을 수 없는 경우가 있게 마련이다. 역사적 사건에 대한 정권 스스로의 관점을 밝힘으로써 제 정권의 역사적 성격을 명백히 할 필요가 있기 때문이다.

광주항쟁을 어떻게 처리했는가 하는 문제 자체가, 후세의 역사가 김영삼정권을 평가하는 하나의 중요한 기준이 된다는 사실을 알 필요가 있다. 후세의 역사학이 광주항쟁을 연구하면서 그 공소시효가 끝나지 않았을 때 성립된 문민정권으로 자처한 김영삼정권이 광주항쟁 재판을 어떻게 처리했는가, 진상규명을 얼마나 철저히 했는가, 그 책임자에 대한 처리를 어떻게 했는가 등을 꼼꼼히 따져서 광주항쟁 자체의 역사적 성격을 더 명백히 함은 물론 그것으로써 김영삼정권의 역사성 자체도 함께 따지게 된다는 사실을 알 필요가 있다. 김영삼정권이 광주항쟁에 대한 심판을 역사에 맡기고 말았다면 그 사실 자체가 역사의 심판 대상이 된다는 말이다.

"역사의 심판에 맡긴다"는 말은 흔히 당장 심판하기 어렵거나 껄끄러운 일을 뒤로 미룰 목적으로 쓰이는 경우가 있으나 사실은 그런 것이 아니다. 당장에는 여러가지 사정에 의해 그 사건의 결백성이나 진실이 밝혀지기 어렵다고 보고, 객관적 조건이 바뀐 후 진실이 밝혀지기를 바란다는 말로 쓰이는 것이 일반적이다. 그런가 하면 반대로 어려운 상황이나 억울한 처지에 섰다고 생각하는 정권이나 개인들이 하나의 변명이나 자위책, 혹은 회피책으로 "역사가 심판할 것"이라 말하는 경우도 있다.

정권이나 개인이 역사의 심판을 받는다는 것은 역사 앞에 발가벗고 나선다는 말이다. 거기에는 추호의 관용도 바랄 수 없고 어떤 변명도 있을 수 없다. 시간이 지나면 관용이나 변명, 혹은 은폐까지도 가능할 것 같지만 전혀 그렇지 않다. 시간이 지나면 지날수록 더 많은 연구자가 나와서 앞사람의 관용을 비판하고 미처 벗기지 못한 부분을 철저히 벗겨내기 마련이기 때문이다.

김영삼정권이 한때 광주항쟁문제를 스스로 심판하지 않고 역사의 심판에 맡기려 했던 의도가 어디에 있었을까. 설마 지금 심판하는 경우 이른바 신군부세력의 진압에 대한 진실과 그들의 정당성이나 결백성이 드러나기 어려울 것이므로 객관적 조건이 변하고 진실이 밝혀질 때를 기다렸다가 심판해야 한다는 의도였을까. 아니면 3당합당으로 성립된 정권으로서는 심판하기 곤란하고 껄끄러워서 뒷날 역사의 심판에 맡기는 것이 좋겠다는 생각에서였을까. 전자의 경우라면 우리는 더 할 말이 없고 후자의 경우라도 자신들을 위해 크게 잘못한 일이었다고 할 수밖에 없었다. 왜냐하면 시간이 지날수록 진실은 더 정확히 밝혀질 것이요, 역사의 심판에 떠넘긴 김영삼정권의 성격까지 들추어질 것이기 때문이다.

천만다행히도 대학교수들을 비롯한 각계각층의 양심적 지식인들이 5·18 처벌을 위한 특별법 제정을 요구하고 나섰고, 김영삼정권이 이를 받아들여 전·노 두 전 대통령이 구속되고 그 재판이 계속되고 있다. 이 재판은 언론들이 지적하고 있는 것과 같이 역사적 재판 바로 그것이다. 이제 재판부가 역사의 심판대에 올랐다.

선열들의 유해는 통일조국으로 돌아와야 한다

정통성 문제는 왜 일어나는가

우리는 식민지배에서 해방된 민족사회이면서 그리고 식민지 피지배 기간에도 끊임없이 민족해방투쟁을 추진했으면서도 정작 해방된 후에는 식민지 잔재 청산에 실패했다. 그 중요한 원인의 하나는 민족사회가 해방되면서 남북으로 분단된 데 있으며, 민족이 분단된 중요한 원인의 하나는 민족해방운동세력 독자의 힘으로 해방되지 못하고 외세가 작용한 데 있었다.

남쪽의 경우 4·19와 같은 역사의 중요한 고비를 맞을 때나 또 정권이 바뀔 때는 흔히 식민지 잔재 청산이 거론되었다. 그러나 이승만정권은 조선총독부의 관료들을 그냥 둔 미군정의 관료들을 그대로 이어받을 만큼, 그리고 '반민특위'를 해체할 만큼 친일성을 청산하지 못한 정권이었다. 뒤이은 장면정권은 4·19 민주화운동의 결과로 성립된 정권이면서도 그 각료 구성에 친일세력이 많아서 일본인들이 이른바 지일(知日) 정권이라 좋아했을 만큼 식민지 잔재를 청산할 만하지 못했다. 구만주군 장교출신 박정희정권은 말할 것도 없고, 그 이후의 군사정권들도 모두 그 속성이 식민지 잔재 청산을 할 만하지 못했다.

30년간에 걸친 군사정권시기가 지나고 김영삼 문민정권시기에 들어온 후 식민지 잔재 청산 문제와 관련하여 정부와 민간 차원에서 몇 가지 관심거리가 될 만한 일들이 일어나고 있다. 해외에 있는 독립운동가 선열들의 유해를 봉환하는 데 적극성을 띠는 일, 옛날 조선총독부 건물을 헐려는 일, 상해임시정부 청사건물을 옮겨오는 일, 한국정신문화연구원에서 만든 『한국민족문화대백과사전』에 친일인사를 기재하겠다고 하는 일 등이 그것이다. 문민정권시기에 들어와서 왜 이런 일들이 일어나고 있는지 또 그것이 가지는 의미가 무엇인지 역사학적 처지에 한정해서라도 생각해볼 만하다.

어느 민족사회가 일정한 기간 다른 나라의 식민지로 되었다가 자력으로 해방되어 새로운 정권을 수립하는 경우 그 최초의 정권은 대체로 민족해방운동세력에 의해 세워지게 마련이며, 이 경우 그 정권의 정통성 시비는 없어지게 마련이다. 그러나 불행하게도 우리 민족의 경우 35년간이나 꾸준히 민족해방운동을 추진했으면서도 정작 일제식민지배에서 벗어나는 과정에서는 민족해방운동세력의 독자적인 힘만으로 해방되지 못했고, 그것이 하나의 원인이 되어 민족이 분단되었다.

이런 의미에서 바람직한 민족해방의 과정을 다시 한번 되돌아보자. 첫째, 일제식민지시기에 우리의 민족해방운동전선이 독자적인 힘으로 조선총독부의 항복을 받아내는 것이 최선의 길이었고, 둘째, 그것이 안될 경우 좌우익을 막론한 우리 민족해방운동전선의 모든 세력이 정치·군사적으로 하나의 통일전선을 이루고, 프랑스 드골 망명정권의 경우와 같이 그 통일전선이 연합국들의 승인을 받아 그 군사력과 공동작전을 벌였다가 일본이 항복할 때 조인에 참가하는 길이었다고 할 수 있다.

이 경우 항복조인에 참가한 민족해방운동세력이 임시정부를 만들고 총선거를 관리하여 정식 독립정부를 세울 수 있었을 것이며, 이 정부는 아무도 시비할 수 없는 민족사적 정통성을 가졌을 것이다. 따라서 신탁통치도 민족분단도 있을 이유가 없었을 것이다. 이것을 알았기 때문에 식민지시기 말기의 우리 민족해방운동세력 전체가 통일전선을 이루기 위한 노력을 전개했고, 당시 중경에 있던 임시정부를 중심으로 조선민족혁명당과 조선독립동맹 등이 통일전선에 성공했다.

그러나 이 통일전선운동이 완성되기 전에 일본제국주의가 패망했다. 이 때문에 35년간 민족해방운동을 지속하고 망명정부를 25년 이상 유지했으면서도 민족해방운동세력이 일본제국주의를 직접 패망시키지 못했을 뿐만 아니라 일본제국주의를 패망시킬 연합국으로부터 승인을 받지 못하여 망명정부 요원들이 개인 자격으로 입국할 수밖에 없었다. 또한 건국동맹을 조직했던 국내의 해방운동세력이 중심이 되어 건국준비위원회를 만들고 조선인민공화국을 선포했으나 연합국은 이를 승인하지 않고 군정을 실시했다.

그 군정에 의해 남북에 걸친 새로운 임시정부가 만들어질 예정이었으나 찬탁·반탁 문제로 그것이 실패한 결과 남북에 분단국가가 성립되었다. 뒤이어 무력통일을 목적한 6·25전쟁을 겪었으면서도 통일은 이루어지지 않았고, 오히려 이후 남북 분단국가 간의 정통성 경쟁만이 심해지면서 남북이 함께 독재체제를 구축해가는 역사를 겪게 되었다.

정통성은 무엇으로 세워지는가

어느 민족사회에 성립된 정권이 역사적 정통성을 가지는가 그렇지 못한가 하는 기준은 쉽게 말해서 그 시기 민족구성원의 지지를 얼마나 폭넓게 받으면서 그 민족사회가 당면한 역사적 과제를 얼마만큼 성실히 수행하는가에 달렸다고 할 수 있다. 만약 같은 시기의 같은 민족사회에 두 개의 정권이 함께 성립되어 서로 정통성을 다투는 관계라면, 두 정권 중 어떤 정권이 그 민족사회 전체 구성원의 지지를 더 받으면서 전체 민족사적 과제를 더 충실히 수행하고 있느냐에 따라 그 정통성이 좌우된다고 할 수 있다. 어느 쪽이 역사적 유물이나 유적을 더 많이 가졌느냐에 따라 정통성이 높아지는 것은 아니다.

20세기 후반기 우리 민족사회의 경우를 예로 들면 이 시기 우리 민족구성원 대부분의 염원을 바탕으로 한 전체 민족사회의 시대적 과제로서 민족의 주체적·평화적 통일과 정치·경제·사회·문화적 민주주의의 발전을 더 충실히 추진하는 정권이 더 정통성을 가진다고 할 수 있을 것이다. 그리고 남북의 두 분단국가 정권들이 서로 정통성을 다투거나 남쪽의 앞뒤 정권이 서로 정통성을 겨루는 경우도 이 두 가지 민족사적 과제의 추진 여부가 기준이 될 수밖에 없을 것이다.

남쪽의 경우만을 두고 보면 이승만정권은 8·15 후 처음으로 성립된 정권이면서도 일제식민지시대의 반민족세력을 중심으로 성립된 정권이라 해도 과언이 아닐 만큼 역사적 정통성에서 취약점을 가진 정권이었다. 더욱이 4·19민주화운동으로 무너질 만큼 비민주적 독재정권이었으며 통일론에서도 북진통일·무력통일론으로 일관한 정권이었다. 군사독재 박정희정권이 겉으로는 7·4공동성명 등을 통해 평화통일을 표방했지만 사실은 무력통일 지향의 정권이었고, 이후의 전두환·노태우 군사정권은 통일론에서나 민주주의 발전 면에서 박정희정권과 대동소이했다고 할 수 있다.

8·15 이후 우리 민족사 정통성의 기준을 평화통일의 실제적 추진과

정치·경제·사회·문화적 민주주의 발전에 두는 경우 이승만정권에서 노태우정권에 이르기까지(장면정권도 민주주의 발전에는 어느정도 긍정적이었으나 평화통일문제에는 소극적이었다) 평화통일문제와 민주주의문제에 모두 넘지 못할 한계성을 가지고 있었다.

지난 30년간 지속된 군사정권의 뒤를 이어 김영삼 문민정권이 성립되었고, 이 정권의 핵심세력은 30년간의 군사독재정권 통치 아래서 민주화투쟁에 참여했다. 민주화투쟁을 한 사실만으로도 과거의 군사정권들과는 비교할 수 없는 정통성을 가질 만하지만, 김영삼 문민정권은 군사정권을 뒤엎고 성립된 것이 아니라 이른바 3당 합당을 통해 그 태 안에서 나왔고, 성립된 후에도 군사정권세력의 일부와 동거하는 정권이 되었다. 이 정권은 군사정권과 탯줄로 연결되어 있고 그 세력의 일부와 동거하면서도 문민정권으로서의 새로운 정통성 같은 것을 세우려 하는 '기형적'인 정권이 되었다고 할 수 있다.

김영삼정권은 한때 문민정권으로서 정통성을 세우는 방법으로 그 탯줄을 군사정권이 아닌 다른 곳, 예를 들면 가까이는 5·16 이전의 장면 문민정권이나 멀리는 상해임시정부 같은 것에 연결하려는 '작업'을 기도하려 했던 것 같다. 그러나 좀더 구체적으로 따져보면 장면정권과는 그 가닥이 다를 뿐만 아니라 흔히 무능하고 힘없고 혼란스러워 군사쿠데타를 자초했다고 말해지기도 하는 정권과의 연결이 바람직하지 않다고 생각되었는지, 그리고 상해임시정부와 연결하는 것은 너무 멀거나 혹은 너무 근거가 없다고 생각되었는지, 어쨌든 그 '작업'은 추진하지 않게 된 것 같다.

김영삼정권은 정통성 수립을 위한 앞선 정권들과의 줄잇기 작업은 일단 포기한 것 같았으나 마침 북쪽에서 정통성 강화작업의 일환으로 단군릉을 복원하는 일에 대항하기라도 하듯 다시 정통성 수립작업에 부쩍 열을 올리기 시작했다. 앞에서 말한 선열들의 유해 모셔오기, 임시정부 건물 옮겨오기, 조선총독부 건물 헐기, 정부기관이 만든 백과사전에 친일파 기재하기 등 식민지 잔재 청산 작업에 과거 어느 정권보다 열성적임이 그것을 말해주고 있다.

이런 일련의 '작업'들이 할 만한 일이 아니라는 말은 결코 아니다. 다만 단군릉 복원과 같이 정통성 수립의 바람직한 방법이 아닐 뿐만 아니라, 지난 어느 정권보다 평화통일 추진과 민주주의 발전에 적극적이어야 할 문민정권이 정통성에 취약점이 있었던 군사정권들과 같이 북쪽과의 정통성 경쟁을 위해 일련의 '작업'들을 하는 것 같다는 점에 문제가 있다. 그것은 어쩌면 군사정권의 태 안에서 나온 문민정권으로서 취약점을 감추려는 의도로 보일 수도 있는 것이다.

정통성의 진정한 의미

중국과의 국교가 열리기 전에도 일부 선열들의 유해가 봉환되었으나 국교가 열린 후 특히 많은 분들이 돌아오고 있다. 민족해방운동에 헌신했다가 조국의 해방을 보지 못한 채 타국에서 돌아간 선열의 유해가 해방된 조국에 봉환되는 것은 너무도 당연한 일이며 아무도 반대할 수 없는 일이다. 다만 그들의 본의와는 달리 분단된 조국의 어느 한쪽에 의해, 그것도 분단국가들의 정통성 경쟁에 이용되어 돌아오게 되었다면 그것은 오히려 불행한 일이 아닐 수 없다.

민족해방운동에 몸바친 그들은 좌우익을 막론하고 조국은 하나였지 결코 둘이 아니었으며, 분단조국을 만들려고 잔혹한 일본 제국주의자들과 싸운 것은 더욱 아니었다. 따라서 그들에게는 돌아올 조국도 하나이지 둘이 아님은 말할 나위가 없다. 해방과 함께 조국이 분단되어 오랫동안 돌아오지 못하고 있다가 분단된 조국의 한쪽이 다른 한쪽과 정통성을 겨루기 위해 모셔가는 대상이 되어 환국하리라고는 꿈에도 생각하지 않았을 것이다.

그뿐만이 아니다. 긴 식민지 기간을 통해 그들의 투쟁을 물심양면으로 원조했던 중국이, 분단된 조국의 어느 한쪽에 돌려주기를 오랫동안 거부하던 중국이, 이제 이념보다 경제적 이익을 추구하기 위해 조국의 한쪽과 타협하여 다른 한쪽을 고립시키는 데 동참하면서까지 그들의 유해를 돌려주려 한다면, 그들의 환국이 과연 기쁘고 영예스러운 것이 될 수 있겠는가 생각해보지 않을 수 없다.

8·15 후 반세기 동안 얼어붙었던 한반도 주변정세와 남북관계가 풀려가면서 1992년에 체결된 남북합의서에서 보는 것과 같이 민족의 평화적·주체적·대등적·공존적·호혜적 통일이 가까워지고 있다. 민족해방운동의 전사로 희생된 선열들의 유해는 만의 하나라도 분단국가들의 정통성 경쟁의 일환으로 봉환되어서는 안 될 것이다. 이왕 환국이 늦은 김에 더 늦더라도 통일된 조국으로 돌아오게 하는 것이 그들에 대한 최선의 보답이 될 것임을 알 필요가 있다.

민족해방운동전선에 몸바친 선열들의 유해가 민족상잔에 희생된 전사자들과 같은 자격으로 같은 묘역에 모셔지는 것도 문제가 있다. 선열들의 유해를 분단국가의 한쪽으로 모셔오려 애쓸 것이 아니라 완전통일이 되기 전이라도 남북이 합의하여 휴전선지역의 한 곳에 민족해방운동의 좌우익전선에서 전사한 선열들을 한 자리에 모셔 평화통일을 기원하는 민족공동의 성지로 삼을 만도 하다.

사실인지 아닌지 확인하지 못했고 또 그럴 만한 흥미도 없지만, 얼마전 민간 차원에서 막대한 돈을 들여 상해임시정부 청사를 뜯어 옮겨왔는데, 고증이 잘못되어 다른 건물을 가져왔다는 웃지 못할 일이 벌어졌다고 한다. 선열의 유해와는 달리 유물이나 유적은 부득이한 경우가 아니고는 그 본래의 자리에 보존되어야 함은 역사공부 하는 사람에게는 상식 중의 상식이다. 지금 상해임시정부 청사 하나가 잘 보전되어 공개되어 있고 중경 때의 청사도 그 매입과 보전이 논의되고 있는 것으로 알고 있다.

혹시 교육용으로 국내에도 있어야 하겠다면 모조품으로 대신하는 방법도 있다. 막대한 자금을 들여 옮겨와야 한다고 고집하는 것도 역시 정통성 경쟁의 일환이 아닌지 모르겠다. 어떻든 지금에 와서도 남북이 지난 50년 동안 일관한 정통성 경쟁을 계속하는 것은 약간은 진전되고 있는 평화적·호혜적·대등적 통일을 방해하는 일의 하나임을 지적하지 않을 수 없다.

이야기를 조선총독부 건물 문제로 옮겨보자. 김영삼 문민정권은 이 건물을 헐기로 결정했다. 그리고 학계에서까지도 그것에 찬성하는 사람만이 애국자요 반대하는 사람은 민족반역자처럼 되었다 해도 과언이 아니다. 건물 하나의 존폐가 이렇게 큰 문제로 확대되었으니 역설적으로 말해서 조선총독부의 위력이 아직도 대단한 셈이다.

그 존폐가 그렇게 대단한 문제라면 불과 10여 년 전에 200억 원이 넘는 돈을 들여 그 건물을 민족적 자산이 담길 국립중앙박물관으로 개조할 때 전 학계에서 왜 반대 한마디 없었는지 참으로 알 수 없는 일이다. 남의 나라를 여행하는 관광객은 대개 중앙박물관을 관람하게 마련이고 우리의 경우 일본인 관광객이 가장 많다. 박물관을 보면서 저들의 총독부 건물이라 알게 될 것이 자명한데도 수백억 원을 들여 박물관으로 고치도록 두었다가 이제 와서 그 건물을 그냥 두면 국민 전체가 친일파라도 되는 것처럼 아우성이다. 설마 그때는 군사정권 아래라 무서워서 입을 다물었다가 이제 문민정권시대가 되었다 하여 마음놓고 주장하는 것은 아닐는지. 이해할 수 없는 일이다.

치욕의 역사도 보존되어야 한다든가, 그 건물을 두어야 일본에 대한 경계심이 지속된다든가, 건물을 허는 데 엄청난 비용이 든다는 식의 말을 하려는 것은 아니다. 한마디로 말해서 그 건물 정도는 그냥 두고 견딜 수 있어야 우리의 자존심이 더 산다는 생각이다. 악명 높았던 관동군사령부 건물을 그대로 쓰고 있으면서 그곳을 찾는 일본인들로 하여금 고개를 못 들게 만드는 중국사람들과 비교하지 않더라도, 그 정도의 상처를 아무것도 아닌 듯이 놓아두지 못하고 50년이 지난 지금에 와서 문민정권시대라 하여 아우성치는 얄팍한 세정이 안타깝다는 말이다.

아무리 상징성이 높은 건물이라 해도 그것 하나 없앤다고 반세기 동안 더덕이진 식민지 잔재가 벗겨지겠는가. 식민지 잔재를 청산하는 방법이 건물 하나를 허느냐 안 허느냐에 달린 것이 아닌 것쯤은 충분히 알 만하지 않은가. 우리는 일제 총독부 건물을 박물관으로 개조한다는 말을 처음 들었을 때 국립중앙도서관이나 고문서관으로 바꾸어 쓰면 좋겠다고 말했던 기억이 난다. 지금이라도 늦지 않았을 것이다.

앞에서도 말한 것과 같이 식민지배에서 해방된 직후 민족사회에서는 대체로 민족해방운동에 종사했던 정치세력이 집권하게 마련이며, 이 정권은 식민잔재를 청산하고 민족적 주체성을 확립하기 위해 반민족세력을 숙청하게 마련이다. 그러나 거듭 말하지만 이승만정권은 친일세력을 오히려 비호했고 장면정권도 그것을 숙청할 만한 정권이 못되었다. 군사쿠데타로 정권을 쥔 친일 괴뢰만주국 장교 출신 박정희정권은 이 무렵 중소분쟁으로 처지가 어렵게 된 북쪽이 그 대응책으로 주체성을 강조하게 되자 친일 군인출신 정권으로서 그리고 군사독재정권으로서 그 정통성의 취약점을 호도하기 위한 방법의 하나로 민족해방운동에 투신했던 우익인사에 대한 포상을 실시했다.

수상자 중에 친일 경력이 있는 인사가 섞였다는 지적과 비판이 있었는데도 이 일은 후계 군사정권에서도 계속되었다. 군사정권의 태 안에서 나온 김영삼 문민정권은 앞선 정권들이 하지 못한 반민족세력 단죄의 한 방법이라 생각했는지 모르지만, 박정희정권이 만든 한국정신문화연구원에서 편찬한 백과사전에 친일인사의 이름과 행적을 넣겠다고 발표했다.

일제의 식민지배에서 벗어난 지 반세기나 지난 시점이라 반민족세력 숙청이란 말 자체가 낡아버린 것 같이 되었지만, 반민족세력에 대한 청산은 현실적·법률적 청산도 있고 역사적 청산도 있다. 이완용 후손의 재산찾기소동 등에서 보는 것과 같이 아직도 법률적 청산의 필요성이 남아 있는 부분도 있지만, 특히 민족통일의 전망이 밝아져가고 있는 시점에서 북쪽과의 균형을 위해서도 반민족세력에 대한 역사적 청산만이라도 반드시 철저히 할 필요가 있다.

어느 민간 연구단체가 뒤늦게나마 친일파 인명사전을 만들겠다 하니까 이에 대응이라도 하듯 관변 연구단체가 만든 백과사전에 친일인사의 이름 일부를 추가하는 정도로 반민족세력에 대한 역사적 청산을 마무리하려 한다면 그야말로 손바닥으로 하늘 가리기에 지나지 않는다. 좀더 근본적이고 본격적인 연구작업과 학문적 정리가 필요하다는 말이다. 만약 김영삼정권이 과거의 다른 정권들과는 달리, 그리고 군사정권의 태 안에서 나온 약점을 청산하고 문민정권으로서의 정통성을 확립하려는 의욕을 가졌다면 이 연구작업을 적극적으로 추진하거나 지원해야 할 것이다.

하나의 정권이 성립되고 그 집권세력이 어느정도 역사인식을 가진 경우 대개 제 정권의 역사적 정통성 문제를 생각하게 마련이며 또 훗날 긍정적인 역사적 평가를 받으려 노력하게 마련이다. 집권세력이 이런 생각을 가지고 노력하는 일은 바람직하지만, 그 방법이 잘못되었을 경우 본래의 의도와는 달리 정권의 역사성을 그르치게 마련이다. 그 많은 역사상의 통치자들 중 잘못된 역사인식 때문에 본래의 뜻과는 달리 제 정권이 반역사적 정권으로 낙인찍힌 경우가 많았음을 우리는 알고 있다.

정통성을 옳게 세우는 길

식민지배에서 해방된 후 민족해방운동세력이 정권을 쥐거나 군사독재정권이 끝난 후 민주화운동세력이 정권을 쥐었다 하여 일단 성립된 역사적 정통성이 그대로 언제까지나 지속되는 것은 물론 아니다. 민족해방운동세력이라 해도 집권 후의 통치과정이 역사적 방향 및 민족사적 요구에 부응하지 못할 경우 그 정권의 정통성이 취약해지기 마련임은 더 말할 나위가 없다. 민족해방운동전선의 지도자가 해방으로 집권했다가 국민의 지지를 잃게 되면 자연히 정통성도 잃게 되어 실권하는 경우가 많았고 민주화운동의 경우도 마찬가지다.

거듭 말하지만, 20세기를 마무리하고 21세기를 바라보는 시점에서 우리 민족사 흐름의 큰 방향은 주체적이고 평화롭고 남북 대등적이며 호혜적인 방법에 의한 민족의 재통일과 정치·경제·사회·문화적 민주주의의 발전이다. 남북을 막론하고 민족해방운동세력이 집권한 경우이건 민주화운동세력이 집권한 경우이건 이 두 가지 민족사적 흐름을 거역하는 경우 그 정통성은 상실되고 반역사적 정치세력으로 전락하고 말 것이다. 그렇다면 정통성을 유지하고 평화통일을 이루기 위해 정권들이 무엇을 해야 할 것인가. 역사학적 관점에 한해서만 생각해보자.

남북 정권이 서로 역사적 유적을 많이 가지기 위해 경쟁적으로 새로 만들거나 옮겨오는 일은 별로 도움이 안 될 것 같다. 그보다는 민족해방운동사를 객관적으로 연구하고 가르치게 하는 일이 훨씬 더 효과적일 것 같다. 남쪽은 좌익운동의 역사성을, 북쪽은 우익운동의 역사성을 각각 인정하는 한편, 특히 좌우익 통일전선운동의 역사적 사실을 적극적으로 찾아내어 가르치는 일이 중요하다.

그리고 8·15 이후의 역사에서도 평화적으로 통일민족국가를 수립하려 한 노력의 일환으로서 좌우합작운동이나 1948년 남북연석회의에 대한 역사성을 인정하고 가르치는 일이 중요하다. 6·25전쟁에 대해서도 지금까지와 같이 어느 쪽이 먼저 일으켰는가 하는 문제에 초점을 맞추기보다 남북을 막론하고 무력으로 한반도를 통일하려 하는 일은 그 지정학적 위치 문제 등이 원인이 되어 불가능했다는 사실 등에 초점을 맞추어 가르치는 일이 평화통일의 실현을 위해 중요하다. 그뿐만이 아니다. 1970년대와 80년대에 걸쳐 민간 쪽에서 추진된 평화통일운동도 같은 시기의 민주화운동과 함께 체계적으로 정리하여 가르쳐야 한다.

한편, 평화통일의 구체적 진전을 위해 국가보안법을 폐지하는 일이 중요하다. 실정법상 적국으로 규정해놓은 민족의 다른 한쪽과 평화통일을 하겠다는 논리를 펴고 있으니 딱한 일이 아닐 수 없다. 북쪽이 아직 무력통일을 포기하지 않고 있기 때문에 국가보안법을 폐지할 수 없다는 주장도 있지만, 무력통일을 포기하지 않았다고 믿고 있는 상대와 '화해와 불가침 및 교류·협력에 관한 합의서'를 체결했다는 사실은 납득되지 않는 일이다.

또 북쪽이 국가보안법과 유사한 법을 가지고 있기 때문에 남쪽이 일방적으로 폐지할 수 없다는 주장에 대해서도 달리 생각해볼 수 있다. 북쪽보다 정치·경제적으로 훨씬 안정되고 번영을 이루었으며 사회·문화적으로 자유롭다고 자랑하는 남쪽에서 평화통일 진전의 열의를 보이기 위해 먼저 국가보안법과 같은 장애요인을 제거하여 북쪽으로 하여금 유사한 법을 존속시킬 이유를 가지지 못하게 할 수도 있을 것이다. 그리고 그것이야말로 임시정부 청사를 옮겨오는 일이나 때늦게 총독부 건물을 허는 일보다 정권의 정통성을 수립하는 올바른 방법이 될 것이다.

정통성이 취약했던 군사정권시기에는 오히려 북쪽과의 정통성 경쟁이 심했다. 그리고 그것은 그 정권들이 겉으로야 무엇이라 했든 사실은 무력통일이나 흡수통일을 지향하고 있는 증좌이기도 했다. 무력통일이나 흡수통일 지향이 아니고, 7천만 남북 민족구성원의 염원을 바탕으로 한 '남북합의서'의 정신에 따라 상당한 기간 두 개의 정부와 두 개의 체제를 인정하면서 화해와 협력에 의해 서서히 통일하는 방안을 채택한다면 앞으로는 남북의 정권이 서로 정통성을 경쟁할 이유가 없어지게 될 것이다.

남북의 정권이 모두 유물이나 유적을 더 가지려 애쓰거나 총독부 건물을 허는 데 집착할 것이 아니라 이 시대의 전체 민족사적 과제로서의 평화롭고 호혜적이며 대등한 처지에서의 통일을 앞당기는 정책과, 정치·경제·사회·문화적 민주주의 발전을 촉진하는 정책을 적극적으로 펴나가는 데 주력하는 것이 곧 제 정권의 정통성을 높이고 민족사적 과제에 충실한 길이 될 것임을 다시 한번 강조하지 않을 수 없다.

꽃은 그 나름의 빛과 향기를 지닐 때
가장 아름답다

흐르는 물

문화란 한마디로 말해서 사람들의 삶의 방식의 총체라 할 수 있다. 역사시대 이래로 어느 지역을 막론하고 사람이 사는 곳에서는 끊임없이 그 삶의 방식을 한층 더 나은 것으로 만들기 위한 노력이 이루어져왔고, 이 때문에 문화는 사람이 사는 각 지역마다 끊임없이 발전해왔다. 그러나 다른 지역과 내왕이 차단된 일정한 지역 안에서의 삶의 방식을 한층 더 낫게 하려는 노력은 그 지역 안 사람들의 노력 그것에 한정되게 마련이었다.

한편 사람들은 어느 시대를 막론하고 그 삶의 방식을 한층 더 나은 것으로 만들기 위해 한곳에 안주하지 않고 끊임없이 다른 지역으로 이동하거나 내왕하기 마련이었다. 이같은 사람들의 이동이나 내왕에 따라 어느 한 지역 사람들의 삶의 방식의 총체로서의 문화는 다른 지역으로 계속 전해지게 마련이었다. 이같은 이동이나 내왕을 통해 어느 지역의 높은 문화는 더 낮은 지역으로 계속 흘러들어가게 마련이었고, 이 때문에 문화의 이동은 높은 데서 낮은 데로 흐르는 물의 이동에 비유되기도 했다.

한 지역과 다른 지역 사이의 삶의 방식의 이동이나 내왕 없이 삶의 질을 높이려는 사람들의 노력이 한 지역 범위에 한정되었을 때보다, 다른 지역과의 내왕을 통해 서로 다른 삶의 방식이 전래되었을 경우 그 문화의 발전 정도가 한층 더 높아지기 쉬웠음은 당연하다. 삶의 질을 높이려는 노력의 범위가 좁을 때보다 더 넓어졌을 때 그 효과가 더 커지게 마련이었다.

이렇게 보면 사람들의 삶의 질을 높이는 일은 일정한 지역적 한계나 차이 없이, 사람들이 사는 전체 지구가 하나의 마당이 되는 것이 바람직하다는 생각도 있을 수 있다. 요즈음의 표현대로 말하면 지역문화니 민족문화니 하는 것이 없어지고 인류가 사는 지역 전체를 터놓고 하나의 삶의 방식만이 있게 하는 것이, 다시 말하면 지구 전체의 문화가 하나로 되는 것이 곧 인류사회 전체의 삶의 질을 높이는 최선의 방법이라 말할 수도 있겠다.

그러나 반드시 그런 것만도 아니다. 각 민족사회가 각기 그 문화의 국제화나 세계화를 지향하는 길이 잘못하면 지구 전체의 문화가 그 형태뿐만 아니라 성격 면에서도 획일화의 길로 나아갈 수 있기 때문이다. 그리고 이 획일화는 또 각 민족사회의 문화적 수준이나 그 향유 정도를 같게 한다는 말과는 다를 수 있다.

역사적으로도 경제체제나 문화형태의 세계화 및 국제화를 앞장서 주장해온 것은 주로 선진 강대국들이었다. 가령 지구상의 각 민족문화 전체가 국제화·세계화라는 이름으로 어느 자본주의 강대국의 경제체제나 문화형태를 중심으로 획일화되는 경우 각 민족사회 사이에 자본주의적 발전 정도의 차이는 있으면서 경제구조나 문화체제상의 성격적 차이는 없어지게 마련이다.

이 때문에 성격 면에서 획일화된 세계문화의 내부에는 민족사회별 수준 차이가 있게 마련이며, 이 경우 자본주의적 후진국은 경제의 경우와 같이 문화적으로도 항상 선진국에 뒤떨어지거나 예속될 수밖에 없다. 근대 이후의 세계사적 진행이 그것을 잘 말해주고 있다. 그렇다고 해서 하나의 민족사회가, 특히 후발지역에서 선진지역으로 발돋움하려는 지역으로 지목되는 민족사회의 경우 문화적으로 고립되어 있을 수 없음은 말할 나위가 없다.

따라서 세계가 하나로 되어가는 추세 속에서 특정 민족사회가 그 문화적 주체성을 유지해야 하는 의미가 무엇이며, 하나의 민족문화가 선진문화나 타민족문화와의 접촉을 통해 그 문화의 세계화·국제화를 이루어가는 올바른 길이 무엇인가 옳게 알아야 할 필요성이 높아지고 있는 것이다.

용광로 속에서도 녹지 않았던 주체성

흔히 '고유한 우리 문화'니 '우리 문화의 특성'이니 하는 말을 쓰고 있지만, 우리 민족이 한반도에 정착하고 난 태초부터 고유하게 있었던 '본래'의 우리 문화가 따로 있는 것은 물론 아니다. 역사시대 이전의 원시사회에서는 물질적으로 신·구석기문화와, 정신적으로 토템숭배나 조상숭배 같은 다른 민족들이 일반적으로 가졌던 원시문화를 가지고 있었다. 이후에도 다른 민족사회가 원시사회를 거쳐 고대국가사회로 들어간 그런 길을 우리 민족도 같이 걸었음은 당연하다.

고대국가 성립 이전에는 여러 부족집단들 사이에도 어느정도의 문화적 차이가 있었다. 이들 부족집단들이 하나의 고대국가를 이루는 과정에서 부족집단들의 문화도 합쳐져서 하나의 고대국가문화를 이루어갔다. 이 경우 여러 부족집단들의 문화가 정복부족의 문화에 흡수되어 획일적인 고대국가문화를 이루는 경우도 있었지만, 그렇지 않고 부족집단의 문화들이 제각기의 특징을 가진 채 하나의 폭넓은 고대국가문화를 이룸으로써 그 문화의 내용이 다양하고 풍부해지는 경우도 있었다.

한반도지역은 고대국가시대 이후에는 중국과 같은 선진문화지역이 바로 옆에 있어서 그곳으로부터 끊임없이 새로운 문화를 받아들이고 그것을 우리 토양에 맞는 문화로 만들어갔다. 중국을 통해 한자를 받아들여 우리 식으로 발음하고 불교와 유교를 받아들여 우리 불교, 우리 유교로 만들어간 것은 중요한 예들이다.

선진 외래문화가 들어와서 토착의 우리 문화와(그것도 앞서 들어온 외래문화와 그때의 토착문화가 접목되어 만들어진 문화지만) 일부 접목되지 못하고 따로 고립된 부분이 있었다면 그 부분은 곧 소멸했을 것이며, 접목이 된 부분만이 또다른 차원의 우리 문화를 이룬 것이다. 그후에 또 새로운 외래문화가 들어오는 경우도 마찬가지였다.

이렇게 보면 절대 고유한 우리 문화란 있을 수 없다고 할 수 있다. 문제는 선진적이고 이질적인 외래문화를 받아들여서 우리 문화로 만드는 민족적·주체적 능력 여부에 있다. 우리 민족의 경우 중국이라는 절대 우세한 문화권을 지척에 둔 상황에서 전근대시대까지는 선진 외래문화 도입과정을 통해 비교적 주체적 능력을 발휘했다고 할 수 있다.

오랜 역사시대를 통해 전근대시대까지 우리 민족사회는 불행하게도 선진문화를 도입할 수 있는 길이 중국 쪽에 한정되어 있었다. 고대사회에서부터 농경문화를 이루고 중세시대로 들어오면서 완벽하다고 할 만큼의 문민통치체제를 수립한 우리 민족사회는 중국지역을 제외하고는 중세 이후 무인통치체제를 갖춘 일본이나 유목민사회를 계속 유지한 만주·몽골 등 어느 주변지역에서도 선진문화를 도입할 수 있는 조건에 있지 못했다.

전근대시대를 통해 유일한 선진문화 도입 대상지역이었던, 그리고 당시의 우리 문화를 세계화·국제화하기 위한 유일한 접촉 대상이었던 중국은 정치·경제·군사적으로도 대적할 수 없는 강국이었으며, 문화적으로도 흔히 표현하는 것과 같이 거대한 용광로 그것이었다. 몽골족이나 만주족과 같은 그 주변 민족들이 한때 중국민족에 대한 정치적 정복에 성공하여 중원(中原)을 지배했다 해도 문화적으로는 오히려 그 용광로 속에서 스스로 녹아버리는 것이 예사였다.

겨울이면 물이 얼어 내왕이 자유로운 압록강·두만강을 사이에 두고 이 용광로와 이웃하고 있으면서 모든 부문에 걸친 선진문화를 그곳을 통해서만 도입할 수밖에 없었던 우리 민족사회는 유일한 선진문화로서의 중국문화를 도입하되 그 용광로에 녹아버리지 않고, 주체성을 지키면서 도입문화를 제 것으로 재창조함으로써 제 문화의 단계 높임을 해갈 수밖에 없었다.

오랜 역사시대를 통해 군사적으로나 경제적으로 중국을 제압할 수 없어서 정치·외교적으로 그것과 종속관계나 우호관계를 맺어온 것도 사실이지만, 문화적으로도 독자성을 잃고 용광로 속에서 녹아버릴 위험성을 항상 가지면서도 중국과의 관계를 끊고는 선진문화의 도입, 국제문화와의 접촉을 이룰 길이 없었다.

이 때문에 조선왕조 초기의 경우를 예로 들면, 조선 쪽에서는 두 나라 사이에 정치·군사적 평화관계가 유지된 기회를 이용하여 선진문화의 적극적 도입을 위해 사신을 자주 명나라에 보내기를 원했고, 명나라 쪽에서는 사신 접대의 번거로움과 선진문물로서 회사품(回賜品) 주는 부담을 덜기 위해 오히려 조선의 사신 횟수를 줄이려 애쓴 사실을 볼 수 있다. 이 시기 조선왕조의 명나라에 대한 사대외교는 선진문물 도입을 위한 실리외교였다고 할 수 있다.

용광로와 같은 중국문화를 지적에 두고 그것을 통해 선진문화를 도입할 수밖에 없는 조건 아래서, 역사시대 이래 계속 그 문화를 도입하면서도 주체성을 잃지 않고 중국문화와는 다른 우리 민족문화를 창조, 유지해갈 수 있었던 점에 바로 우리 문화의 특징과 강점이 있다고 할 수 있다. 그러나 선진 외래문화의 도입이 어느 시대에나 주체적이었고 성공적이었던 것은 아니다.

불어닥친 강풍

명나라와의 실리적 사대외교가 오래 계속되고 또 임진왜란 때 군사적인 도움을 받게 되면서, 특히 이른바 반청친명 정책으로 전환하는 인조반정을 계기로 실리적 사대외교는 명나라에 대한 사대주의로 변하게 되었다. 명나라가 멸망하고 청나라가 중국을 지배하게 된 후에도 조선왕조의 지배층은 임란·호란 패전 후의 국민적 관심을 밖으로 유도하기 위해 청왕조에 대한 적개심을 강조하고 이른바 북벌론을 내세우면서 청나라 문화의 선진성을 인정하려 하지 않았다. 따라서 유일한 선진문화로서의 중국문화의 도입은 극히 제한될 수밖에 없었다.

그 결과 정약용 등 실학자들이 지적한 것과 같이 17, 18세기경의 조선왕조 문화는 크게 침체했다. 18세기 말기에 와서야 북벌론 이후 150년간이나 국내문화가 침체된 사실을 걱정한 일부 진보적 사상가들이 이미 유럽근대문화가 전래되어 있는 청나라 문화의 선진성을 인정하고 그 적극적인 도입을 주장하게 되었다. 지금에 와서 북학파로 부르는 사상가들이 그들이다.

그러나 북학파들의 생각을 수용하고 중국문화의 선진성을 인정하여 그것을 도입하려는 의지를 어느정도 가졌던 정조가 갑자기 죽고, 이후 보수세력이 정권을 전단하는 세도정치시대가 60여 년간 계속되다가 안에서의 대비 없이 문호가 개방되고 그 결과 식민지로 전락해갔다. 보수 정치세력이 반역사적 정권을 유지하기 위해 선진문화와 담을 쌓다가 민족사회 전체를 망하게 한 구체적인 예를 볼 수 있는 것이다.

상식적인 말이지만, 선진문화를 도입하거나 민족문화를 국제화해가는 과정은 제 문화의 기반을 확고히 하고 그 바탕 위에서 선진문화를, 그것도 선택적으로 도입하는 방법이 바람직하다고 할 수 있다. 그러나 17, 18세기 조선왕조 지배층은 반시대적 정권을 계속 유지하기 위해 당시로서는 유일한 선진문화였던 중국문화의 도입 자체를 거부하다시피 했다. 그 때문에 외래문화에 대한 면역성이 없어지고 자율적 문호개방을 할 수 없었으며 민족문화 전체가 낙후하게 된 것이다.

19세기로 들어오면서 세계자본주의체제는 조선왕조의 은둔이나 고립을 허용하지 않았다. 이 시점에서 조선왕조가 선택할 수 있는 길은 세계자본주의체제의 문호개방 강요를 이겨내면서 자율적으로 자본주의적 정치·경제·사회·문화체제를 이루어가는 길과, 그것에 실패하고 강요에 의해 문호를 개방한 후에라도 문화 전반에서의 주체적 기반을 유지하면서 자본주의문화를 서서히 그리고 선택적으로 도입하여 그것에 스스로를 적응시켜가는 길이었다.

그러나 문호개방 무렵의 조선왕조는 두 가지 중 어느 길도 성공적으로 걸을 수 없었다. 첫째 길은 17, 18세기를 통한 선진문화와의 단절 때문에 자율적으로 자본주의화할 수 있는 기반조성이 너무도 뒤처지고 또 약했다. 양반문화에 대응하여 서민문화라고 할 만한 부분이 일부 발달했으나 그것이 시대를 주도할 만한 수준에 이르기는 어려웠다. 경제적으로도 자본주의적 맹아라고 할 만한 부분이 일부 발달했으나 그것이 자율적 산업혁명으로 연결되기에는 역부족이었다.

둘째 길의 경우 준비 없는 문호개방으로 불어닥친 강풍을 막아낼 수 있는 벽은 어디에도 조성되지 못했다. 그래도 청일전쟁 이전까지는 주체적 기반을 유지하면서 자본주의 문화를 선택적으로 도입하려는 노력이 일부 있었다는 학자들의 논증도 있지만, 일반적으로는 이질적이고 침략적인 자본주의문화가 홍수를 이루었고, 지배층 사회는 여기에 휩쓸려 표류하거나 아니면 대안 없는 고집으로 거부하는 경우가 대부분이었다.

자본주의체제로의 편입을 거부한 논리는 편입 자체가 잘못되는 것이고 강제로 편입된 이상 식민지로 될 수밖에 없다는 주장으로 연결되었다. 이 주장에 의하면 문호개방 자체가 곧 식민지화의 길이며 결국 문을 닫고 살 수밖에 없었다는 말이 될 수도 있다. 그러나 그것은 곧 선진문화나 이질문화와의 단절론에 지나지 않는다.

19세기나 20세기 전반기와 같이 제국주의가 난무하는 시대가 아니라 해도 하나의 민족사회가 선진문화나 이질문화와 벽을 쌓기는 어려우며, 17, 18세기의 경우와 같이 그것이 일시적으로 가능했던 경우 문화적 침체 또는 퇴영을 면할 수 없었다.

반대로 주체적 대비나 선택 없이 외래문화를 무제한으로 수용하여 그 홍수에 휩쓸린 경우, 19세기 후반기 이후의 일부 비주체적 개화파들의 생각과 같이 개화, 즉 근대화만 될 수 있다면 문화적 주체성 나아가서 국가적·민족적 주체성이 무너져도 상관없다는 식의 이른바 근대화 지상주의에 빠지지 않을 수 없었다. 그리고 이 시기 친일세력의 논리에서 보는 것과 같이 식민지화가 근대화가 아니라 예속화임을 알지 못했거나, 알았다 해도 그다지 문제될 일이 아닐 만큼 그들은 이미 외세와 한통속이 되어 있었다.

19세기 후반기 이후의 일부 개화사상가들은, 하나의 민족사회가 문화적으로 일정한 자기 영역 및 기반을 확립한 위에서 선진문화나 이질문화를 선택적으로 수용함으로써 민족문화의 일정한 단계 높임을 이루어가려는 그런 방법론은 민족사회 사이의 접촉과 내왕이 한정적이었던 전근대시대에나 있을 수 있었던 소극적 방법이라 생각하는 경우가 있었다.

그들은 또 바야흐로 경험하기 시작한 자본주의시대와 같이 세계가 하나로 되고 모든 문화행위가 적극화·신속화하는 시대에는 외래문화 및 선진문화의 선택적 도입 자체가 불가능하다는 생각을 가졌다. 그 결과 침략적 선진 자본주의문화 앞에 민족사회를 통째로 드러내었다가 결국 식민지로 전락하는 결과를 가져왔다.

17, 18세기의 보수정치세력이 정치적 목적에 의해 청나라 문화의 선진성을 부인하고 그 도입을 거부함으로써 민족문화의 침체를 가져왔던 역사경험도 귀중하지만, 19세기 후반기의 비주체적 개화파들이 침략적 자본주의문화를 무비판·무제한적으로 도입했다가 민족사회 전체를 그 홍수 속에 빠져죽게 한 역사경험 또한 귀중하다.

모든 꽃은 나름대로의 빛과 향기를 지닌다

이야기를 오늘의 문제로 옮겨보자. 지난 30년간은 직업군인 출신들이 정권을 독점한 군사독재정권시기였다. 이 때문에 군사문화시대라는 말이 나올 정도로 이 시기는 우리 문화 전반에 걸쳐 민주성·문민성·보편성·국제성이 약해졌다고 할 수 있다. 그렇다고 해서 박정희정권이 내세웠던 문화의 민족적 주체성이 강화된 시기가 아니었음은 말할 나위가 없다.

군사정권의 뒤를 이은 김영삼정권은 비록 군사정권을 뒤엎고 성립되지 못하고 그 태 안에서 나오기는 했지만, 문화의 문민성이나 민주성을 강조하여 군사정권과의 차별성을 높임으로써 문민정권으로서의 역사적 성격을 부각시킬 필요성도 있고, 또 세계가 하나로 되어가는 시대사조에 부응할 필요성도 있어서, 그리고 어쩌면 군사정권의 태 안에서 나온 약점을 없애기 위해 문화의 국제화를 내세우지 않을 수 없게 된 것 같다.

그러나 김영삼정권이 내세우는 우리 문화의 국제화 문제는 종래와 같이 우리 문화의 수준을 높이기 위해 우리 문화와 선진 외래문화를 어떻게 선별적으로 접촉시킬 것인가 하는 문제라기보다, 지금의 상황으로서는 구체적으로 말해서 미국문화나 일본문화로 대표된다고 할 수밖에 없는 국제문화와 우리 문화를 일치 혹은 통합시키려는 한층 더 적극적인 방향이라 생각된다.

사실 사회주의권이 무너져가고 있는 지금의 상황에서는 국제문화는 곧 자본주의문화를 말하며, 특히 문화의 국제화란 미국·영국·독일·프랑스·일본 등 선진자본주의 열강의 문화를 중심으로 하는 세계문화의 획일화를 말한다고 해도 과언이 아니다. 그리고 김영삼정권의 국제화 주장은 우리가 종래와 같이 후발지역의 처지에서 선진문화를 선별적으로 도입하려던 소극적인 처지에서 벗어나 우리도 선진국의 일원으로 진입하자는 주장이라 말할 수 있을지도 모른다.

그러나 "가장 한국적인 것이 가장 세계적인 것이다"라는 적절한 명제가 있는 것처럼 세계문화란 세계 모든 민족사회의 문화가 몇몇 선진 자본주의국가의 문화형태로 획일화되어 이루어지는 것은 결코 아니다. 세계의 각 민족사회가 각기 그 문화적 특징을 가져야 하고, 그 다양한 문화적 특징들이 모여 하나의 조화를 이룰 때 비로소 올바른 의미의 세계문화가 이루어지는 것이라 할 수 있다.

꽃밭에다 비유하면, 세계문화라는 꽃밭은 아무리 향기 높고 아름다운 꽃이라 해도 한 종류 한 빛깔의 꽃만으로 이루어진 단종단색(單種單色)의 꽃밭이 아니라 종류와 빛깔이 서로 다른 형형색색의 꽃들이 모여 이루어진 다양하면서도 조화로운 하나의 꽃밭을 말하는 것이다. 꽃들마다 독특한 제 빛깔과 제 향기를 가지고 있을 때 그 꽃들이 모여 이루어진 전체 꽃밭은 더욱 조화롭고 아름답고 향기로워지는 것이다. 이 때문에 '가장 한국적인 꽃이 가장 세계적인 꽃'이 되는 것이다.

이런 관점에서 보면, 어느 한 민족문화가 세계화·국제화하기 위해서는, 첫째 제 문화의 개성이나 특징을 더 선명히 하고 잘 보전하는 일, 둘째 다른 민족문화의 소중함이나 존재가치를 제 민족문화의 그것만큼 인정하는 일, 셋째 다른 민족문화를 적대시하지 않고 그것들과 조화를 이룸으로써 하나의 세계문화를 형성하려 노력하는 일 등이 중요하다. 제 민족이나 다른 민족이 가진 개성이나 특징을 '후진성'으로 간주하여 내버리고 '선진'이라 생각되는 남의 문화에 동화되어 세계문화가 획일화되게 하는 길은 결코 아닌 것이다.

세계에서 유일한 분단민족으로 남아 있는 우리 민족의 경우 우리 문화의 세계화·국제화 추진도 중요하고 시급한 일이지만, 한편 민족분단으로 이질화되고 있는 우리 문화의 동질성 회복을 위해 적극적으로 노력하는 일이 그보다 더 시급하다. 정치·경제적 통합에 비해 문화적 동질성의 회복은 더 중요하면서도 더 긴 시간이 필요하기 때문이다.

이 시점에서 민족문화의 동질성을 회복하기 위한 노력은, 민족공동체의 다른 한쪽에 대한 적대감이나 증오심을 버리고 친근감을 가지려 노력하는 일, 평화롭고 대등한 처지에서 통일을 앞당기기 위해 노력하는 일, 분단국가주의를 극복하고 민족분단으로 사실상 실종된 한반도 전체 주민을 대상으로 하는 민족주의를 다시 회복하는 일 등일 것이다.

평화로운 통일을 앞당기는 일은 민족문화의 이질화를 막는 길이며, 동질성을 회복한 우리 문화야말로 그 민족문화의 특징을 높여 획일이 아니라 각 민족문화들의 조화로 이루어지는 세계문화의 한 부분이 될 것이다. 그리고 그것이 곧 우리 문화의 국제화라 할 것이다.

분단된 상황에서 국제화라는 이름으로 우리 문화의 한쪽을 남의 '선진'문화에 동화시켜려 애쓰는 일은 다른 한편으로 민족문화 내부의 이질화를 촉진하는 일이 될 수 있으며, 그것은 민족문화의 올바른 세계화 및 국제화에 역행하는 일일 수밖에 없다. 그보다는 분단되어 시시각각으로 이질화되어가는 제 민족문화의 동질성을 회복하여 그 특색을 살리는 길이 옳은 의미의 세계문화 형성에, 그리고 우리 문화의 국제화에 이바지하는 길임을 알아야 할 때이다.

3

총독부 건물이 사라져도 지워지지 않는 것

'테레비'는 일본말이다

역사의 발전에 따라 사람이 쓰는 말도 변하게 마련이며, 특히 근대사회로 들어오면서 인간의 의식세계가 급격히 넓어지고 또 자본주의적 생산양식의 발달에 따라 인간의 생활용품이 다양해짐으로써 새로운 말들이 많이 만들어지게 되었다.

예로부터 우리나라 안에서 새로 만들어지는 물품들은 그때마다 적당한 새 이름을 붙여 썼고 개항기 이후 외국에서 새로운 물품이 들어왔을 때는 그것에 맞는 적당한 우리말을 만들어 썼다. 예를 들면 잎담배를 그대로 파는 엽초전(葉草廛)만 있다가 그것을 썰어 파는 전이 새로 생기면 절초전(折草廛)이란 말이 자연스럽게 만들어졌다. 개항기 이후 외국에서 종이에 말아서 호주머니에 넣고 다니며 피울 수 있게 만든 담배가 들어오자 권련(卷煙)이란 이름을 새로 지어 쓰기도 했다.

조선왕조 후기와 개항기에 걸쳐 종래 잘 몰랐던 서양 여러 나라의 존재가 알려지기 시작했을 때 그 나라들을 어떻게 부르고 써야 할 것인가

하는 문제가 생겼다. 아직 국가의 공식문자가 한자 중심이었던 시대라서 예를 들면 잉글랜드니 프랑스니 도이칠란트니 러시아니 하는 나라들을 한글로 그대로 표기해 쓸 생각은 못했고 중국식 표기를 그대로 따서 영국, 법국(法國), 덕국(德國) 그리고 아라사(俄羅斯)로 쓰고 불렀다.

지금에 와서 생각해보면 중국이 만든 말들을 그대로 빌려 썼다는 사실은 예사로 넘길 일이 아니다. 같은 때 일본 사람들은 같은 한자문화권의 중국이 이미 만들어 쓴 영국은 그대로 썼지만 법국은 불란서(佛蘭西)로, 덕국은 독일(獨逸)로, 아라사는 노서아(露西亞)로 제 나름의 표기법을 따로 가졌던 것이다. 더구나 우리의 경우 덕국, 법국, 아라사라는 이름을 이후에도 그대로 써온 것이 아니라 일제식민지시대에는 또 일본식을 따라 불란서, 독일, 노서아로 바꾸어 썼고, 그 식민지배에서 벗어난 후에도 상당한 기간 그대로 쓰다가 최근에 와서 특히 식민지교육을 받지 않은 젊은 세대에 의해 비로소 도이칠란트·프랑스·러시아로 부르고 쓰게 되었다. 그러나 아직도 대학에서까지 프랑스어문학과라 하지 않고 불어불문학과로 부르고 있다.

이것은 바로 불행했던 우리 근대사회의 역사적 조건과 깊은 관계가 있다. 말하자면 개항기나 일제시대를 통해 우리 민족의 주체적 조어 능력을 발휘할 수 있는 조건이 취약해진 결과였던 것이다. 지나간 일은 그렇다 하더라도 문제는 그런 조어능력의 취약성이 지금에도 계속되어 언어생활의 식민지적 상황이 그대로 연장되고 있다는 점에 있다.

일본의 식민지배에서 벗어난 지 반세기가 된 지금, 우리의 생활필수품이 된 텔레비전세트 하나만을 두고 생각해봐도 그렇다. 서양사람들에 의해 만들어진 이 물건을 그들은 텔레비전세트라 이름지었다. 한자를 쓸 수밖에 없는 중국사람들은 그것을 전시(電視)라 이름지었고, 일본사람들은 전(電)자와 시(視)자가 상용한자인데도 전시라는 이름을 빌려 쓰지 않고 서양사람들이 만든 본래의 이름을 그대로 쓰려 했던 것 같다. 그러나 문자가 50개밖에 안 되는 그들로서는 원음대로 표기하기 어려워서 '테레비'로 이름지었다. 따라서 전시가 중국말인 것처럼 '테레비'는 영어가 아닌 일본말이다.

우리의 경우 만약 조선왕조시대에 텔레비전세트를 가졌다고 가정해보면 중국사람들이 만든 이름을 빌려 전시로 부르고 또 썼을 가능성이 높으며, 일제식민지시대에 가지게 되었다면 '테레비'로 부르고 썼을 가능성이 높다. 8·15 후에 텔레비전세트를 가지게 된 우리가 그것의 우리 이름을 어떻게 지었어야 했나 생각해보면 대체로 두 가지 방법을 들 수 있지 않을까 한다. 그 하나는 순 우리말로 가령 '요술통'이라 한다든가 아니면 한자어를 빌려 영상상자(影像箱子)라 할 수도 있었을 것이며, 다른 하나의 방법은 우리글이 비교적 서양어의 음을 표기하기 쉬운 점을 살려 그냥 텔레비전세트라 할 수도 있었을 것이다.

가능하면 조어능력을 발휘해서 순 우리말 이름을 지어 쓰는 것이 바람직하지만, 이름짓기가 마땅치 않고 억지로 짓는 것이 어색하다고 생각되는(자가운전이나 도우미와 같이 처음에는 좀 어색하다가도 계속 쓰면 아무렇지 않게 되는 경우도 있다) 물품명이나 용어는 가장 원음에 가깝게 표기해 써도 무방할 것이다. 그런데 지금 우리는 국민 대부분이, 심지어는 어느 전직 대통령까지도 현직 때 대표팀의 축구경기를 전화로 격려하면서 태연하게 "나 지금 테레비로 보고 있어요" 하는 장면이 텔레비전세트에 비쳐졌을 정도로 거의 모든 계층의 사람들이 일본말인지조차 모르고 '테레비'란 말을 쓰고 있는 실정이다.

식민지배에서 해방된 민족은 그 주체성의 회복이 중요한 과제이며, 언어생활에서의 식민지성 탈피와 주체성 회복이 그 지름길의 하나다. 국어연구원이 생겼다는 말을 들은 지 꽤 오래되었지만 '테레비'란 일본어는 그대로 쓰이고 있다. 국어연구원의 기능을 획기적으로 강화하는 일이 중요하며, 특히 대중적 영향력이 큰 언론기관 종사자들이 새 물품명이나 새 용어를 처음 쓸 때 남의 나라에서 그들의 실정에 맞게 만들어놓은 것을 그대로 받아쓰지 않겠다는 자존심과 사명감을 가지는 일이 중요하다.

식민지시대부터 써온 안주 한 '사라'나 '단도리'만이 일본말이 아니다. 8·15 후부터 쓴 '테레비'도 일본말이고 얼마 전부터 택시에 붙여놓은 '할증'이란 것도 왜 그런 말이 되었는지 모르는 사람이 많겠지만, '와리마시'라 읽는 일본식 한자어 할증(割增)을 그대로 한글로 표기한 것이다. 우리가 언제쯤이나 언어 식민지 상태에서 벗어날 수 있을지 안타까울 뿐이다.

"그대는 천황의 신민이다"

일본제국주의의 식민지배에서 벗어난 지 반세기 만에 그 잔재의 하나라 할 수 있을 국민학교라는 말이 없어지게 되었다. 다행스러운 일이기는 하지만 국민학교라는 이름을 없애는 것이 왜 식민잔재 청산인가, 이름 하나를 청산하는 데 왜 반세기나 걸렸나를 생각해보지 않을 수 없다.

일본제국주의는 한반도를 식민지로 만들면서 '병합'이라 하여 마치 두 나라가 순조롭게 합쳐지는 것처럼 가장했지만, 사실은 모든 부분에서 조선과 일본을 철저히 차별하면서 식민지로 만들어갔다. 교육제도의 경우 일본의 소학교를 조선에서는 보통학교라 했고 중학교는 고등보통학교로 불러 차별했다. 그뿐만 아니라 조선에서도 일본인만이 다니는 학교를 따로 만들어 중학교니 소학교니 하고 불렀다.

그후 보통학교는 심상(尋常) 소학교로 바꾸었다가 중일전쟁에서 태평양전쟁으로 침략전쟁을 확대하는 과정에서 일본과 조선의 초등학교 명칭을 모두 국민학교로 바꾸었다. 일본군국주의가 파쇼체제를 강화하고 이른바 국민정신, 내선일체, 황민화(皇民化) 정책 등을 강조하면서 일본의 소학교와 조선의 심상 소학교를 모두 국민학교로 바꾼 것이다. 다시 말하면 국민학교라는 이름은 일제 파쇼체제의 산물이며 내선일체, 조선민족 말살정책의 산물이었다.

국민학교라는 명칭이 군국주의 파쇼체제의 산물이기 때문에 일본에서는 패전 후 바로 그 이름을 없애고 다시 소학교로 불렀던 데 반해 한국에서는 이후 50년간이나 그대로 국민학교로 불렸다. 식민지배를 한 나라에서는 군국주의 청산을 위해 곧 없앴는데 오히려 식민지배를 당한 나라에서 그 이름이 계속 사용된 것이다. 해방 후 한국의 교육정책을 담당했던 사람들 대부분이 일본제국주의의 교육을 받고 그것을 위해 봉사하던 사람들이었기 때문에, 국민학교라는 명칭이 가지고 있는 반역사적 의미 자체에 전혀 무관심했고, 그 때문에 부끄럽게도 반세기 동안이나 그대로 사용한 것이라 할 수 있다.

그동안 한국사람들 중에 국민학교 명칭을 그대로 사용하는 부끄러움을 아는 사람이 전혀 없었던 것은 아니다. 그러나 해방된 후에도 정치·경제·사회·문화 등 모든 부문에서 친일세력이 득세하고 구일본군 장교 출신이 대통령이 되는 등, 너무나 중요하고 원천적인 잔재들이 청산되지 못한 상황에서 국민학교 명칭을 바꾸는 부분적·형식적 청산을 주장할 계제가 아니었다고 말할 수도 있을 것이다.

국민학교 이름 바꾸기나 구총독부 건물 헐기 등은 식민잔재 청산을 위한 상징적·형식적인 부분에 지나지 않는다. 그러나 패전한 지 50년이 지난 지금까지 일본인들의 망언이 끊이지 않는 원인은 그들의 몰지각이나 파렴치에도 있지만, 식민지시대를 겪은 민족사회가 식민지배자와의 관계를 다시 가지면서 주체성을 제대로 세우지 못한 데도 있음을 알아야 한다. 상징적·형식적 청산이 아니라 우리들의 마음속에, 그리고 역사의식 속에 도사리고 있는 식민잔재를 청산하는 일이 무엇보다도 중요하다는 말이다.

이완용이라도 사유재산권은 보장되어야 하는가

우리 근현대사가 식민지시대와 분단시대로 이어지면서 역사적으로 청산되지 못한 부분이 허다하지만, 지금에 와서 이완용의 재산을 어찌할 것인가 논의하는 일부터가 참으로 답답한 일이 아닐 수 없다. 구일본군의 종군위안부 문제나 굶주림만이 아닌 적개심을 키우기 위해 사람을 잡아먹었다는 일들에 개의치 않고 일본의 군사대국화는 가속화되고 있고, 한편 국내의 일각에서는 이완용의 후손들이 그 재산을 도로 찾기 위해 암약하고 있다는 말이 들리고 있다. 도대체 역사가 어디로 가고 있는지 암담하기 그지없다.

'한일합방'을 획책하던 일본의 병합준비위원회는 그것에 소요되는 총경비로 공채 3000만 엔을 마련하여 '합방' 당시의 총리대신에게는 백작 작위와 세습재산으로 공채 15만 엔, 일반대신들에게는 자작 작위와 10만 엔을 지불하기로 했다. 따라서 이완용은 나라와 민족을 팔아넘긴 댓가로 백작 작위를 받아 일본의 귀족이 되는 한편 공채 15만 엔과 총리대신을 그만두는 대가로 퇴관금(退官金) 1400여 엔을 받았고, 다시 후작으로 승진되어 온갖 '영화'를 누리다가 제 명에 죽었다. 일본인들까지 이완용이 조선땅에서 와석종신(臥席終身)한 것은 조선인들에게 두고두고 수치스러운 일이 될 것이라 말했다지만, 이재명(李在明) 의사의 칼을 맞고도 질긴 목숨을 부지하다가 제 명에 죽었으니 할 말이 없다.

이완용이 나라와 민족을 판 댓가로 받은 재산은 그가 죽은 후 후손들에게 상속되었다. 그러나 그가 팔아먹은 나라를 목숨 바쳐 찾으려던 우리 민족해방운동전선은 좌익전선은 말할 것도 없고 우익전선까지도 해방이 되면 매국적(賣國賊)의 재산 일체를 압수하여 국가 소유로 할 것을 확실히 했다. 조선민족혁명당이나 조선독립동맹, 조국광복회는 말할 것도 없고 가장 우익 성향의 정당이었던 한국독립당도 매국적의 재산 일체를 몰수하여 국유로 할 것을 정강정책으로 내세웠고, 임시정부도 토지국유화정책을 채택했다.

8·15 후에는 남북한을 막론하고 토지를 개혁하여 지주제를 폐지해야 한다는 점에는 이의가 있을 수 없었으나 그 방법에는 좌익의 무상몰수 무상분배론과 우익의 유상몰수 유상분배론, 중도파의 유상몰수 무상분배론이 대립되었다. 북한에서는 무상몰수 무상분배 토지개혁이 실시되었으나, 남한에서는 임시정부를 비롯한 민족해방운동세력이 정권을 잡지 못하고 이승만과 지주세력 한민당이 정부를 수립하여 유상몰수 유상분배의 농지개혁을 했을 뿐이다.

이승만정권이 겉으로는 임시정부 법통을 잇는다 하면서 중요한 토지국유화 정책은 계승하지 않았을 뿐만 아니라 농지개혁 과정에서 민족해방운동전선 전체의 통일된 정책인 매국적의 일체 재산 몰수도 하지 않았기 때문에 이완용, 송병준과 같은 매국적이라 해도 논밭의 경우 제가 경작하면 3정보는 가질 수 있었고 그 이상의 땅은 지가증권(地價證券)으로 보상받을 수 있었다. 그리고 농지개혁 대상에서 제외된 임야나 산지의 경우 고스란히 사유할 수 있었다. 식민지배에서 해방된 후 처음 수립된 정권이면서도 이승만정권은 한 사람의 민족반역자도 제대로 처벌하지 않았을 뿐만 아니라 그 재산까지 고스란히 지켜준 것이다.

들건대, 그동안 숨어살던 이완용의 후손들이 나타나서 지금은 논밭보다 더 비싸진 임야나 산지를 아직도 온존해 있는 소유권을 근거로 역사에 눈감은 일부 변호사들의 도움을 받으면서 다시 찾으려 한다고 한다. 세상사람들이야 당장 소급법이라도 만들어 몰수해야 한다 주장할수도 있겠고, 이승만정권의 농지개혁이 잘못되었으니 어쩔 수 없다 하고 팔짱끼고 있을 수도 있겠고, 민족반역자의 재산일지라도 사유권이고이 보장되는 "우리나라 좋은 나라"라고 노래할 수도 있겠고, 어리석게도 이완용 후손이 '민족정기'를 위해 국가에 헌납하길 바랄 수도 있겠지만, 우리는 민족해방운동전선에 목숨 바친 영령들 앞에 입이 백 개라도 할 말이 없다.

살아 있는 신

일왕 히로히또의 죽음

일본 국왕 히로히또의 죽음이 세계적인 뉴스가 되었지만 우리 민족에게는 뉴스 이상의 의미가 있다. 그 생애의 전반부는 제국주의 일본의 살아 있는 신으로서 지배자였고 그 지배가 우리 민족에게도 미쳤다. 말하자면 우리 민족의 지배자였던 것이다.

그 생애의 후반부는 인간으로 격하되어 일본국의 이른바 상징으로 되었지만 우리 기성세대에게는 식민지시대의 기억 때문에, 또 젊은 세대에게는 여러가지로 관계깊은 이웃나라의 왕으로서 일정한 관심의 대상이 된 것이 사실이다.

그의 아버지가 왕위에 있던 일본의 타이쇼오(大正)시대는 민주주의적 문화가 일정하게 발달하고 정치적으로도 어느정도 자유 분위기가 일어나고 있던 때였다. 이런 상황을 달가워하지 않은 일본의 군부와 재벌은 타이쇼오의 죽음과 히로히또의 즉위를 그들의 지배권을 강화하는 계기로 삼았다. 그의 즉위 자체가 이후의 세계가 불행한 길로 가게 되는 계기가 된 셈이다.

그가 왕이 된 후 일본의 군부와 재벌이 결합된 세력은 곧 침략전쟁의 길로 나서서 '만주사변'을 도발했고 뒤이어 중일전쟁, 태평양전쟁을 도발함으로써 결국 제2차 세계대전에 뛰어들게 되었다.

히로히토의 재가(裁可)에 의해 감행된 이 침략전쟁은 우리 민족에게 견디기 어려운 고통과 희생을 강요했다. 흔히 식민지 파쇼통치시기로 불리는 이 시기에 우리 민족은 3·1운동으로 빼앗아낸 약간의 자유를 다시 박탈당했고 전쟁협력을 강요받아 민족적 자산을 탕진했으며, 심지어는 우리의 말과 글을 빼앗기고 많은 젊은이들이 귀중한 목숨을 잃어야 했다.

그뿐만이 아니다. 그의 '결단'에 의해 항복을 결정한 시기가 소련이 참전한 후, 그리고 한반도 전체를 점령하기 이전, 즉 한반도가 분단되기 적절한 시기여서 우리 민족은 일제의 식민지배에서 벗어나면서 바로 민족분단의 불행에 빠지게 되었다.

일본이 패전한 후 그가 전쟁범죄자로 처벌되어야 한다는 국제여론이 높았지만 미국 측의 도움으로 모면할 수 있었고, 전쟁책임에 대한 한마디 사죄도 없이 이른바 평화헌법 아래서 일본국의 상징으로서 자리를 유지할 수 있었다. 침략전쟁의 도발을 재가한 그 손으로 다시 국제친선, 세계평화를 들먹이면서 외국사절들과 악수하게 되었으니 기구한 운명이기도 했다.

전쟁 후에도 그가 국왕의 자리를 유지할 수 있었던 일 자체가 우리로서는 납득하기 어려운 일이지만, 그것은 그 나라의 사정으로 친다 해도 그밖에도 전쟁 후 일본의 움직임에는 이해하기 어려운 부분이 많다.

일본제국주의의 침략으로 엄청난 희생을 당한 우리 민족과 다른 나라들이 그 침략행위를 잊지는 말되 용서하자는 높은 금도를 보인 데 반해, 일본은 어느새 이른바 평화헌법 아래서 지난날의 침략전쟁을 합리화하는 방향으로 나아간 것이다.

미래의 일본을 담당할 2세국민교육이 과거의 침략전쟁을 합리화하는 한편 평화헌법 아래서 군사비가 급증해갔지만, 국민들 속에 아직도 크게 남아 있다는 그의 권위가 그 일들을 저지하기 위해 발휘되었다는 말은, 과문한 탓인지 듣지 못했다.

일본의 교과서가 과거의 침략행위를 합리화하는 일은 일본 자체의 문제로 보아넘길 수 없는 너무도 중대한 일이다. 그것은 자의건 타의건, 직접이건 간접이건 침략전쟁에 가담했던 일본의 기성세대가 제가 한 일을 합리화하는 데만 그치지 않고, 그들의 2세들을 호전적이고 침략적인 인간으로 만드는 일이기 때문이다.

인류사회의 궁극적 교육목적은, 특히 역사교육의 목적은 평화주의적 인간을 양성하여 세계평화에 이바지하는 데 있다. 유독 일본만이 평화헌법을 폐기하자는 여론이 높아가고 침략을 합리화하는 호전적인 2세국민을 양성하려는 움직임을 보인다면, 잊지는 말되 용서하자는 이웃들의 금도는 어디로 가겠는가.

일본에서만 보았다고 기억되지만 대문에 "세계가 평화롭기를" 하고 쓴 패를 붙여놓고 있는 가정들이 상당수 있었다. 원자탄이 투하된 히로시마를 세계평화의 성지로 만들어야 한다고 열을 올리는 지식인을 만난 적이 있다. 평화기원의 문패나 세계평화의 성지화와 침략합리화 교과서와는 무관한 것으로 봐야 할 것인지, 우리로서는 참으로 이해하기 어려운 일이다.

국왕을 두든 안 두든, 그를 존경하건 말건 남의 일이니까 왈가왈부할 바는 아니지만, 몇 번씩 침략전쟁을 재가한 왕이 죽고 그의 전쟁책임을 거론하는 국제여론이 높아지자 수상까지 나서서 변호한다는 사실이 바로 침략을 합리화한 교과서와 같은 맥락에 있고 이것이 일본의 속마음이 아닌가 의심되는 것도 사실이다. 그런데도 일본이 세계를 향해 평화애호국이다 하고 자신있게 말할 수 있겠는가.

침략전쟁을 재가한 손으로 친선사절의 손을 잡던 기구한 운명의 그는 갔다. 그의 죽음을 애도 조문하기 위해 운집한 일본인이 모두 평화를 '타떼마에'(겉으로 내세운 명분을 뜻하는 일본말)로 하고 침략을 '혼네'(본심을 가리키는 말)로 하는 사람들이라 말할 수는 없다.

따라서 일본의 침략을 받고도 용서하는 금도를 보였던 민족들은 히로히또의 죽음이 일본을 명실상부한 평화애호국이 되게 하는 또 하나의 계기가 되기를 믿고 싶은 것이다. 다음 왕의 연호를 헤이세이(平成)로 정했다는 소식은 이런 믿음을 더하게 할 수도 있겠다.

타이쇼오의 죽음과 히로히또의 즉위가 일본 군국주의의 강화로, 파쇼체제화로 가게 하는 계기가 되었던 역사를 알고 있는 우리는 히로히또의 죽음과 아끼히또의 즉위로써 일본의 '타떼마에'나 '혼네'가 모두 평화주의로 가는 계기가 되기를 바라며, 침략합리화 교과서의 폐기 등으로 구체적으로 보여주기를 기대하는 것이다.

일본의 왕은 아직도 신인가

이제 저물어가고 있는 인류역사의 20세기는 두 차례의 세계대전을 겪었던 비극적 세기이다. 그러나 인간은 비극 속에서도 역사를 전진시킬 수 있을 만큼 현명한 동물이다. 역사가들은 제1차 세계대전이 전례없던 비극이긴 하지만 인류역사에서 전제군주를 없애는 역할을 어느정도 수행했다는 점에서 그 건설적인 일면을 지적하기도 한다.

그들의 말이 꼭 맞은 것은 아니나 제1차 세계대전 후 웬만한 나라에서는 군주제가 없어지고 남았다 해도 '지배하는 군주'가 아니라 '군림하는 군주'로 바뀌었다. 제1차, 2차 세계대전 후까지도 정치적으로 민주주의가 뒤처진 나라의 경우, 예를 들면 일본의 히로히또나 이란의 팔레비, 에티오피아의 살라시에 등과 같이 전제군주가 일부 남았고 서남아시아 쪽도 같다.

그러나 일본의 경우 제2차 세계대전의 패배로 그 왕은 '국가를 상징하는 군주'가 되고, 살라시에, 팔레비 등 '지배하는 군주'는 이미 쫓겨났다. 아랍 쪽에도 이른바 걸프전쟁의 원인이 된 쿠웨이트의 경우와 같이 군주제의 존립이 문제가 되었다. 세계사의 흐름 속에서 역사의 찌꺼기와 같은 '지배하는 군주'제도가 청산되고 있는 과정이지만, 어느 나라가 '지배하는 군주'건 '군림하는 군주'건 그것을 그냥 두고 안 두는 문제는 전적으로 그 국민들의 선택에 맡길 수밖에 없다.

이렇게 보면 일본의 경우도 그 국민이 '상징의 군주'를 가지건 '군림하는 군주'를 가지건 또 왕이라는 것 자체를 아예 없애버리건 우리가 상관할 문제가 아니라 할 수도 있다. 그러나 역사를 좀 아는 사람, 그리고 그것을 남에게 가르치는 사람의 처지에서 보면 반드시 그런 것만은 아니다.

우리가 다 알다시피 일본이란 나라는 근대로 오면서 군국주의로 갔고 그것이 원인이 되어 우리를 비롯한 이웃민족에게 씻을 수 없는 죄를 지었다. 그리고 이 나라가 죄악의 군국주의로 가는 데 가장 중요한 역할을 한 장본 중의 하나가 그 군주제도였다.

일제시대까지 이른바 '살아 있는 신'으로 떠받들어지면서 침략전쟁의 명령자 노릇을 하던 일본의 군주는 태평양전쟁 패배 후 스스로 신이 아닌 사람이라 선언하는 촌극을 벌였고, 미국 쪽의 배려로 전쟁범죄자가 되는 것을 모면한 후 이른바 '국가의 상징'이란 존재로 남아 있을 수 있었음은 우리가 다 아는 일이다.

다시 말하지만, 일본이 군주를 가지건 말건, 또 어떤 성격의 군주를 가지건 우리가 상관할 바는 아니다. 그러나 한때 '살아 있는 신'으로서 침략전쟁을 주재한 왕이 죽고 그 아들이 후계 왕이 되면서 붙인 평성(平成)이란 이름에 걸맞지 않게 대상제(大嘗祭)인가 하는 신이 되는 의식을 치렀다는 말을 들으면서 우리는 아무래도 꺼림칙한 마음을 금할 수 없다.

사람이 달을 밟은 지 오래고, 컴퓨터가 생활화되고, 인간의 일을 다 하다시피 하는 기계가 만들어지는 세상에서, 그것도 선진국으로 자처하는 나라에서 사람이 신이 된다니 우리의 상식으로는 상상도 할 수 없는 일이다. 그러나 남의 나라 일이요, 나라마다 제 나름의 풍속이나 의식이 따로 있게 마련이고 또 기상천외의 정치노름도 있을 수 있기에 사람이 신이 되건 거꾸로 신이 사람이 되건 그저 웃어넘길 수 있겠다.

그러나 우리만은 다르다. 그 '살아 있는 신'의 이름으로 수많은 우리의 독립운동가들이 희생되었고, 말과 글과 성명까지 빼앗기며 말할 수 없는 고통을 당했던 우리가 남의 일이라 해서 그저 넘겨버릴 수 없는 것이다. 그뿐만이 아니다. 두 나라의 지배자들이 과거 청산을 운운하면서 아무리 다정한 모습을 보인다 해도 우리는 아직 일본이란 나라를 믿을 수 없다.

그 이유가 많지만 한 가지만 말해보자. 일본은 아직 그 2세국민교육에서 과거의 침략행위를 반성하고 있지 않을 뿐만 아니라 오히려 정당화하는 면이 있다. 우리가 이 점을 지적하는 이유가 결코 일본에 대해 과거 침략행위의 책임을 묻자는 데만 있는 것은 아니다. 2세교육에서 과거의 침략행위를 제대로 가르치지 않는 일은 앞으로 그들을 평화주

의자가 아닌 침략주의자로 만드는 일이 되고 만다는 사실을 지적하고
싶은 것이다.

먼 옛날 이야기는 그만두고라도 명치유신 이후부터 그 왕을 '살아 있
는 신'으로 떠받들고 온갖 침략행위를 자행했던 일본이 이 시점에서도
그것을 정당화하면서 그 왕을 또다시 '살아 있는 신'으로 만들고 있다
면 그들이 가고자 하는 길은 뻔하다고 할 수 있다. 이것이 어찌 남의 나
라 일일 뿐이겠는가. 다시 한번 강조하고 싶은 것은 지금의 일본이 무엇
보다 먼저 해야 할 일은 멀쩡하게 살아 있는 사람을 신으로 만드는 일이
아니라 그 2세국민을 평화주의자로 만드는 일이다.

카미까제 특공대 기념관에서 눈물짓는 일본

일본 큐우슈우지방의 최남단에 지란(知覽)이란 도시가 있고 그곳에
는 평화회관이라 이름 붙인 태평양전쟁 당시의 특공대 기념관이 있다.
우리에게는 카미까제 특공대로 알려져 있는데, 미군의 오끼나와 점령
으로 패전의 위기에 몰린 일본이 젊은이들로 하여금 비행기에 폭탄을
싣고 가서 미국 군함에 자폭하게 한 그 출발기지가 있던 곳에 기념관을
세운 것이다.

이 기념관에는 특공대로 나가 죽은 17세부터 22세까지의 젊은이
1028명의 위패가 있고, 그들의 사진과 일기·편지·유서 등이 보관되어
있다. 또 그 뜰에는 특공대원과 그들을 보내는 애절한 모습의 어머니 동
상이 함께 세워져 있다. 1028명의 전사자 중에는 당시 일본의 식민지
백성이던 조선 사람이 11명, 대만 사람이 1명 포함되어 있어 우리와 같
은 관람자의 마음을 착잡하게 한다.

평화회관 쪽의 자료에 의하면 매일 1000명 정도의 관람객이 방문한다고 한다. 우리가 갔을 때는 70대의, 그러니까 특공대로 죽은 사람들과 같은 세대의 남자가 관람자들을 대상으로 열심히 설명을 하고 있었다. 그 내용은 전쟁 말기 일본의 국가적 위기상황과 특공대 젊은이들의 애국심 및 충성심, 용감함과 헌신적 죽음에 대한 찬양 등이 주된 것이었다. 설명을 듣고 유품을 보는 관람객 중에는 흐느끼는 사람이 많았다.

평화회관 안내서의 머리말에서도 "관광하는 마음으로 들어갔던 사람들이 출격 직전에 남긴 편지와 일기와 유언 등을 읽으면서 눈시울을 붉히거나 흐느끼기도 하고, '불쌍해라' 하고 울면서 기념관을 나서게 된다. 평화회관은 눈물나는 곳이요 눈물을 유도하는 곳이다" "우리들은 용사들의 숭고한 희생으로 살아남았고, 국가는 번영의 길을 걸어서 오늘의 평화로운 일본이 있게 되었음을 감사하고 싶은 것이다" 하여 그 회관을 세운 목적이 어디에 있는가를 비교적 솔직하게 말해주고 있다.

희생된 젊은이들의 애국심과 용감성과 애석한 죽음을 강조하여 관람객들의 눈물을 유도하기 위해 특공대 기념관이 세워졌다면, 그리고 특공대의 죽음이 전후 일본의 번영과 평화를 가져온 기반임을 강조하기 위해 세워졌다면, 그것은 첫째 죄없는 젊은이들을 죽음으로 몰아넣은 제국주의 전쟁과 그 도발자들을 찬양하고, 둘째 전쟁상대국에 대한 적개심을 되살리는 '전쟁찬양관'은 될지언정 평화회관이 될 수 없다는 사실을 일본은 아직 모르고 있는 것 같다.

그들의 죽음을 가져온 역사적 원인과 배경이 무엇인가 관람객들에게 제대로 설명해줄 때, 피끓는 젊은이들이 왜 제국주의의 제물로 희생되었는가 정확하게 가르쳐줄 때, 특공대 기념관이 앞으로 다시는 순진한 젊은이들을 처참한 죽음에 이르지 않게 하는 옳은 의미의 평화회관이 될 수 있다는 사실을 일본은 아직 모르고 있는 것 같다.

일본은 20세기 전반기를 통해 아시아권에서 유일하게 타민족을 식민지배한 제국주의 침략자요 가해자였다. 그런 일본이 평화회관의 이름으로 '전쟁찬양관'을 세우거나 2세국민에게 침략을 부인 혹은 미화하는 역사를 가르치면서 일본군 '성노예'들에 대한 국가배상을 거부하는 등 전후 청산을 극력 회피하고 있다.

주변 피해국민들이 20세기를 넘기는 시점에서까지 일본의 전후 청산을 강력히 요구하는 것은 과거 일본의 침략주의에 대해 무한책임을 묻자는 것이 아니다. 그것은 21세기 동아시아의 평화로운 발전을 위해 일본이 확실한 평화주의 국가임을 실증하기를 바라는 것이다. 그러나 이 점도 일본은 잘 모르고 있는 것 같다.

"독도는 한국땅입니다"

지구촌이란 말이 생길 만큼 세계가 좁아졌다. 이틀이나 사흘이면 지구의 어느 구석진 곳에도 갈 수 있게 되었고 입국사증 없이 갈 수 있는 나라가 많아지면서 국경의 벽이 점점 낮아지고 있음을 실감하게 된다. 미국이나 캐나다에 한국인 거리가 생기고 북경이나 모스끄바에 우리 특파원이 상주할 수 있을 만큼 이제 세계가 하나로 되어가고 있다.

생각해보면 인간들이 국경이란 것을 확연히 그어놓고 출입국관리법 같은 것을 만들어 다른 나라 사람의 입국을 엄격히 통제하게 된 역사가 그리 오래된 것은 아니다. 모든 사물의 이른바 배타적 소유권이 확립된 자본주의 발달과 시기를 같이한다 해도 크게 틀린 말은 아니다. 흔히 역사가들이 중세는 세계주의시대, 근대를 국가주의시대라 하거나 국경의식의 발달에서 근대의식을 찾으려 하는 것도 이 때문이라 할 수 있다.

역사의 발전에 따라 국가나 민족 사이의 배타성이 점점 약해지게 마련이고 국경의 벽도 차차 낮아지고 있는 추세여서 이대로 가면 결국 모든 인간이 국적을 초월해서 각자 살고 싶은 곳에 가서 살 수 있게 되고, 내 땅 네 땅이 없어지면서 결국 지구란 것이 그 위에 살고 있는 인류 공동의 소유물이 되리라 전망할 수도 있다. 그러나 아직은 영토분쟁의 어리석음에서 벗어나지 못하고 있는 것이 인류사회의 현실이기도 하다.

우리의 영토분쟁을 두고 말하면 당장 떠오르는 것이 독도문제다. 우리로서야 이미 끝난 일이라 말하고 싶지만 일본이 겉으로나마 승복하지 않고 있으니 분쟁은 계속되고 있는 셈이다. 이 문제를 두고 두 나라는 8·15 후부터 지금까지 온갖 방법을 동원해서 독도가 제 땅임을 증명하려 했고, 여기에는 양쪽의 역사학자, 국제법학자, 지질학자들까지 동원되어 제 나라의 주장을 뒷받침하려 애쓰기도 했다.

그렇다고 해서 지금 이 글에서 다시 독도 영유권 문제를 다루려는 것은 아니다. 다만 독도가 한국 영토임을 논증하는 글을 쓴, 학자적 양심에 투철하고 용감했던 일본인 교수 한 사람을 소개하려 한다. 몇 년 전에 50대 중반의 아까운 나이로 고인이 된, 그리고 그의 학문적 업적이 우리에게도 많이 알려져 있는 카지무라(梶村秀樹)교수가 바로 그 사람이다.

일본 토오꾜오대학을 나와 우리 근대사를 전공한 그의 많은 업적을 두고 일부 일본인 연구자들이 '반성의 역사학'이라 했을 만큼 그는 일본 제국주의의 조선침략을 철저히 비판하고 반성한 학자였다. 독도가 한국 영토임을 논증한 글을 그가 쓴 것은 그것이 객관적 사실임을 논증할 만한 자신이 있는 이상 학문 외적 문제에 구애되어 그냥 눈감아버릴 수 없다는 학자적 양심 때문이었지만, 그렇다 해도 그의 일본제국주의에 대한 철저한 비판의식과 용기가 없었다면 불가능했을 것이다.

그를 직접 만나기 전에 글을 먼저 읽으면서 만약 독도가 우리 영토가 아니라 일본 영토임이 틀림없다고 논증할 만한 객관적 자료를 내가 발견했다고 가정했을 때 과연 그 사실을 밝히는 글을 쓸 수 있겠는가 생각해본 기억이 난다. 가정은 어디까지나 가정이라 뭐라 단언을 할 수 없지만 솔직히 말해서 장담하기 어려웠다. 이 때문인지 그의 학자적 양심과 용기에 감복하면서 어떤 사람일까 만나보고 싶은 생각이 간절했다.

일본의 학술발표장에서 처음 만난 그는 왜소한 체구에 두꺼운 안경을 끼고 옷도 허름해서 겉으로만 보면 꾀죄죄한 꽁생원으로 보이는 그런 사람이었다. 그가 와세다대학의 나의 연구실로 찾아왔을 때 마침 그 자리에 있던 우리 유학생이 학교 용원쯤으로 오인했다가 정작 누구인가 알고는 당황할 정도였다.

그러나 일단 화제가 학문적인 문제로 옮겨가면 진리추구에 대한 열정과 깊고 넓은 지식을 바탕으로 한 조용하면서 조리 있는 언설(言說)이 상대방을 설득하기에 충분한 그런 사람이었다. 길지 않은 생애를 통해 깊이있고 날카로운 많은 글을 남겼고, 일본인들에게 한반도의 역사와 현실을 올바르게 이해시키기 위한 각종 민간운동에 건강도 돌보지 않고 헌신적으로 참가할 수 있었던 열정은, 바로 진리를 위해서는 칼날 위에도 서슴지 않고 설 수 있을 만한 용기에서 나온 것이 아니었던가 한다.

우리로서는 언제나 어려운 이웃인 일본의 강점을 여러가지로 표현하지만, 영유권 문제가 얽힌 땅이 제 땅이 아니라고 알았을 때 무엇에도 구애되지 않고 떳떳이 밝힐 수 있는 학자가 있고, 그러고도 그가 별탈없이 대학선생 자리를 유지할 수 있는 그런 점이야말로 우리가 소홀히 하고 있는 일본의 강점이 아닌가 생각해본다.

독도를 한국땅이라 주장한 것과 상관없이, 그를 만날 때는 민족과 국적이 다르다는 사실을 별로 의식하지 않게 마련이었다. 사람이란 것이 사심 없이 진리 앞에 서게 되면 모두 한 사람의 인간일 뿐 국적이나 민족 같은 것은 초월할 수 있으며 그것이 인류사회의 이상이라 생각한다. 인류의 역사가 그 경지에 이르기에는 아직 요원하지만 그러나 인간은 이 이상을 달성할 만한 지혜와 용기를 가진 동물이라 믿어 마지않는다.

일본 천황은 왜 '통석'해하는가

과거청산의 출발점

일본제국주의가 태평양전쟁에서 패전한 지 50년이 지난 지금까지도 한일간의 과거청산 문제를 두고 말하면, 무엇보다도 중요한 점은 한일'합방' 자체가 강제적이고 불법적인 침략행위였음을 일본이 인정하는 일이다. 근대일본이 한반도를 정치·경제적으로 침략하기 시작한 것은 운양호사건의 조작부터이지만, 이후 청일전쟁과 러일전쟁을 도발하고 '을사보호조약'을 강제로 체결하여 한반도를 반식민지로 만든 후 '한일합방조약'을 기만적으로 체결하여 완전식민지로 만든 사실 자체를 일본정부가 공식으로 인정하고 역사교육에서 가르치는 일이 한일간 과거청산의 중요한 요건의 하나이다.

일본의 역사학자는 물론 일본 근대사와 근대 이후의 한일관계사에 조금이라도 관심을 가진 일본인이면, 1907년에 일본이 강제로 해산시킨 대한제국의 군대가 총 8천 7백여 명밖에 안 된 상황에서 '한일합방'에 반대하며 싸우다 전사한 의병이 4만 명이 넘는다는 사실은 모른다 해도, 20세기 전반기 35년간 일본의 한반도 지배가 그 주민들의 의사에 반한 것이었고 그 때문에 3·1운동과 같은 전민족적 저항운동이 있었으며, 그 이후에도 많은 조선인들이 목숨을 걸고 일본의 지배에 반대하면서 민족해방운동을 추진했다는 사실을 익히 알고 있다.

일본의 천황이란 사람도 한일간의 이른바 불행했던 과거를 유감스럽고 '통석'한 일로 생각한다고 인사치레는 했다. 그러나 현실적으로 일본의 정치인은 말할 것도 없고 일반국민의 대부분은 그 한반도 지배가 강압적 방법에 의해 이루어진 침략행위임을 인정하지 않으려 하고, 그 역사서술과 역사교육도 그것을 침략으로 서술하거나 교육하지 않고 있다. 그렇다면 무엇을 두고 천황이란 사람까지 나서서 유감스럽게 생각하고 '통석'해야 했는지 의문이지 않을 수 없다.

최근에는 '친한파'로 자처하는 어느 일본인 학자가 일본의 한반도에 대한 지배는 잘못된 것이었지만 한반도 지배의 시발점인 '을사보호조약' 체결은 합법적이었다는 어불성설의 책을 쓰더니, 곧 뒤따라서 일본 수상이 그 논법을 그대로 따라서 한일'합방'이 합법적이었다는 주장을 해서 전체 한반도 주민의 분노를 샀다. 망언에 대한 거센 반발을 받고도 일본정부의 공식 입장은 변할 수 없다는 고집을 버리지 않고 있다. 그런가 하면 일본 자민당은 과거 일본제국주의가 주장했던 기만적인 '동양평화를 위한 조선합방론'을 다시 들고 나오는 상황까지 되었다.

일본의 조선 지배는 잘못된 일이었으나 그 지배를 있게 한 '보호'조약은 적법한 것이었다는 주장과, 적법하게 이루어진 조약에 의한 조선 지배를 천황까지 나서서 사죄하는 행동이 어떻게 동시에 있을 수 있는지 이해하기 어려운 일이다. 일본이 진실로 한반도 지배를 유감스럽고 '통석'한 일로 생각한다면 지배하게 되는 과정의 강제성과 불법성을 인정하고 또 가르치는 일이 한일간 과거청산의 첩경임을 알 필요가 있다.

일본이 한반도를 불법적으로 침략하여 지배한 일이 과거에 실재한 역사적 사실이니까 한일 양국이 모두 그것을 인정해야 하고 또 당연히 2세국민들에게 역사로서 가르쳐야 하겠지만, 그것을 인정하고 가르치는 일이 앞으로 일본이 다시 침략주의 국가가 되는 것을 막는 길이요, 나아가서 앞으로 아시아의 평화와 세계평화를 위해 도움이 된다는 점을 강조하지 않을 수 없다.

인류 공동의 희망과 이상은 세계를 평화공동체로 만들어가는 일이며, 그 인류적 이상을 실현하기 위해 지구상의 모든 국가는 그 국민을, 특히 미래세대인 2세국민을 평화주의자로 교육하고 또 양성해야 할 '세계시민적 의무'를 가지고 있다. 그리고 이 의무는 문명국일수록 더 무겁기 마련이며, 특히 과거의 역사에서 타민족을 침략하여 국가간의 평화와 세계평화를 파괴한 '전과'가 있는 민족의 경우 2세국민을 평화주의자로 양성해야 할 의무는 한층 더 무거워지게 마련이다. 아시아지역의 유일한 제국주의 침략국이었고, 식민지 소유국이었던 일본이 그 2세국민을 평화주의자로 양성할 의지가 있느냐 없느냐 하는 문제는 앞으로 아시아지역 및 세계의 평화가 유지될 수 있느냐 그렇지 못하느냐 하는 문제와 직결되어 있다.

지금의 일본인들이 세계시민을 향하여 일본이 평화주의 국가임을 확인시키는 길은 과거 침략의 역사를 솔직히 인정하고 그 2세국민들에게 그대로 가르침으로써 다시는 그런 일이 일어나지 않게 하는 일이다.

일본이 침략의 역사를 인정하고 반성하는 정도가 독일에 비해 훨씬 약한 사실을 두고 그 피해국민들은 침략전쟁에 패한 역사가 한 번뿐이기 때문이라 보고, 제1차 세계대전 후 독일이 범한 역사를 일본이 되풀이할 수 있다는 우려를 가지고 있다. 일본이 침략의 역사를 인정하고 가르쳐야 한다는 피해국민들의 요구는 과거의 죄과를 들추어내는 데만 목적이 있는 것이 아니라 앞으로 일본이 평화주의 국가가 되기를 바라는 데 더 절실한 목적이 있다고 할 수 있다.

강제지배 사실이 명기된 배상조약이어야 한다

일본의 한반도 지배가 침략행위였음을 인정하게 되면 그 지배가 끝난 후 한일간에 맺어질 조약에는 당연히 그 침략사실이 명기되어야 하고 또 배상문제가 포함되어야 할 것이다. 최근의 한 연구에 의하면 일제시대 35년간 조선에 유입된 일본자본이 총독부가 발행한 공채와 일본정부가 보낸 보충금과 개별자본 등을 합쳐 80억 엔 정도인 데 비해 일본이 조선에서 가져간 액수는 금괴와 군사비, 저축자금, 국공채 등을 합쳐 최소한 340억 엔이란 통계가 나왔다.

35년간의 정신적·인적 피해는 그만두고 순수한 자본 면에서도 일본의 조선지배가 그 투자에 비해 4배 이상의 이익을 보았다는 계산이 되는 셈이다. 그러나 1965년에 체결된 한일조약은 그 전문이나 조문의 어느 곳에도 일본이 한반도를 침략하여 강제로 지배했다는 사실이 명기되지 않았고 따라서 배상조약이 되지도 못했다. 한국이 받은 무상 3억 불도 일본은 배상금 명목을 붙이지 않았다. 미국의 강권과 일본의 침략부인과 박정희정권의 저자세 졸속주의가 그렇게 만든 것이지만 이것은 한·미·일 3국 모두를 위해서 대단히 불행한 일이었다.

35년간 온갖 수탈을 당한 한국인으로서는 당연히 한일조약을 배상조약으로 하여 배상금을 받아내야 했지만, 그보다도 일본으로 하여금 침략과 강압지배 사실 자체를 인정하게 하는 일이 더 중요했다. 한국 쪽은 그 역사교육에서 일본의 한반도 지배가 군사적 강점에 의한 것이었다고 가르치고 있다. 그러나 교통·통신의 발달로 대단히 가까운 곳이 되어버린 일본 쪽에서는 전혀 이 사실을 인정하지 않고 있다. 조선 지배를 침략으로 인정하지 않고 있는 지척의 일본인들이, 또 그렇게 배우고 있는 일본의 젊은이들이 성인이 되어 언제 또 그 '침략으로 인정하지 않는 침략'을 다시 해올지 한국인들은 항상 불안하게 마련이다. 이 얼마나 불행한 일인가.

많은 일본인들이 신으로 받든 천황을 폭탄을 던져 죽이려 했을 정도로 강했던 한반도 주민들의 반대를 경찰력과 군사력으로 억누르고 35년간 한반도를 지배했으면서도 일본정부는 그것을 침략행위로 인정하지 않고 또 2세국민에게도 가르치지 않고 있다.

그 주민들의 의사에 반해서 남의 나라를 멸망시키고 강압적으로 그 땅을 지배하는 일이 침략행위가 아니라고 배운 일본의 자라나는 2세국민들이 성인이 되어 언제 또 그 '침략이 아닌 침략행위'를 하다가 세계 평화애호국민들의 반격을 받고 패전국민으로 전락할지 모를 일이다. 일본을 위해서도 이 얼마나 불행한 일인가.

일본군의 기습을 받고 4년간이나 전쟁을 치렀던 미국이, 그 전쟁이 끝날 때 일본의 조선에 대한 지배가 강제로 이루어진 침략행위라 인정하고 조선의 독립을 약속했던 미국이, 그때로부터 불과 20년 후에 일본의 조선지배를 침략으로 인정하지 않은 한일조약을 자국의 이익을 위해 강권했다. 한반도에 대한 35년간의 지배를 침략으로 인정하지 않으려 하는 일본이 패전국에서 경제대국으로 다시 군사대국으로 발돋움하고 있는 일은 앞으로 미국에게도 큰 위협이 되지 않을 수 없을 것이다.

이같이 한·미·일 3국에게 모두 불행한 씨앗이 될 한일조약을 이제라도 다시 일본의 한반도 지배를 침략으로 인정하는 조약으로 개정해야 비로소 한일간의 진정한 과거청산이 이루어질 수 있다. 그리고 이 문제는 또 앞으로 체결될 북한과 일본 사이의 '조일조약'과도, 그리고 통일된 후의 한반도 국가와 일본과의 관계와도 직결되어 있다는 점이 중요하다.

우선 앞으로 체결될 '조일조약'에서는 한일조약과는 달리 침략 사실이 반드시 명기되고 또 당연히 배상조약이 되어야 할 것이다. 그러나 사회당 출신의 수상까지 나서서 한일'합방'이 합법적이었다고 주장하는 일본 쪽의 목적은 '합방'이 불법적이었음을 인정하는 경우 한일조약의 개정이 불가피해질 뿐만 아니라 앞으로 체결될 '조일조약'에서 불법적 침략사실을 명기하지 않을 수 없게 되며, 그렇게 되면 자연히 배상조약이 되지 않을 수 없기 때문이라 할 수 있다.

그러나 앞에서 지적한 것과 같이 한반도 주민과 일본인들, 그리고 주변국 국민들에게 닥칠 불행을 미연에 방지하기 위해서 한일조약이 침략을 명기한 배상조약으로 개정되고 '조일조약'도 반드시 침략사실이 명기된 배상조약이 되어야 할 것이다. 왜냐하면 그렇게 되어야 일본의 역사교육이 한반도 지배의 진실을 가르치게 되고 그것이 일본을 평화주의 국가로, 그 국민을 평화주의자로 교육할 수 있는 길이 될 것이기 때문이다.

한반도의 통일문제는 전체 한반도 주민과 남북한 정부 사이의 합의에 의해 지난 1992년에 '남북합의서'가 체결됨으로써 남북 대등통일방법이 확정되었다고 할 수 있다. 무력통일이나 흡수통일이 아닌 대등통일이 이루어진다면 통일된 후 한반도 국가와 일본 사이에는 한일조약과 '조일조약'을 대신한 새로운 조약의 체결이 불가피하게 될 것이다. '조일조약'이 침략사실을 명기한 배상조약이 되고 한일조약이 같은 성격으로 개정되어야 통일 후의 한반도 국가와 일본과의 조약에 그것이 계승될 수 있을 것이다.

일본은 앞으로 '조일조약'을 일본의 불법적·강제적 한반도 지배를 명기하는 배상조약으로 체결하고 잘못된 한일조약을 같은 성격으로 개정하려 하지 않고, 오히려 '조일조약'을 한일조약과 같이 침략과 강제성이 은폐되고 배상이 배제된 조약으로 체결하기 위해 사회당 소속 수상까지 나서서 한일'합방'의 합법성을 강조하고 있는 것이다.

이것은 일시적으로는 일본의 국가이익에 도움이 되는 일로 생각될지 모르지만, 조금만 긴 안목으로 보면 세계의 평화주의 시민들에게 일본이 다시 침략주의 국가가 될 가능성이 있다는 의혹을 주게 한다는 사실을 일본의 정치인과 국민들이 깨닫는 일이 중요하다.

지난날 일본의 침략행위가 한반도에서 출발하여 중일전쟁·태평양전쟁으로 확대되었다가 결국 스스로 패전국이 되게 한 사실을 생각해보면, 한반도 국가와 일본 사이에 체결될 조약이 침략사실을 명기하는 조약이 되고 그것을 제대로 가르치는 일은 앞에서 지적한 것과 같이 한일간의 과거청산 및 일본 2세국민을 평화주의자로 교육하는 문제와 직결되어 있다. 그리고 일본이 두 번 다시 침략주의 국가가 되지 않게 하여 21세기 아시아지역의 평화와 세계평화를 담보하는 일과 연결되어 있다. 한반도지역과 일본 사이의 역사적 진실을 밝히고 과거를 청산하는 문제가 얼마나 중요한 일인가 새삼 깨닫게 한다.

4

통일의 새 술은 새 부대에 담아야 한다

반쪽의 헌 부대는 버리자

인간의 생활이란 결국 24시간의 연속에 지나지 않으며 그것들이 모여 날이 되고 달이 되고 해가 되고 세기가 되고 또 역사가 된다. 그러나 인간의 지혜는 24시간이 연속되는 지루함을 극복하기 위해 지구가 태양을 한 바퀴 돈다는 1년을 열두 달로 나누고 또 100년을 하나의 세기로 만들었다.

한 해의 마지막 날도 또 새해의 첫날도 24시간의 연속임에 다름없지만, 인간들은 새해의 첫 24시간에 특별한 의미를 주어 그날로 시작되는 한 해를 좀더 낫고 의미있게 보내려는 결심을 보이게 마련이다. 이런 결심들이 모여 인간의 역사를 한층 더 새롭고 낫게 만들어왔다고 볼 수 있다. 이렇게 보면 그 한 해가 100이 모여 이루어진 하나의 세기가 지고 샌다는 사실은 산술적으로만 말하면 해가 바뀌는 100배의 의미를 가진다 할 만하다.

세계사적 문제는 그만두고라도 우리 민족사의 20세기는 그야말로 불행한 세기였다. 이 세기로 들어서자마자 남의 식민지가 되었고 그것에서 겨우 벗어나면서 또 민족이 분단되어 서로 싸우는 불행을 겪지 않을 수 없었다. 그러나 그런 불행 속에서도 역사는 변하게 마련이어서 이 세기가 끝나가는 지금에는 그 불행을 씻고 두 쪽 났던 민족사회를 평화로운 방법으로 다시 하나로 만들 수 있을 것 같은 희망이 조금은 보이고 있다.

조급한 마음 같아서는 20세기에 빚어진 불행은 20세기 안에 씻고 새로운 세기를 새 역사로 맞고 싶은 소망이 간절하지만, 설령 꼭 그렇게는 안 된다 해도 조만간 이 소원이 이루어질 수 있으리라는 전망들이 많아지고 있다. 그러나 여기에는 반드시 짚고 넘어가야 할 문제가 있다. 오랫동안 나누어졌다가 하나로 되는 그 민족사회는 분명히 새 술이어야 하고 이 새 술은 또 반드시 새 사람에 의해 새 부대에 담아야 한다.

둘로 나누어졌던 민족이 하나로 되는 방법은 여러가지가 있을 수 있다. 우리와 같은 때에 나누어졌다가 하나로 된 경우에만 한정해봐도 베트남과 같은 선례도 있었고 독일과 같은 선례도 있었다. 베트남의 선례가 엄청난 후유증을 가져왔음을 알고 있고 독일의 선례도 우리와는 사정이 다를 뿐만 아니라 그 방법 역시 후유증이 속출하고 있음을 듣고 있다. 이들의 경우보다 더 나은 우리 나름의 방법이 필요하며, 그 방법은 무엇보다도 새 술은 새 부대에 담아야 함을 아는 데서 마련되어야 한다.

수천 년을 하나로 살던 민족이 하루아침에 둘로 쪼개진 원인이야 어디에 있건 그 쪼개진 민족사회는 40년 이상 각각 다른 두 개의 반쪼가리 부대에 담겨 있었다. 그리고 반쪽만을 담는 데 굳어진 그 어느 부대도 두 쪽 술을 모두 담을 만한 용량이 못 된 것이 사실이다. 나누어진 반쪽만을 담았던 부대로 합쳐질 두 쪽의 술을 담으려 하는 일 자체가 어리석은 일임을 알아야 한다. 그리고 그것은 부대의 용량만의 문제가 아니라 질의 문제요 또 그것을 담을 사람의 문제를 함께 지니고 있다.

40여 년간의 분단시대를 통해 각각의 정치·경제·사회·문화체제가 모두 그 반쪽만을 담고 견디기에 알맞게 짜여졌고 그것들은 또 서로 각각 다른 모양으로 굳어져왔다. 지금까지 그 반쪼가리들이 서로 제 부대의 용량을 키워 다른 한쪽도 담아내겠다고 장담해왔지만, 뒤집어 말하면 그것은 서로가 다른 쪽에 담기지 않기 위해 한사코 몸부림만 쳐왔다는 말이 된다. 그 몸부림이 하나 되는 길을 점점 멀게 한 것도 또한 사실이다. 이제 반쪼가리 헌 부대로 하나가 될 새 술을 담아내겠다는 고집을 버릴 때가 되었음을 알아야 한다.

새 술은 새 부대에 담아야 한다. 새 술을 담을 새 부대는 식민지시대를 거쳐 분단시대, 독재시대에 알맞게 만들어진 체제나 제도나 인간일 수 없다. 그 제도나 체제 자체의 용량과 질이 바뀌어야 하고 그것을 다룰 사람들의 인간 됨됨이와 정치적 역량, 그리고 민족관·역사관이 달라야 한다. 반쪼가리 부대 속에서만 살고 생각해온 사람들로서는 합쳐진 두 쪽의 술을 담을 수 있는 새 부대를 미리 만들고 그 사람들을 미리 키우기가 쉬운 일이 아니다. 거기에는 자기의 시대는 물론 자기 자신까지를 송두리째 부정할 수 있는 용기와 슬기가 필요하다. 그리고 그것은 반드시 해내야 할 일이기도 하다.

아무리 몸부림치며 막아도 새 시대는 오게 마련이고 그 술은 새 술이게 마련이며 그것을 담을 새 부대와 새 인간은 기어이 만들어지게 마련이다. 역사 위의 어떤 강제력도 개인의 고집도 그것을 거역하는 데 성공하지 못했다. 그야말로 역사의 명령이요 필연이다. 다만 그것을 슬기롭게 미리 해낼 수 있는 민족과 제 힘으로 미리 해내지 못하고 남이 만든 역사에 떠밀려 따라가는 민족의 차이가 있을 뿐이다. 새 시대를 맡을 새 사람을 반역으로밖에 보지 못하고 제거해버리기만 하다가 남의 역사에 떠밀려온 세월이 많았던 우리지만 이제 새 사람을 알아보고 키워내는 지혜를 가질 만한 때가 되었다.

24시간이 쌓이고 쌓여 하나의 세기가 저물고 새로운 세기가 다가오고 있다. 독재와 분단의 시대가 저물고 민주주의와 민족통일의 시대가 오고 있는 것이다. 분단시대의 헌 부대와 헌 인간으로 통일시대의 새 술을 담으려는 어리석은 고집을 버려야 한다. 눈가림으로 헌 부대 안에서의 물갈이 운운만 하지 말고 새 시대를 담을 새 부대를 미리 만들고 새 사람을 미리 키우는 일이 중요하다. 그것이야말로 옳은 의미의 발전이요 진정한 역사의 길이다.

유엔가입이 통일을 좌우하지 않는다

오랫동안 서로 어긋나기만 하던 남북의 유엔가입 문제가 결국 개별 동시가입으로 결말이 났다. 우리가 알다시피 그동안 남쪽에서는 남북이 따로따로 가입하는 것이 민족통일을 앞당기는 길이라 고집해왔고, 북쪽에서는 남북이 따로 가입하는 일이야말로 분단을 영구화하는 길이며 정 가입하려면 하나의 의석으로 가입해야 한다고 고집함으로써 서로 평행선을 달리기만 하다가 이제 북쪽이 따로따로라도 가입하겠다고 나옴으로써 유엔가입 문제는 일단 결말이 났다.

지금까지 분단민족으로서 우리의 관심사는 남북이 유엔가입국이 되느냐 자체에 쏠렸던 것은 아니고, 유엔가입과 민족통일문제와의 연관관계 그것이 더 큰 관심사였다. 남북을 막론하고 유엔가입이 민족통일문제를 위해 도움이 되느냐 아니냐 하는 문제가 중요하지 유엔가입국이 되지 못함으로써 있을 수 있는 일정한 불이익이 문제가 된 것은 아니었다고 하겠다. 따라서 앞으로 우리의 관심사도 남북이 따로따로 유엔에 가입하는 일이 민족문제의 평화적 해결을 촉진하는 데 어떻게 얼마나 작용할 것인가에 더 쏠리게 마련이다.

남북이 따로따로 유엔에 가입하는 일이 민족통일문제를 위해 어떻게 작용할 것인가를 생각할 때 우선 떠오르는 것이 독일의 전례라 할 수 있다. 먼저 남쪽의 경우 남북문제, 통일정책을 직접 담당하고 있는 고위 관료들도 우리의 통일문제가 독일의 그것과는 다르다는 말을 자주 하고 있다. 그러나 남쪽 유엔가입안의 교과서는 서독이었고, 남북 개별가입은 누가 무어라 해도 독일통일의 전례를 따라가는 것이라 말할 수밖에 없지 않을까.

그러나 분단될 때의 조건 자체가 독일과 한반도는 서로 달랐을 뿐만 아니라 분단 이후의 상황도 남쪽과 서독이, 북쪽과 동독이 각각 달랐음은 더 말할 나위가 없다. 통일정책을 직접 담당하고 있는 고위 관료들도 그것을 알고 한 말이라 생각되며, 그렇다면 남북의 개별 유엔가입을 추진하는 일이 민족문제의 해결을 위해 어떻게 긍정적인 작용을 할 것인가에 대해 납득할 만한 설명이 더 있어야 한다.

겉으로는 독일과 다르다는 말을 했다 해도 속으로는 독일식 흡수통일의 길에 한걸음 다가간다는 생각에서 개별가입을 추진했을 수도 있다. 이 경우 통일은 남쪽이 서독처럼 되고 북쪽이 동독처럼 될 때까지 기다려야 한다는 말이 되는데, 그 민족사적 조건과 분단 원인 및 분단 후의 상황이 한반도와 독일은 분명히 다르기 때문에, 또 북쪽이 동독처럼 되지 않기 위해 최선을 다할 것이기 때문에, 극단적으로 말하면 영원히 남쪽이 서독처럼 북쪽이 동독처럼 될 수 없다는 말도 가능하다. 설령 남쪽이 서독처럼 북쪽이 동독처럼 될 수 있다 해도 거기에는 장구한 세월이 필요할 것이며, 또 그런 통일이 된다 해도 통일 후 독일이 겪고 있는 문제점은 그대로 남는다는 말이 된다.

북쪽의 경우, 유엔에 절대 가입하지 않는다는 것이 본래의 입장이었고 그 입장을 고집스레 지켜왔으나 국제적 상황이 남쪽의 단독가입을 더이상 저지할 수 없게 되었다. 남쪽의 가입 후 유엔에서 한반도문제가 남쪽만의 의견으로 다루어지는 것을 막아야 하겠기에 어쩔 수 없이 개별동시가입안을 따르지 않을 수 없었다고 볼 수 있다. 그렇다면 유엔동시가입 후 북쪽정권은 동독의 전철을 밟지 않기 위해, 다시 말하면 흡수통일됨으로써 정권 자체가 멸망하지 않기 위해 온갖 방법을 다해 그 체제를 한층 더 공고히 다져갈 것이라는 전망도 충분히 가능하다.

이렇게 보면 남북이 모두 유엔에 가입한다 해도 남쪽은 어차피 독일식 흡수통일을 지향할 수밖에 없게 되고 북쪽은 당연히 한사코 거부할 수밖에 없는 상황이 계속될 수 있으며, 그런 경우 유엔가입이 민족문제의 조속한 해결을 위해 무슨 도움이 되겠는가 생각해보지 않을 수 없다. 그리고 이런 의미에서 남북 각각의 유엔가입은 또 하나의 분단고착화 작업이란 말이 나올 법도 하겠다.

그런데도 불구하고 그 많은 논평이나 해설들도 유엔 개별 가입이 세계만방 앞에 두 개의 한국을 공식화하는 일이 아니라 바로 민족문제의 조속한 해결을 위한 지름길이라고 자신있게 설명해주지는 못하는 것 같다. 겨우 평화공존이 통일을 위해 거쳐야 할 하나의 필요한 단계라든가, 서로 상대의 실체를 인정할 때 비로소 하나가 되는 길이 열린다는 정도의 다분히 낡은 설명들이 되풀이되고 있을 뿐이다. 유엔동시가입이 통일을 앞당기기 위한 신뢰 구축 방법의 하나가 될 수 있을지 의문이다.

문제는 남북이 유엔에 가입하느냐 않느냐, 혼자 하느냐 짝을 지어 하느냐에 있는 것이 아니라 남북 당국이 진정 통일의 의지를 가졌느냐 그렇지 않느냐에 있으며, 쌍방이 서로 제 체제를 고스란히 유지한 채 통일해야 한다는 지금까지의 고집을 버릴 수 있느냐 없느냐에 달려 있는 것 같다. 통일에 대한 확고한 의지만 있다면 유엔에 들어가고 안 들어가는 것이 통일문제를 좌우하는 일이 아님은 우리가 이미 다 알고 있지 않은가.

두 개의 체제가 하나로 되는 빠른 길은 베트남의 예와 같이 하나가 다른 하나를 군사력으로 덮치는 길이며, 그보다는 덜 빨랐지만 독일과 같이 하나가 다른 하나를 경제력으로 흡수하는 길임을 이미 보아왔다. 그런데 우리의 경우 쌍방이 모두 적어도 겉으로는 그 두 방법들이 불가능하며 또 할 만한 방법이 아니라고 말하고 있다. 그뿐만 아니라 우리의 주변정세, 나아가서 세계정세도 그런 방법이 또다시 적용될 계제는 아닌 것 같다.

그렇다면 남은 길은 명백하다. 남북이 각각 다른 쪽 체제를 완전히 부인하는 일을 그만두고 오히려 각각의 장점들을 상승적으로 결합시키는 길이며, 그것을 가능케 하기 위해서는 민족적·시대적 요구로서의 통일을 위해 정권 차원의 욕심이나 체제 및 계급 차원의 이기심을 줄이거나 버리는 길이다. 그리고 더욱 중요한 것은 40년이 넘도록 그 길이 당위론에 빠진 비현실적인 길이라 생각해온 일 자체가 바로 우리 역사의 전진을 가로막는 장벽임을 아는 일이다.

김일성 주석의 죽음과 남북관계

민족분단 이후 49년 만에 성사될 남북정상회담을 불과 2주일여 앞두고 한쪽 정상이 급서함으로써 모처럼 합의된 회담이 앞날을 예상하기 어렵게 되었다. 정말 안타까운 일이다. 라디오나 텔레비전에서 들리는

'거리의 여론'도 김주석 개인의 문제보다 정상회담이 어떻게 될까 하는 문제에 더 집중되어 그의 죽음을 애석해하는 경우가 많은 것 같다.

몇 년 전까지만 해도 김주석의 죽음에 대한 남쪽 사람들의 반응이 쾌재로 나올 가능성도 많았으나 이제 그 반응의 대부분이 정상회담 및 남북관계의 앞날을 위해 우려하고 안타까워하는 상황이 되었다. 우리 사회의 성숙도와 금도 및 역사의식도 상당한 수준에 이른 것이라 할 만하다.

김주석의 죽음이 가져온 남북관계의 앞날에 대한 우려들을 간추려보면, 그가 절대권력을 가지고 있어서 남북정상회담도 그의 재량에 따라 성립될 수 있었는데, 이제 그런 절대권력자가 죽었으니 북쪽 권력의 행방은 어떻게 되며 다소 연기되더라도 정상회담은 열릴 수 있을 것인가, 아니면 완전히 무산되고 말 것인가 하는 우려라 할 수 있다.

북한을 50년 가까이 통치한 김주석은 20여 년 전부터 맏아들을 후계자로 지목하고 권력의 상당한 부분을 이양해왔다고 한다. 그러나 그의 사후에도 과연 권력의 부자상속 특히 장자상속이 확실해질 것인가, 권력의 행방이 확실해지지 않는 한 정상회담은 열릴 수 없으며 남북문제 전체가 풀리기 어렵지 않겠는가, 권력의 행방이 확실해지는 과정에서 남쪽과의 긴장관계를 높일 필요도 있을 수 있으며 그런 경우 남북관계는 오히려 후퇴하지 않겠는가 하는 우려는 당연히 있을 법하다.

제1차 정상회담이라도 열려서 그 대체적인 방향이 잡혔더라면 후계 집권자의 방향 결정이 좀더 쉬웠을 텐데 하는 아쉬움이 있으나 사람의 수명은 어쩔 수 없는 일이지 않은가. 이제 남쪽도 사후 대책을 강구하는 길밖에 없게 되었다. 우선 가장 중요한 것은 김주석과의 정상회담이 성립되었을 때의 대북정책, 즉 북쪽 체제의 존립을 확실하게 인정하는 정책을 그대로 지키는 일이 중요하다고 생각한다.

1980년대로 들어오면서 남쪽에서 제시한 통일정책인 남북연합안 및 국가연합안은 2국가 2정부 2체제안, 즉 상당한 기간 남북 두 국가와 두 정부와 두 체제를 그냥 두자는 방안이었고, 북쪽의 연방제안은 1국가 2정부 2체제안, 즉 대외적으로 국가는 하나로 표방하고 대내적으로 정부와 체제는 계속 둘을 유지하자는 방안이었다.

남쪽 안이 완전한 1국가 1정부 1체제로 가기 위한 과도기적 방안인데 비해 북쪽 안은 1국가 2정부 2체제안 그 자체를 통일의 완결 형태로 보는 것이라 생각되어 남쪽 안과의 사이에 상당한 차이가 있다는 관점도 있는 것 같지만, 어떻든 남북의 통일안이 모두 상당한 기간 상대방 정권과 체제의 존속을 인정하는 방안이며, 그것이 바로 정상회담을 성립시킨 요체였다고 할 수 있다.

미국 전직 대통령 카터의 특사행이 정상회담을 가능하게 한 직접 동기인 것같이 되었으나, 사실은 1992년에 교환된 남북합의서를 통해 무력통일은 말할 것도 없고 흡수통일과 같이 하루아침에 남북 두 정권 중 하나가 없어지는 그런 통일은 하지 않겠다는 약속이 남북 두 정권 사이에 일단 이루어졌기 때문에 정상회담이 합의될 수 있었던 것이다.

김주석 이후 남북관계가 대화와 협상이 계속되는 방향으로 갈 것인가 아니면 대화가 끊어지고 긴장이 고조되는 방향으로 갈 것인가 하는 전망의 상당한 부분은 남쪽의 대응방법에 달렸다고 생각된다. 남쪽으로서는 우선 김주석 생존 때보다 더한 유화정책을 써서 북쪽을 자극하지 않아야 할 것이며, 그 권력의 빠른 안정을 위해 조용히 기다리는 일이 중요할 것 같다.

김주석 사후에도 생존 때와 같이 북쪽 정권의 존속을 확실히 보장하고 물심양면의 도움을 아끼지 않아야 한다. 그것은 김주석 이후 올 수도 있을 북쪽 정권의 혼미와 그 결과로 빚어질 수 있는 대남 강경정책을 미리 방지함으로써 정상회담의 속개를 앞당기는 길이기도 하다.

분단 반세기 만에 어렵게 약속된 남북정상회담을 앞두고 김주석이 급서함으로써 민족문제의 조속한 해결을 바라는 사람들을 안타깝게 하고 있다. 그러나 김주석 이후의 북쪽 정권이 빨리 안정되고 그 후계 권력과의 정상회담이 속히 이루어지게 하는 요인의 상당한 부분이 남쪽의 대북정책에 달려 있음을 간과할 수 없다. 어려운 처지에 빠진 상대를 안심시켜 대화의 마당으로 조용히 불러낼 만한 인내력과 금도가 요청되는 시점이라 하겠다.

좌우는 하나였다

"반조각 정부로는 임정법통을 계승할 근거가 없다"

일제식민지시대 민족해방운동사에서 상해임시정부에 대한 이해는 여러가지로 나타나고 있다. 그 역사성을 대단히 강조하여 일제식민지시대 우리 역사의 '정통성'을 그것에다 두려 할 뿐만 아니라 8·15 후 성립된 대한민국의 뿌리를 그것에다 두려 했는가 하면, 심지어는 군사정권 30년 후 성립된 문민정권의 뿌리를 그것에다 연결하려는 일부의 생각까지도 있는 것 같다.

그런가 하면 또 한편에서는 그 투쟁성과 역사성을 부인하거나 부인하지는 않는다 해도 그렇게 높이 평가하지 않으려는 관점도 강하게 있다. 상해임시정부를 두고 이같이 평가에 차이가 나는 이유는 물론 그것을 보는 역사인식의 차이 때문이다. 그러나 서로 다른 관점의 양립만으로 끝나는 것은 아니며, 오히려 그렇기 때문에 더 객관적인 관점이 성립될 여지가 많다.

식민지가 된 민족의 해방운동세력이 임시정부를 세우는 목적은 크게 두 가지로 말할 수 있다. 하나는 임시정부를 세워 그것이 민족해방운동의 총지휘부가 되게 하려는 것이며, 또 하나는 민족의 해방이 달성된 후 망명정부로서 임시정부가 국내에 돌아와 총선거를 담당함으로써 완전독립국 정부를 만드는 준비기관이 되게 하려는 것이다. 상해임시정부를 수립한 것도 역시 이 두 가지 목적에서였다.

수립 당초의 상해임시정부는 민족해방운동의 총지휘부가 되어야 한다는 민족적 여망을 업고 있었으며, 이 때문에 우익세력은 말할 것도 없고 한인사회당과 같은 사회주의세력도 이에 합류하여 일종의 통일전선정부로 출발했다. 그러나 임시정부의 통일전선정부로서 성격은 곧 좌익세력이 이탈하고 또 독립전쟁론세력이 이탈하여 흔들리게 되었다.

이렇게 되자 민족해방운동의 총지휘부로서 임시정부의 통일전선적 성격을 유지하려는 노력이 다시 일어나게 되었다. 1923년에 개최된 국민대표자회가 그것이다. 그러나 이 회의는 실패하고 이후 임시정부는 일부 우익세력만이 고수하는 하나의 단위 독립운동단체가 되어버렸다. 이른바 임시정부의 침체기이다.

그러다가 일본제국주의의 침략전쟁이 만주사변에 이어 중일전쟁으로 또 태평양전쟁으로 확대되면서 민족해방의 전망이 밝아지게 되자 민족해방운동전선 전체가 그것에 대비하게 되었고 이 과정에서 임시정부도 활성화되었다. 민족의 해방에 대비하면서 다시 해방운동전선 전체의 통일전선 형성이 요구되었고, 그 중심기관의 하나로 중경에 피난가 있던 임시정부가 지목된 것이다.

임시정부가 통일전선정부가 되어 연합국의 일원으로 참전하고 또 그 승인을 얻게 되면 일본이 패망한 후 귀국하여 명실공히 총선거를 관리하는 임시정부가 될 수 있었다. 이 때문에 1943년경부터 임시정부를 유지해오고 있던 우파계의 한국독립당과 좌파계의 조선민족혁명당, 그리고 무정부주의 단체들이 통일전선을 이루어 임시정부를 통일전선정부로 만들었고, 좌우파의 군사력도 일부 통일되었다.

이 통일전선정부는 나아가서 중국공산군지역에 성립된 좌익의 조선독립동맹과도 통일전선 결성에 합의했고, 국내에서 비밀리에 성립된 통일전선 단체인 건국동맹도 이 중국지역의 통일전선과 일부 연결되었다. 그러나 이같은 국내외전선을 연결하는 통일전선이 완성되기 전에 일본제국주의가 패망함으로써 전체 연합국이 승인하는 참전국의 일원이 될 수 없었고, 따라서 일제 패망 후의 한반도문제를 결정하는 모스끄바3상회의에는 우리 민족의 어느 개인, 어느 단체도 참가할 수 없었다.

8·15 후 귀국한 후에는 임시정부의 통일전선이 깨졌다. 조선민족혁명당계와 무정부주의계 등 좌파세력이 모두 탈퇴하고 임시정부는 다시 우익세력인 한국독립당 중심으로 되었다. 그리고 이승만 세력과 함께 신탁통치 반대노선에 섰다가 이승만 세력이 남한단독정부 수립노선으로 가게 되자 이탈하여 1948년의 남북협상에 참가하게 된다.

이렇게 보면 식민지시대의 망명정부로 수립된 임시정부의 역사성을 일률적으로 규정하기는 어렵다. 역사를 보는 눈의 초점을 어디에 두느냐에 따라 달라질 수밖에 없다. 일제식민지시대부터 8·15 후의 분단시대를 통한 우리 민족사의 지도적 노선을 민족의 해방과 통일민족국가의 수립이라 생각하고 보면, 민족해방운동의 총본부로서 좌우익세력의 통일전선으로 성립되었던 초기의 임시정부와 일제의 패망에 대비하면서 다시 통일전선정부로 되어가던 1943년 이후의 임시정부, 그리고 8·15 후 통일민족국가 수립운동의 일환으로서 1948년 남북협상에 참가한 때의 임시정부세력 등에는 역사적 의미를 부여하는 것이 마땅하다고 할 수 있다.

8·15 후 남북에 성립된 분단국가와 임시정부의 이른바 법통문제를

두고 생각할 때, 이승만정권의 성립을 앞두고 있을 무렵 김구의 기자회견 내용이 참고할 만하다. "방금 국회에서 헌법초안이 상정·토의되고 있는데 이 초안의 대한민국 국호는 임정법통을 계승하는 것인가"라는 기자의 물음에 대해 김구는 "가령 왜정(倭政)에서 이양한다 하더라도 남북을 통일한 선거를 통하여 남북통일정부를 수립하여야만 되며 현재의 반조각 정부로는 계승할 근거가 없다"고 대답했다. 이 시기 김구의 정치관, 나아가서 임시정부세력의 정치노선 등이 잘 드러나 있는 대목이다.

독립운동 때는 좌우가 하나였는데

일본과 미국에 유학하고 중국으로 망명해서 독립운동에 투신했고 8·15 후 혁신계 정치인으로 활약했던 장건상을 아직 기억하는 사람들이 많을 것이다. 그는 이미 1921년에 이동휘, 여운형, 김규식 등과 함께 모스끄바에 가서 레닌을 만나 우리 독립운동을 도와줄 것을 교섭했고, 조선민족혁명당 당원이요 임시정부 국무위원으로서 중국 공산군지역인 연안에서 8·15를 맞았다. 귀국 후에도 정치활동을 하다가 여러 번 옥고를 치렀다.

중국에 망명해서 독립운동을 하던 그가 중국 땅에서 8·15를 맞게 된 것은 전혀 이상한 일이 아니지만 혁신세력 독립운동가 장건상이 우익 중의 우익이던 김구 중심 임정의 국무위원이 되었던 사실과, 또 임정의 지령으로 당시 마오 쩌둥의 근거지 연안에 가서 일제의 패망을 맞게 된 사실의 밑바닥에는 지금 우리가 잘 모르고 있는 그러면서도 꼭 알아야 할 우리 독립운동전선의 또 하나의 위대한 정신이 깃들어 있었음을 소개하려 한다.

일제시대 우리 독립운동 진영의 좌익과 우익은 서로 대립해서 싸우기만 한 것이 아니었다. 그들은 서로 협조해서 일제에 대한 투쟁력을 강화하고 해방후 통일된 민족국가를 수립하기 위해 독립운동전선 자체를 통합하려 애썼고 또 그것이 일부 실현되어가고 있었다. 다만 8·15 후 우리 역사교육의 방향이 잘못되어 7·4공동성명에서 평화통일을 합의한 지 20년이 된 지금까지도 남북 양쪽이 모두 이런 일들을 전혀 가르치지 않고 있을 뿐이다.

1937년 중일전쟁이 발발했을 때 국내에 살고 있는 사람들은 일제가 마치 중국 천지를 다 차지해서 우리 민족의 해방이 영영 오지 못할 것처럼 생각하고 많은 사람들이 친일파로 변신해갔다. 그러나 해외의 민족운동전선에서는 이 전쟁이 소일전쟁, 미일전쟁으로 연결되어 민족해방을 앞당길 것이라 정확하게 전망하면서 오히려 희망과 용기를 가지게 되었다.

해방이 다가온다고 전망하게 되었을 때 가장 시급한 문제는 좌우익을 막론한 독립운동세력을 통일하고 독립군을 조직하여 일본과 싸움으로써 그 항복조인에 우리가 참여하는 일이었다. 이런 목적을 달성하기 위해 중경에 있던 김구 중심 우익세력과 좌익세력으로 간주되었던 김원봉, 장건상 등이 중심인 조선민족혁명당이(그 당원 중에는 좌익으로는 볼 수 없는 김규식, 신익희 등도 있었다) 임정을 중심으로 뭉치게 되었다.

이후 임정 주석 김구가 좌익이라 멀리했던 김원봉이 임정 군무총장이, 장건상 등은 국무위원이 되었다. 김원봉 휘하의 조선의용대가 광복군으로 편입된 후 중국공산군 지역인 연안에서 김두봉과 얼마 전 북한에서 죽은 허정숙 등을 중심으로 만들어진 좌익단체 조선독립동맹 쪽과 연합하기 위해 장건상이 연안으로 갔던 역사적 사실을 아는 사람은 그리 많지 않다.

이때의 일을 장건상은 뒷날 이렇게 회고했다. "김두봉을 만나 좌우 통일전선을 중경에서 결성하자고 제의했더니 찬성해요. 자기가 중경으로 가겠다는 겁니다. 다른 간부들도 모두 찬성이었어요. 내가 연안에서 사흘을 묵었어요. 좌우합작이 이번에는 정말 성공하는구나 하는 꿈에 젖었는데, 그 다음날 깨어보니 일제의 항복입니다. 마침내 그 악독한 일제가 패망하고 민족이 독립을 얻었다고 생각하니 나도 모르게 눈물이 흐릅디다."

김구 중심의 한국독립당, 김원봉 중심의 조선민족혁명당, 김두봉 중심의 조선독립동맹은 각각 그 사상적·정치적 노선이 달랐다. 그러나 이들 각 세력은 노선상의 차이보다 민족해방의 쟁취라는 더 큰 목적을 위해 서로 양보하며 전선을 통일시켜나가다가 그 완성을 보기 전에 일제의 패망을 맞이하게 된 것이다.

8·15 후 38선이 생기고 미소 양군이 국토를 분할점령함으로써 좌우의 사상적·노선적 대립은 다시 심해졌고 이들 각 세력도 그런 상황에 휘말려 다시 분열되었다. 그러나 민족의 분단을 막고 통일민족국가를 수립하기 위한 마지막 몸부림이라 할 수 있을 1948년 남북협상에는 김구, 김규식, 김원봉, 김두봉 등의 세력이 모두 참가했다. 비록 실패는 했지만 민족의 분단을 막고 통일민족국가를 수립하려는 큰 목적 아래서는 사상적·정치적 입장의 차이를 넘어 같은 길을 갈 수 있었다.

죽은 자식 나이 세기로, 지난 실패를 안타까워해도 소용없는 일이다. 그보다는 독립운동 때의 좌우익이 하나가 되기 위해 노력한 사실 자체를 오늘의 우리가 아는 일이 중요하다. 우리에게도 민족문제의 해결을 위해 사상적 차이나 정치적 이해관계를 극복할 수 있는 역량이 있었음을 알게 되면 그것이 하나의 역사적 자산이 되어 앞으로 그런 역량을 더 키워가는 밑거름이 될 수 있다는 점이 더 중요하다.

지난날의 독립운동 진영들이 민족해방을 전망하면서 사상적 차이와 정치적 이해문제를 넘어 그 전선 전체를 통일하려 노력했던 엄연한 역사적 사실을 전혀 가르치지 않거나, 온갖 모략과 반대를 무릅쓰고 남북협상에 참가했던 김구, 김규식 등의 통일민족국가 수립운동을 정당하게 평가하지 못하면서 우리가 염원하는 주체적·평화적 통일을 달성할 수 있는 민족적 역량을 키울 수 있다고 생각하는지 다시 한번 묻지 않을 수 없다.

젊은 세대에게 바란다

세대차와 역사발전

우스갯소리로 쌍둥이 사이에도 세대차를 느낀다는 말이 있지만 세대차라는 말이 부쩍 자주 쓰이는 세상이 되었다. 세대차가 크다는 말은 결국 기성세대와 젊은 세대의 생각이나 행동에 차이가 있다는 말인데, 세대차가 크다는 사실을 긍정적으로 보고 말하는 경우보다 오히려 염려하거나 불안해하면서 말하는 경우가 더 많지 않은가 한다. 그러나 기성세대와 젊은 세대 사이에 생각과 행동의 차이가 있다는 사실은 염려해야 할 일이 아니다. 대단히 자연스럽고 건전한 일이며 오히려 조장해야 할 일임을 알 필요가 있다.

너무도 상식적인 이야기이지만 다시 한번 말해보자. 가령 기성세대와 젊은 세대 사이의 생각이나 행동이 같아지는 경우, 그것은 젊은 세대 쪽보다 현실적으로 사회를 지배하면서 기득권을 행세하고 있는 기성세대 쪽으로 같아질 가능성이 크다. 그 경우 그 사회는 기성의 가치관이나 역사관·민족관 중심의 사회가 되어 새로운 생각이 생겨나고 자라지 못해서 결국 사회 전체가 제자리걸음을 하고 역사발전을 멈추게 될 것이다.

우리의 경우 기성세대의 역사관이나 민족관, 그리고 통일관은 식민지시대와 민족분단시대에 걸쳐 성립된 것이다. 만약 젊은 세대의 역사관이나 민족관이 그것과 꼭 같아진다면 그 사회는 식민잔재나 민족분단을 그대로 지속하려는 생각과 행동으로만 충만될 수밖에 없다. 설령 통일을 지향하는 생각이 있다 해도, 기성세대 중심적 통일관은 외세의 작용으로부터 민족적 자주성을 확립하지 못한 위에, 민족의 다른 한쪽에 대한 불신과 대립과 증오를 바탕으로 한 북진통일론이나 그 변형인 흡수통일론에서 크게 벗어나기 어려울 것이다.

인류 전체나 민족의 역사가 계속 전진하고 발전해야 한다는 역사인식에서 보면, 기성세대 쪽에서 젊은 세대의 역사관이나 민족관이 자기 세대와 꼭 같기를 요구하는 것은 역사발전을 거부하는 요구일 수밖에 없다. 일시적 강압에 의해 그것이 가능하다 해도 결국 무너질 수밖에 없으며, 가능했던 기간만큼 역사발전은 늦어지기 마련이다.

최근 핵문제를 두고 한반도가 전쟁위험에 빠진 것처럼 되었을 때, 기성세대에게는 일반적으로 40년 전 6·25전쟁 때 형성된 역사인식에 따라 당연히 북쪽은 적이고 미국은 우방으로 인정될 수 있겠지만, 전쟁이 터질 경우 정작 총 들고 싸워야 할 처지에 있는 젊은 세대에게 북쪽은 동족이고 미국이 남으로 인식될 수밖에 없다면, 누가 무엇 때문에 40년의 역사를 부인하고 이같은 젊은 세대의 역사관·민족관을 거부해야 하며, 또 이 도도하고 엄청난 역사인식의 변화를 무엇으로 막을 수 있을지 생각해볼 만하다.

역사의 발전을 위해서는 기성세대의 역사관·민족관과 젊은 세대의 그것이 반드시 대립할 수밖에 없다는 말은 결코 아니다. 두 세대의 역사관이나 민족관이 서로 조화를 이루면서 합리적이고 점진적인 발전을 이루어나간 역사적 사례가 얼마든지 있다. 다만 기성세대와 젊은 세대의 역사관이나 민족관이 서로 달라야 함을 인정할 때, 그것을 전제로 조화가 이루어질 수 있음을 알아야 한다. 그리고 그것이 민족사회의 파탄을 막는 길임도 알아야 한다.

기성세대와 젊은 세대 사이의 역사관이나 민족관은 반드시 차이가 있어야 하며, 즉 세대차는 반드시 있어야 하며 그것을 인정했을 때 비로소 두 생각 사이의 조화가 이루어질 수 있다. 다를 수밖에 없는 두 세대의 역사관·민족관이 기성세대 쪽으로 같아야 한다고 고집할 경우 같아질 수 없음은 물론 조화를 잃고 결국 파탄이 올 수밖에 없음을 터득하는 일이 중요하다.

적대인식에서 동족인식으로

해방 후 50년간 한국사회의 변화를 역사적 차원에서 말하라 하면 우선 역사적이란 것이 무엇인가를 말해야 할 것 같고, 쉽게 말해서 정치·경제·사회·문화 등 각 부문의 종합이 곧 역사라 하는 경우도 이들 각 부문에 걸친 지난 50년간의 변화를 종합해야 할 것이니 그렇게 간단한 문제가 아니다.

우리 민족의 해방 50년은 곧 분단 50년이기도 하다는 뜻에서 한국사회, 즉 남한사회에서 분단 50년간 민족의 다른 한쪽에 대한 인식이 어떻게 변화해왔는가를 되돌아보는 것도 역사적 변화의 중요한 부분을 간추리는 일이 될 수 있지 않을까 한다.

남한에서 대북인식이라 할 만한 것이 생기기 시작한 것은 물론 38도선이 획정된 때부터라고 할 수 있다. 그러나 북쪽에서는 1946년부터 5

도임시인민위원회가 성립되어 북쪽 사람들에 의한 일정 수준의 권력이 성립되었다 해도 남쪽에서 미국 군정의 상태로 있는 동안은 아직 대립적 대북인식이 확실하게 성립된 것은 아니었다고 할 수 있다. 이렇게 보면 대립적 의미로서의 대북인식이 자리잡아간 구체적 계기의 하나는 1948년에 남북에 각각 분단국가가 성립된 때부터라고 일단 말할 수 있겠다.

남북에 분단국가권력들이 성립되었다 해도 남쪽의 경우 김구·김규식 세력과 같이 우익세력이면서도 분단국가권력들 자체를 인정하지 않고, 평화적 통일민족국가 수립을 지향하는 세력이 공공연히 남아 있어서 대립적 대북인식이 그렇게 강화되지 않은 면이 있었다.

이같은 '느슨한' 대북인식을 하루아침에 적대인식으로 바꾸어놓은 것은 역시 6·25전쟁이었다. 이 전쟁은 일반 남쪽 사람의 거의 대부분이 북쪽을 적으로 인식하고 민족내전에 참전한 미국을 혈맹의 우방으로 인식하게 했다. 이후 1950년대는 이같은 적대적 대북인식에서 한치도 벗어나지 못했고, 평화통일론을 내세운 진보당의 조봉암이 간첩죄로 사형되는 상황이었다.

조봉암이 사형된 지 1년 만에 터진 4·19는 또 대북인식을 하루아침에 바꾸어놓는 계기가 되었다. 적대인식 일색이었던 남쪽사회에 화해적 대북인식, 대북 동족인식이 급격히 확산되어갔고, 그것과 비례해서 평화통일운동도 활성화되었다. 이같은 대북인식 변화의 주체는 물론 4·19 주체로서의 젊은 세대와 혁신계 정치세력이었지만, 그 여파는 일반국민과 일부 보수정치세력에게로 확대되어갈 추세였다. 그것은 분단체제 및 대북 적대인식 아래서만 기득권이 보장될 수 있는 세력에게는 실로 위협적 상황이 아닐 수 없었다. 따라서 6·25전쟁에서 총을 들고 북쪽과 직접 싸운 군부세력에 의해 5·16쿠데타가 일어남으로써 대북 적대인식이 회복되었다.

이렇게 보면 박정희 군사정권의 강력한 대북 적대인식 아래서 발표된 7·4공동성명이 설령 평화통일을 표방했다 해도 정작 평화통일문제 자체에는 전혀 진전이 없었고, 군사독재권력을 '유신'체제로 강화하는 데 이용되었음은 오히려 당연한 일이었다고 할 수 있다. 7·4공동성명 같은 것이 발표되었다 해도 집권세력 쪽에서 화해적 대북인식이 형성되기는 어려운 일이었고, 적대적 대북인식을 화해적으로 전환시키는 과정은 결국 민간통일운동의 진전에 기대할 수밖에 없었다.

1970년대와 80년대를 통해 집권세력으로부터 용공세력 혹은 친북세력으로 지목받으면서도 끈질기게 추진된 민간 평화통일운동은 국민 일반의 대북인식을 대립에서 화해로, 적대인식에서 동족인식으로 바꾸는데 큰 역할을 다했다.

4·19로 뿌려진 대북 동족인식의 씨앗이 70년대 80년대의 민간통일운동을 통해 특히 젊은 세대에게서 크게 결실을 맺었다. 그 결과 1990년대에 와서는 6·25전쟁을 겪은 세대의 대북 적대인식과는 달리 젊은 세대에게는 이제 대북 동족의식이 거의 일반화되었다고 봐도 좋을 것이다. 그리고 그것이 곧 평화통일론을 확실하게 정착시킨 원인이라 할 수 있을 것이다.

젊은 세대에게 바란다

지난 어느 토요일 밤 텔레비전에 북한문제 및 통일문제 전문가 6명을 출연해 지금의 북한정권이 당면한 위기를 개방으로 해결하리라 보느냐, 아니면 남한에 대한 도발로써 해결하리라 보느냐, 또 북한을 도와주는 데 군량미로 쓰일 가능성이 있는 식량을 포함해야 할 것인가, 아니면 배제해야 할 것인가 하는 문제 등을 두고 토론을 벌이는 것을 보았다.

출연자 6명은 50, 60대로 보이는 세 사람과 30, 40대로 보이는 세 사람이었다. 50, 60대는 북한관계를 전문으로 다루는 정보기관에 오래 근무한 널리 알려진 한 사람과 대표적인 반공 보수단체에 속한 한 사람, 그리고 외국기관에 오래 근무했고 권위있는 어느 여성단체의 책임을 맡기도 한 역시 널리 알려진 한 사람이었다. 이에 비해 30, 40대는 다소 진보적 성향을 가졌다고 알려져 있는 사회과학 전공 대학교수 두 사람과 북한에서 유럽 쪽에 유학했다가 몇 년 전 남한으로 온, 그러면서도 적응이 비교적 순탄해서 텔레비전에 자주 나오는 한 사람이었다.

토론이 북한에 대한 식량원조 문제에 미치게 되자 50, 60대 토론자는 모두 북한이 말하는 식량부족이 엄살이거나 거짓일 가능성이 있다, 원조하는 식량이 군량미로 쓰일 가능성이 있다, 북한의 남한에 대한 태도가 여전히 도전적이다 등의 이유를 내세워 식량원조를 반대하거나 조건부 원조를 주장했다. 이에 반해 30, 40대 토론자 세 사람은 모두 북한에 대한 식량원조는 민족애적·민족화해적·평화통일적 차원에서 추진되어야 하며, 설령 군량미로 사용된다 해도 북한의 병사들이나 주민들이 남한에서 온 쌀임을 아는 것만으로도 민족화해에 도움이 된다 하고 쌀의 무조건 원조를 과감하게 주장했다.

그런데 특히 우리의 관심을 끈 것은 북한에서 유럽으로 유학했다가 남한으로 온 젊은 출연자의 발언이었다. 북한체제가 싫어서 요즈음 말로 탈북한 그도 북한에의 쌀 원조를 간절히 주장한 것이다. 80년대에 남한이 수해로 고통을 받았을 때, 김책공업대 학생이었던 그를 포함한 북한 주민들이 쌀밥을 못 먹으면서도 좋은 쌀만 골라 남한을 원조했다는 사실을 들면서 북한에 대한 무조건 식량원조를 눈물을 글썽이면서 호소했다.

 국민의 대부분이 굶주린다는 북한에 부모형제를 두고 온 그가 쌀 원조를 호소하는 것은 당연하다고 할 수도 있겠다. 그러나 반드시 그렇게 생각할 것만은 아닌 것 같다. 6·25전쟁 때 월남하여 지금은 60대가 넘은 사람들 중에도 북한에 가족이나 친족을 두고 있는 경우가 많은데 그들도 모두 무조건 원조를 주장할 수 있을지, 조건부 원조와 무조건 원조를 주장하는 차이가 탈북시기의 차이에 달렸다고만 할 수 있을지, 그보다는 6·25전쟁을 직접 체험한 기성세대와 그렇지 않은 젊은 세대의 차이에서 오는 것이 아닌지 생각해볼 만한 일이다.

 출연자 중 50, 60대 세 사람이 모두 원조를 반대하거나 조건부 원조를 주장한 데 반해 탈북자를 포함한 30, 40대 세 사람이 모두 무조건 원조를 주장한 것은 두 세대 사이의 북한관 및 민족관의 차이에서 온 것이 아닌가 생각되기도 했다. 6·25전쟁을 겪은 기성세대에게는 북한이 총부리를 겨누며 싸운 적국이었고 대신 미국 같은 나라가 혈맹의 우방이었다면, 그 전쟁을 직접 겪지 않은 젊은 세대에게는 북한은 어쩔 수 없는 동족의 나라이며 미국 같은 나라는 하나의 외국일 수밖에 없게 된 결과가 아닐까.

 만약 우리의 이같은 생각이 옳다면 통일문제와 관련하여 우리 민족의 앞날은 대단히 밝다고 낙관할 수 있다. 남북을 막론하고 평화통일, 남북 대등통일이 민족의 최고 지도원리가 된 지금, 북한을 적국으로 보는 민족관보다 그것을 동족의 나라로 보는 민족관이 옳음은 말할 것도 없으며, 남북을 막론하고 6·25전쟁을 경험한 기성세대는 어쩔 수 없이 곧 도태되고 그것을 경험하지 않은 젊은 세대가 대신 민족사회의 주인이 될 것이기 때문이다.

두 강물은 결국 하나가 된다

민족사 안에서 본 분단 50년

한반도지역이 일본제국주의의 식민지배에서 벗어나면서 바로 분단이 된 원인은 한마디로 말하기 어려울 만큼 복잡하다. 그것을 민족사의 내적 원인과 외적 원인으로 나눌 수 있을 것이다.

우선 내적 원인만을 들어보자. 크게 말해서 해방이 민족의 자력에 의해 이루어지지 못한 점과 민족해방운동과정에서 좌익전선과 우익전선 사이의 통일전선이 이루어지지 못했던 점 등을 들 수 있을 것이다. 자력으로 해방이 이루어졌다면 분단될 이유가 없었을 것이며, 자력으로 해방되지 않았다 해도 민족해방운동전선이 통일되어 있었다면 외세의 분단책동을 분쇄하고 통일민족국가를 수립할 수 있었을 것이다.

제2차 세계대전 후 한반도지역의 분단과정을 1945년 38선 획정의 제1단계와 1948년 남북분단국가 성립의 제2단계, 1950년 6·25전쟁 발발의 제3단계로 나눌 수 있다면, 제1단계 분단과정은 외세의 작용과 결정에 의해 이루어졌고, 제2단계와 제3단계는 외세와 민족 내적 세력과의 결합에 의해 이루어진 과정이었다고 할 수 있다.

　민족사 내적 조건에서만 보면 제1단계에서 제2단계로 가는 과정에서는 평화적으로 통일민족국가 수립을 지향하는 정치세력이 좌우합작운동이나 1948년 남북협상을 펼칠 만큼 비교적 폭넓게 형성되어 활동했고, 제2단계에서 제3단계로 가는 과정에서도 남쪽의 경우 제2대 국회에서 평화통일지향 정치세력이 크게 진출했다.

　1950년에 발발한 6·25전쟁은 처음에는 북에서 다음에는 남에서 각각 무력통일을 기도한 전쟁이었으나, 외세들이 적극적으로 개입하여 방해함으로써 북쪽에 의한 전체 한반도의 통일과 남쪽에 의한 그것이 모두 실패하고, 그 대신 이 전쟁을 통해 민족내부의 평화통일 지향 정치세력이 거의 절멸하는 결과만을 가져왔다.

　북쪽의 사회주의체제에 의한 통일을 미국이 중심이 되어 저지하고 남쪽의 자본주의체제에 의한 통일을 중국과 소련이 저지한 것은 한반도지역이 가진 지정학적 위치 때문이었다. 6·25전쟁 후 1950년대는 평화통일론이 전혀 발붙일 틈이 없는 시기였다. 남쪽의 경우 진보당 당수 조봉암처럼 평화통일론은 곧 이적론으로 간주되어 처형되었다.

　1960년대로 들어서면서 4·19운동이 폭발하고 평화통일론이 크게 대두했다. 그러나 그것은 '혼란' '불안' '적화 위험'으로만 인식되어 5·16군사쿠데타의 구실이 되었다. 5·16쿠데타의 반역사성은 군사독재체제의 수립에 못지않게 평화통일론의 봉쇄에 있었다. 1960년대를 다시 철저하게 반평화통일론적 분위기에서 보낸 후 1970년대로 들어서면서 미소 화해, 미중 화해와 유엔에서의 제3세계 등장 등에 밀려 남북이 함께 7·4공동성명을 발표했으나, 그것은 통일문제보다 남북이 각각 유신체제와 유일사상체제를 수립하는 데 필요한 조치로서의 역할이 더 컸다.

　7·4공동성명이 유엔과 같은 외세에 의존하지 않는 평화통일을 표방

한 성명이면서도 이후 평화통일문제의 진전 없이 1970년대를 넘기고 말았다. 80년대로 들어서면서 남북의 정권 차원에서 비로소 남북 두 정부와 두 체제를 서로 인정하면서 차근차근 통일해가야 한다는 '진정한 의미에서의' 평화통일방안이 제시되었다. 남쪽에서 제시한 남북연합안이나 북쪽이 제시한 연방제안이 그것이다. 그러나 두 정부와 두 체제를 서로 인정하면서 천천히 통일해가야 한다는 데 합의하고도 더이상의 진전 없이 1980년대가 그냥 지나가고 말았다.

1990년대로 들어서면서 80년대의 합의를 근거로 하여 마침내 화해와 협력과 불가침을 약속하는 '남북합의서'가 교환되기에 이르렀고, '합의서'의 교환을 근거로 하여 남북정상회담이 합의되는 급진전이 있었다. 그러나 불행하게도 한쪽 정상이 갑자기 사망함으로써 회담이 무산되고, 조문문제·핵문제가 겹쳐 강한 역풍이 불면서 남북관계가 다시 얼어붙는 시기로 들어갔다. 그러나 곧 핵문제가 서서히나마 풀리기 시작하면서 정상회담의 재개와 '합의서'의 이행이 전망되어가고 있다.

38선의 획정, 분단국가의 성립, 6·25전쟁을 통해 급진전한 분단과정에 비하면 이후의 통일과정은 너무도 긴 과정이 소요되고 있는 것이 사실이다. 그러나 후유증이 오래 남을 무력통일이나 흡수통일이 아닌 평화통일·대등통일을 주체적으로 이루기 위해서는 그만한 시간과 절차와 인내가 요구되고 있는 것이다.

민족사 밖에서 본 분단 50년

제2차 세계대전이 종식되면서 한반도가 분단된 원인을 민족사 외적 요인에서 찾는 경우, 그것은 첫째 한반도를 식민지배했던 일본제국주의가 소련이 참전한 후, 그리고 소련군이 한반도 전체를 점령하기 전에 항복한 데 있으며, 둘째 제2차 세계대전의 양대 전승국인 미국과 소련이 동아시아에서 세력균형을 유지하는 방법을 한반도의 분단에서 구했다는 점 등을 들 수 있을 것이다.

대외적인 면에서만 보면 한반도의 분단은 중국대륙이 아직 친미 자본주의 장 제스 정부에 의해 지배되고 있을 때 동아시아지역의 세력균형의 필요성에 의해 이루어진 것이었다고 할 수 있다. 그러나 중국대륙에 친소 사회주의 마오 쩌둥 세력에 의한 혁명이 성공함으로써 세력균형이 깨어지고 그 여세가 한반도에까지 미칠 가능성이 커지게 되었으며, 그 가능성이 6·25전쟁으로 연결되었다고 할 수 있다.

6·25전쟁의 초전 상황은 중국혁명 성공의 연장선상에서 북쪽의 친소 사회주의 김일성정권에 의해 한반도지역 전체가 통일될 가능성을 보여주는 듯했다. 그러나 중국에서 사회주의혁명이 성공한 조건 아래서 다시 한반도지역 전체가 대륙의 친소 사회주의세력에 의해 통일될 경우 제2차 세계대전 종결 당시 이루어진 동아시아에서 미소 사이의 세력균형이 크게 깨어질 뿐만 아니라 그 결과 일본의 '안전'에 위협을 줄 상황이 되었고, 이 때문에 미국이 참전했다고 볼 수 있다.

미국을 중심으로 하는 유엔군의 참전으로 전세가 역전되어 이번에는 친미 자본주의 이승만정권에 의해 통일이 될 수 있는 상황이 되었다. 그러나 한반도 전체가 친미세력에 의해 통일되는 것을 용납할 수 없었던 중국이 참전하고 소련이 이를 후원함으로써 전세가 다시 역전되었다가 결국 휴전이 성립되어 한반도는 분단상태를 유지하게 되었다. 6·25전쟁은 당초 민족 내부의 무력통일전쟁으로 발단되었으나 이 지역이 가진 지정학적 위치 때문에 곧 국제전으로 확대되었고, 그 결과 어느쪽으로도 통일되지 못한 채 분단상태가 지속되었다.

휴전이 성립된 후 남북 사이의 적대관계는 더욱 심화되었다. 남쪽은 미국과, 북쪽은 중국·소련과 각기 동맹관계를 맺고 대립함으로써 휴전선은 남북 대립선이면서 또 미국과 중국·소련 사이의 대립선이 되었다. 이후 1960년대로 들어서면서 남쪽은 미국의 강력한 요청에 의해 한일국교가 이루어져서 한·미·일 협조체제가 구축되는 한편 한일간의 정치·경제관계가 밀접해졌다.

북쪽의 경우 중소 분쟁이 본격화됨으로써 그 입지가 어렵게 되었고, 그 결과 독자적 유일사상체제를 수립하는 방향으로 나아갔다. 남북이 각기 배후 외세와의 관계가 약화되면서 민족 내적 결속력을 강화하여 통일을 실현하기 위한 방향전환이 요구되었으나 각기 외세와의 관계강화가 지속될 뿐이었다.

1980년대 후반기로 오면서 한반도를 둘러싼 외세에 큰 변화가 나타나기 시작했다. 동구 사회주의권이 무너지면서 서독에 의해 동독이 흡수통일되고 소연방이 해체되고 중국이 시장경제체제로 변화해간 것이다. 이 세기적 변화 속에서 한반도에서는 제2차 세계대전 후 지속되어온 미소 대립구도가 무너지고, 남한과 중국, 남한과 러시아 관계가 정상화하는 엄청난 변화가 오면서 남북한 사이의 화해 불가침 합의서가 교환되었다.

아직은 이 합의서의 이행에 별 진전이 없지만, 이 합의서의 이행에 따라 한반도지역이 평화적으로, 그리고 남북이 대등한 조건으로 통일을 이루게 되는 경우 통일된 한반도지역과 중국 및 일본이 하나의 평화공동체를 이루어 21세기의 동아시아가 세계사의 중심지역으로 발전할 수 있게 될 것이다.

분단국가주의 50년과 통일민족주의

일제식민지시대의 민족해방운동전선에서도 좌우익의 대립을 극복하고 해방 후 통일된 민족국가를 수립하기 위한 통일민족주의운동이 통일전선운동의 형태로 추진되고 있었다. 그러나 불행하게도 해방과 함께 연합국에 의해 38선이 획정되고 미소 양군이 분할점령하여 민족분단의 위기에 빠지게 되었지만, 이 과정에서도 분단국가가 아닌 통일민족국가를 수립하기 위한 민족운동이 계속되었다. 남한에서 좌우합작을 이루고 남북합작으로 확대시키려 했던 여운형·김규식 등의 좌우합작운동이나 분단국가의 수립을 저지하려는 마지막 노력으로서 김구·김규식 등에 의한 1948년 남북협상 등이 그 두드러진 예이다.

그러나 이들 노력은 모두 실패하고 남북에 분단국가가 성립되었고, 특히 무력통일을 기도했던 6·25전쟁을 겪으면서 남북 분단국가 사이의 대립은 심화되기만 했다. 남북의 분단국가 권력들은 각기 자국의 민족적 정통성을 주장하고 그 권력의 유일성·최고성을 내세우면서 상대방 분단국가 권력에 대한 적대성·경쟁성·배타성을 강화해갔다.

분단국가 권력들이 그 분단국가주의적 요구에 의해 각기 상대방 분단국가 권력과 대항하여 자국의 우위성을 확보하고 자국의 이익을 추구하려 하면서 그것을 남북을 통한 한반도지역 전체 주민의 이익과 발전을 추구하는 통일민족주의적 정책인 것처럼 표방했다.

남북 분단국가 권력들은 분단시대 50년간의 대부분을 상대방 분단국가와의 경쟁력을 높이기 위해, 군사·외교적 우위성을 확보하기 위해 각기 그 배후의 외세와 동맹관계를 맺고 분단국가 권력들 사이의 대항의식·적대의식을 강화시켜왔다. 식민지시대 민족주의의 특징이라 할 수 있을 저항성·배타성이 분단국가주의로 연결되어 상대방 분단국가에 대한 배타성 강화로 나타난 것이라 할 수 있을 것이다. 따라서 남북 분단국가가 각각 동족 사이의 민족주의적 구심력이나 친화력보다 그 배후 외세와의 결속력을 강화하면서 분단민족의 다른 한쪽에 대한 적대관계를 강조해왔다. 통일민족주의가 분쇄되고 분단국가주의만이 횡행한 결과였다고 할 수 있다.

그러나 분단시대 50년을 통해 분단국가주의만이 횡행하고 통일민족주의가 완전히 멸절된 것은 아니었다. 4·19와 같이 분단국가주의의 횡포가 결정적 타격을 받았을 때를 틈타, 또 주변정세의 변화에 발맞추면서 민중세력을 중심으로 남북을 통한 전체 한반도 주민의 이익과 발전을 추구하는 통일민족주의가 끊임없이 성장해온 것이다.

이같은 민중세력 중심의 통일민족주의의 성장은 분단국가 권력들에도 일정하게 영향을 주어왔다. 분단국가 권력으로 하여금 무력통일이나 흡수통일을 지양하고 서로가 상대방 정권과 체제의 존속을 인정하면서 평화적으로 서서히 통일해가자는 데 합의하게 된 것이다.

특히 1980년대 이후 북쪽 정권이 제시한 연방제안과 남쪽 정권이 이에 대응한 남북연합 및 국가연합안은 앞으로 상당한 기간 남북 두 개의 정권과 자본주의 및 사회주의 두 체제의 존립을 서로 인정하면서 천천히 통일해가자는 데 합의함으로써 평화통일 및 대등통일의 방법론에 큰 진전을 보였고, 1990년대에 와서는 그 진전을 바탕으로 하여 남북 정권 사이에 화해와 불가침을 약속하는 합의서가 체결되기에 이르렀다. 우리가 말하는 통일민족주의의 회복과 성장에 큰 진전이었다.

분단시대의 민족사적 최대과제는 분단된 민족사회를 재통일하는 일이며, 그것을 위해 먼저 분단국가주의가 극복되고 통일민족주의가 성장하여야 함은 더 말할 나위가 없다. 분단국가 권력들은 통일민족주의의 성장이 곧 분단국가주의의 쇠퇴 및 몰락을 뜻하게 되므로 스스로의 존립기반 유지를 위해 통일민족주의의 성장 자체를 저지하게 마련이다.

그러나 전체 민족구성원의 의사에 반하여 분단된 한반도지역의 경우 평화적 통일을 이루어가는 길이 곧 역사발전의 길 그 자체이며, 평화통일을 달성할 이데올로기가 곧 통일민족주의라 할 수 있다. 따라서 분단국가 권력이 통일민족주의의 성장을 저지하는 일, 그것은 반역사적인 길이라 할 수밖에 없다.

인류의 역사 위에는 반역사적인 길이 마치 역사적인 길인 것처럼 행세하는 때도 자주 있었다. 그러나 그것은 어디까지나 일시적인 현상일 뿐 역사는 항상 제가 가야 할 길, 다시 말하면 역사의 길을 가게 마련이었다. 거기에 역사의 정직성 및 진실성이 있고 그 때문에 역사 그 자체가 존재할 수 있다. 평화통일의 길은 20세기 후반기 이후 한반도지역의 역사적 길이며, 그 길을 지도할 이데올로기, 즉 지도이념은 분단국가주의의 극복과 통일민족주의의 신장이라 할 수 있다.

제2차 세계대전 후 50년간의 미소대립구도와 동서냉전체제 아래서 한반도지역을 지배했던 분단국가의 반역사적 분단국가주의가 극복되고, 21세기에는 통일민족주의가 이 지역의 민족통일의 역사를 주도하는 새로운 이데올로기로 등장하게 될 것이며, 한반도지역의 이 통일민족주의야말로 민족주의와 인간주의, 민족주의와 평화주의, 민족주의와 세계인류주의를 하나의 궤도 위에 올려놓는 역할을 다하게 될 것이다.

통일조국의 국가

통일조국의 새로운 국가(國歌)

대한민국은 국가가 없고 애국가로서 국가를 대신하고 있으므로 우선 지금의 애국가를 국가로 간주하고 생각해보자. 국체가 바뀌면 대체로 국가도 바뀌게 마련인데, 대한제국이 일본에 의해 멸망한 후 35년간의 식민지시대를 겪고 국토의 반쪽에 다시 세워진 공화주의 국가 대한민국이 군주국가 대한제국시기에 부르던 애국가를 그대로 사용하고 있다는 것은 불합리하고 비역사적인 일이라 말할 수 있다.

그러나 지금의 애국가는 그 전체 가사에서 공화주의적 국가관을 드러내고 있지 않지만 그렇다고 해서 군주주의적 국가관을 구체적으로 드러내고 있는 것도 아니다. 그 때문에 일제식민지시대를 통해 우익 쪽 독립운동전선은 공화주의를 표방하면서도 이 애국가를 그대로 불렀고, 8·15 후에도 공화주의 국가 대한민국의 애국가로서 또 그대로 사용되었다고 볼 수 있다.

대한제국시기에 제정된 애국가 가사가 군주나 군주주의를 찬양하는 내용으로 되어 있거나 그 후렴부분에 "황제폐하 만세"라도 들어 있었다면, 아무리 우익 쪽이라 해도 공화주의 독립운동전선이나 공화주의 대한민국이 그대로 사용하기는 어렵지 않았을까 생각된다.

그럼에도 불구하고 지금의 애국가 내용이 시대적으로 맞지 않다는 지적은 있어왔다. 우리가 알다시피 "동해물과 백두산이 마르고 닳도록" 하는 부분이 퇴영적이라는 지적 등이 있었고, 2절, 3절의 가사도 시대감각에 맞지 않아 잘 불려지지도 않았다. 필자의 기억이 정확하다면 5·16 정변세력이 한때 국기와 함께 애국가를 바꾸어야 한다는 의견을 가졌으나 결국 통일 후로 미루었다는 말도 있었다.

통일 이후의 문제를 두고 생각한다면 이런 이유 이외에도 국가를 새로 제정해야 함은 너무도 당연하다. 지금 대한민국에서는 애국가를 사용하고 있지만, 조선민주주의인민공화국은 국가를 새로 제정했다. 통일이 되면 애국가가 아닌 국가를 제정해야 한다는 의견이 대한민국에도 있음을 고려하지 않더라도, 통일된 민족국가가 지금의 애국가를 국가로 사용하게 되려면 대한민국이 조선인민공화국을 무력으로 통일하거나 독일과 같이 흡수통일을 하는 경우라야만 가능하다. 조선민주주의인민공화국의 국가가 통일된 민족국가의 국가로 되는 경우도 역으로 마찬가지다.

그러나 지금은 남북의 전체 민족구성원은 말할 것도 없고 그 정부들까지도 무력통일이나 흡수통일은 부정하고 있다. 남북합의서에 의한 구체적인 통일사업이 남쪽 주장대로 남북연합방식의 1민족 2국가 2정부 2체제안에서 시작되건, 북쪽 주장대로 연방제방식의 1민족 1국가 2정부 2체제안에서 시작되건, 두 안이 아니고 일정한 타협안이 마련되건 그 출발점에서는 조만간 유엔단일가입문제와 함께 단일국기제정문제, 단일국가제정문제가 거론되지 않을 수 없을 것이다.

이렇게 보면 통일된 민족국가의 국호·국기제정과 국가제정은 통일의 방법문제와 깊이 연결되어 있음을 알 수 있다. 비무력·비흡수 통일이 이루어지는 경우 분단국가들에서 사용되던 애국가나 국가가 폐지되고 새로운 국가가 제정되어야 함은 너무도 당연한 일이며 재론의 여지가 없을 것이다.

국가에 담길 뜻

민족국가마다 그 역사적 조건에 따라 국가의 가사가 담고 있는 주제의식이 다를 수밖에 없다. 그러나 이상적으로 말하면 그 가장 중요한 주제의식은 넓게는 그 전체 민족사적 전개과정의 압축이며 좁게는 그것이 제정된 당시의 민족사적 지도원리가 함축된 것이어야 하지 않을까 한다. 전제군주제를 극복하고 공화제를 수립한 새로운 국가의 국가가 주로 공화주의를 찬양하는 내용이 되거나 혁명으로 세워진 국가의 국가가 혁명을 찬양하는 내용이 되는 경우를 볼 수 있다.

우리 민족의 경우 스스로 전제군주를 극복하고 공화주의국가를 수립하는 역사적 환희가 없었고, 식민지시대가 끝나면서 남북에 근대국민국가들이 세워지기는 했으나 통일민족국가가 되지 못하고 분단국가들이었을 뿐이다. 이렇게 보면 앞으로 맞이할 민족적 환희가 될 수밖에 없으며, 이 통일민족국가의 국가야말로 전체 민족사 위의 최고의 찬가가 될 수밖에 없을 것 같다.

이런 생각을 바탕으로 하여 통일된 민족국가의 국가가 담아야 할 주제의식을 몇 가지 미리 생각해보자. 통일도 되기 전에 '김칫국부터 마시는' 격이지만, 이런 '김칫국'은 마셔도 해될 것 없다는 생각이기도 하다.

첫째, 통일민족국가의 국가에는 무엇보다도 우리의 민족적·역사적 특징이 담겨야 하지 않을까 한다. 오랜 역사시대를 통해 발전해온 민족문화의 고유성과 그 창조성, 잦은 외침과 시련 속에서 유지되어온 민족적 주체성과 평화애호 민족으로서의 전통 등이 담겨야 할 것이다. 이 경우 역사적 실증성이 희박한 사실이나 억지로 만들어진, 따라서 보편성이 결여된 주의(主義) 같은 것이 들어가는 것은 금물이다.

둘째, 식민지시대를 겪은 민족으로서 그 민족해방운동의 추진과정이 함축적으로 표현된 부분이 있어야 할 것이다. 이 경우도 민족해방운동전선의 우익전선이나 좌익전선이 따로따로 인식될 만한 내용이나 억지로 어느 한쪽에 편중된 내용이 되지 말아야 할 것은 당연하다. 민족해방운동 전체를 한층 더 높은 차원에서 표현한 내용이 되는 것이 바람직할 것이다.

셋째, 민족상잔과 대립으로 이루어진 분단시대를 슬기롭게 극복하고 세계사에 유례가 없었던 주체적·평화적 통일을 이룩한, 그리고 남북이 대등한 처지에서 화해적으로 민족의 재통일을 달성한 그 환희와 민족적 자부심이 표현되어야 할 것이다. 이 부분에서는 민족통일운동의 전체과정이 함축될 필요가 있으며, 새로운 국가가 제정될 당시의 민족사적 지도원리를 강조하고 분단시대적 상흔을 적극적으로 치유할 필요가 있다는 의미에서 이 부분이 전체 국가의 제1절이 되어 가장 많이 불려도 좋을 것이다.

넷째, 통일민족국가 자체의 역사적 의지로서 민주주의 및 평화주의적 지향과 밖으로는 인류사적 발전 및 세계평화에 공헌하려는 민족적 의지와 희망이 담긴 부분이 있어야 할 것이다. 근대사 이후 침략과 식민지화와 분단과 전쟁을 겪고 평화적으로 통일된 한반도지역이야말로 21세기 이후 지구공동체의 평화로운 발전을 위해 적극적으로 역할을 하는 지역의 하나가 되어야 할 것이며, 그런 의지가 통일민족국가의 국가에 담겨야 할 것이다.

요컨대 통일될 민족국가의 국가는 전체 민족구성원이 다함께 영원히 불러도 좋을 최고의 민족적 환희와 찬양이 담긴 노래가 되는 것이 바람직하며, 따라서 그 이후 다시는 다른 국가를 제정할 필요가 없는 노래가 되면 좋을 것이다.

5

역사란 무엇인가

무엇이 역사가 되는가

역사란 무엇인가 하는 대단히 어려운 물음에 아주 쉽게 답한다면, 그 것은 인간사회의 지난날에 일어난 사실들 자체를 가리키기도 하고, 또 그 사실들에 관해 적어놓은 기록들을 가리키기도 한다고 말할 수 있다.

그러나 지난날의 인간사회에서 일어난 사실이 모두 역사가 되는 것 은 아니다. 쉬운 예를 들면 김총각과 박처녀가 결혼한 사실은 역사가 될 수 없고, 한글이 만들어진 사실, 임진왜란이 일어난 사실 등은 역사가 되는 것이다. 이렇게 보면 사소한 일, 일상적으로 반복되는 일은 역사가 될 수 없고, 거대한 사실, 한 번만 일어나는 사실만이 역사가 될 것 같지 만 반드시 그런 것도 아니다.

고려시대의 경우를 예로 들면, 주기적으로 일어나는 자연현상으로서 의 일식과 월식은 모두 역사로 기록되었으면서도 금속활자가 세계에서 가장 먼저 발명된 사실은 역사로 기록되지 않았고, 이 때문에 우리는 지 금 세계 최고의 금속활자를 누가 몇 년에 처음 만들었는지 모르고 있다.

일식과 월식은 자연현상이면서도 하늘이 인간세계의 부조리를 경고하는 것이라 생각했기 때문에 역사가 되었고, 목판본이나 목활자 인쇄술이 금속활자로 넘어가는 중요성이 인식되지 않았기 때문에 그것은 역사가 될 수 없었던 것이다.

이렇게 보면 또 역사라는 것은 지난날의 인간사회에서 일어난 사실 중에서 누군가에 의해 중요한 일이라고 인정되어 뽑혀진 것이라 할 수 있다. 이 경우 그것을 뽑은 사람은 기록을 담당한 사람 곧 역사가라 할 수 있으며, 뽑혀진 사실이란 곧 역사책을 비롯한 각종 기록에 남은 사실들이다. 다시 말하면 역사란 결국 기록에 남은 것이며, 기록에 남지 않은 것은 역사가 아니라 할 수 있다. 일식과 월식은 과학이 발달한 오늘날에는 역사로서 기록에는 남기지 않게 되었고, 금속활자의 발견은 그 중요성을 안 뒷날 사람들의 노력에 의해 최초의 발명자와 정확한 연대는 모른 채 고려 말기의 중요한 역사로 추가 기록된 것이다.

"지난날의 인간사회에서 일어난 수많은 사실들 중에서 누군가에 의해 기록해둘 만한 중요한 일이라고 인정되어 기록된 것이 역사다"라고 생각해보면, 여기서 몇 가지 되씹어봐야 할 문제가 있다. 첫째는 기록해둘 만한 중요한 사실이란 무엇을 말하는 것인가 하는 문제이고, 둘째는 과거에 일어난 일들 중에서 기록해둘 만한 중요한 사실을 가려내는 사람의 생각과 처지의 문제이다.

먼저, 무엇이 기록해둘 만한 중요한 문제인가, 기록해둘 만하다는 기준이 무엇인가 하고 생각해보면, 아주 쉽게 말해서 후세 사람들에게 어떤 참고가 될 만한 일이라고 일단 말할 수 있겠다. 다시 말하면 오늘날의 역사책에 남아 있는 사실들은 모두 우리가 살아나가는 데 참고가 될 만한 일들이라 말할 수 있는 것이다.

그러나 참고가 될 만한 일과 그렇지 않은 일을 가려내는 일은 사람에 따라 다르고 또 시대에 따라 다를 수 있다. 고려시대나 조선시대 사람들에게는 일식과 월식이 정치를 잘못한 왕이나 관리들에 대한 하늘의 노여움의 표시라 생각되었기 때문에 역사에 기록되었지만, 오늘날에는 그렇지 않다는 것을 알기 때문에 역사에 기록되지 않는다.

역사의 의미는 늘 변한다

지난날의 인간사회에서 일어난 사실들 중 지금까지도 역사로 남아 있을 수 있는 것은 사람의 지혜가 발달해도 언제나 중요하고 참고될 만한 사실, 시대의 변화에 따라 그 뜻이 줄어드는 것이 아니라 더 높아지고 확대되는 사실들이라고 일단 생각했다.

고려시대 금속활자의 경우는 이미 예로 들었지만 상감청자의 경우도 마찬가지다. 상감청자의 제작법을 누가 언제 처음으로 발명했는지 우리는 잘 모른다. 처음으로 만든 사람이나 연대가 비록 기록되지 않았다 해도 당시의 귀족사회에서도 상감청자의 우수성은 인정되었고 따라서 귀하게 취급되었다. 조선시대로 들어오면서 그것에 대한 인식이 바뀌고 제조법도 전수되지 않았으나, 근대사회로 넘어온 후에는 우수성과 독자성이 세계적으로 알려져서 고려시대에 상감청자가 만들어졌다는 사실은 이제 가장 중요한 역사적인 사실의 하나로 남게 되었고, 그것을 다시 만들려는 노력이 나타나고 있다.

후세에까지 중요하고 참고될 만한 것으로 남을 사실, 뜻이 점점 높아지고 확대되는 사실이 역사로 기록되는 것이라 했지만, 또 경우에 따라서는 뜻이 높아지고 확대될 뿐만 아니라 전혀 다른 뜻으로 해석되는 역사도 많다. 지난날 부정적으로 해석된 역사가 시대의 변화에 따라 긍정적인 역사로 평가되기도 한다.

1894년에 전라도에서 전봉준이 많은 농민군을 이끌고 정부군 및 일본군과 싸운 사실은 당연히 역사로서 기록되었지만, 당초 그것은 동학란으로 불렸다. 동학이라는 혹세무민하는 종교를 믿는 무리가, 정부가 그들의 교조 최제우를 처형하고 또 이 종교를 탄압한 데 불만을 품고 일으킨 반란이란 뜻으로 그렇게 부른 것이며, 이 경우 동학란의 의미는 하나의 종교적인 반란에 불과한 것이다.

대한제국시기와 일제식민지시기까지 계속 동학란으로 불린 이 역사적 사건은 해방 후에는 동학혁명으로 불리기 시작했다. 동학교도들이 일으킨 일이기는 하지만 그 행위가 반란이 아니라 혁명으로 볼 수 있다는 것이다. 반란이 혁명으로 바뀐 것은 같은 역사적인 사실을 두고 그 해석이 전혀 달라졌음을 말한다. 전봉준 등의 행동이 역사적으로 부정적인 것에서 긍정적인 것으로 바뀐 것이다.

같은 사건에 대한 역사적 평가, 같은 사건이 가지는 역사적 의미가 이렇게 바뀐 이유가 어디에 있을까? 두말할 것 없이 시대가 바뀌었기 때문이다. 전봉준 등의 행동이 반란으로 규정된 시대는 나라의 주권이 왕에게 있고 정권이 양반계급에만 독점되어 있던 시기였다. 따라서 그것에 반대하는 모든 행동은 반역으로 혹은 반란으로 여겨졌고 또 그렇게 성격지워졌으며, 일제식민지시기도 본질적으로 같은 시대였으므로 계속 동학란으로 불렸다.

그러나 해방 후에는 사정이 달라졌다. 백성이나 국민이 나라의 주권자가 되는 민주주의의 시대가 된 것이다. 따라서 양반계급이나 군주의 지배체제를 무너뜨리고 국민의 권리를 높이거나 국민을 나라의 주인으로 만들려 한 모든 행동은 정당화되고 또 역사적인 의미가 있는 행동으로 평가되기 마련이었다.

이와 같은 시대 사정의 변화에 따르는 전봉준 등의 행동에 대한 평가는 반란이 혁명으로 바뀌는 데만 그치지 않고 자연히 그 주체세력에 대한 이해도 달라져갔다. 동학란을 혁명으로 볼 경우 동학교도의 혁명으로만 볼 수 있는가 하는 의문이 생긴 것이다. 동학교도만으로 그 거대한 혁명전쟁이 일어날 수 있었겠는가 하는 의문도 제기되었지만, 또 한편으로는 동학사상에 과연 혁명성이 있었는가 하는 문제도 다시 생각하게 되었다.

이 때문에 동학혁명으로 볼 것이 아니라 농민혁명이나 농민전쟁으로 보는 것이 옳다는 의견이 많아졌고, 아예 갑오농민혁명 혹은 갑오농민전쟁으로 부르는 경우가 많아졌다. 1894년에 전봉준 등이 일으킨 하나의 사건에 대한 역사적 평가가 동학란에서 갑오농민혁명으로까지 변해가고 있다는 사실은 같은 역사적 사건이 가지는 의미가 시대의 변화에 따라 얼마나 크게 변하고 있는가를 잘 말해주고 있다.

모든 역사는 시대의 변화에 따라 그 의미가 달라지게 마련이다. 의미가 달라질 수 없는 역사는 시대가 변함에 따라 역사로서의 위치를 잃어간다. 시대의 변화에 따라 그 뜻이 달라질 수 있는, 더 높아지고 확대될 수 있는 역사만이 영원한 역사로 남을 수 있다.

역사는 결국 어디로 가는가

흔히 역사는 변한다고 말하는데, 이 말은 누구도 부인할 수 없는 진리라고 생각한다. 역사가 변한다는 말은 하나의 체제, 하나의 시대상황이 언제까지나 지속되는 것이 아니라 일정한 시일이 지나면 반드시 변한다는 말이기도 하지만, 앞의 동학란의 경우와 같이 지난날에 일어났던 어떤 역사적 사건이 가지는 의미가 계속 변한다는 말이기도 하다.

역사적 상황 및 역사가 가지는 의미가 계속 변하기 마련이라면 이 역사가 변해가는 방향이 어느 쪽인가, 인간의 역사는 결국 어느 곳으로 향해 가고 있는가 하는 문제에 대한 이해 없이 역사 자체를 올바르게 보기는 어렵다.

인간의 역사가 결국 어디로 가고 있는가 하는 물음에 대한 답은 많은 역사학자·철학자 들에 의해 나름대로 제시되어왔다. 종말론적인 해답도 있었고 발전론적인 해답도 있었지만, 지금까지 인류사회가 지향해온 역사의 길은 인간들이 살기에 한층 더 나은 사회를 만드는 길이었으며, 그것은 또 많은 우여곡절에도 불구하고 일정하게 이루어져왔다고 생각된다.

좀더 구체적으로 말하면, 인류의 역사는 모든 인간들이 정치적인 속박에서 점점 벗어나는 방향으로 발전해왔다. 헤겔이 역사의 발전이란 곧 자유의 확대과정이라 말했지만, 역사는 정치적으로 자유로워지는 인간의 수가 점점 많아지는 방향으로 발전해온 것이다. 고대사회에서는 왕과 귀족들만이 정치적으로 자유로웠으나, 근대사회로 오면서 그 정치적 자유가 시민계급에까지 확대되었고, 현대사회로 오면서 노동자·농민층에게까지 실질적으로 확대되어가고 있다.

앞으로 인류사회의 이상의 하나는 정치적 민주주의가 더 확대되는 것이지만, 그것이 곧 인류역사가 나아갈 방향이기도 하다. 인간이 정치적으로 자유로워지는 길은 곧 스스로 권력을 가지는 길이며, 권력을 가지고 행사하는 인간이 많아지는 길, 즉 주권주의가 확대되는 길이 곧 역사가 나아가는 길이다.

인간의 역사는 또 경제적으로 빈부의 차가 작아지는 길로 발전해왔고 또 앞으로도 계속 나아갈 것이다. 우리 역사에도 신라시대나 고려시대에는 소수의 귀족층만이 재부(財富)의 대부분을 차지하여 피지배층의 생활은 처참했고, 조선시대에도 양반 지배층의 생활과 농민 일반의 생활 사이에는 상상하기 어려울 만큼의 차이가 있었다. 근대사회로 내려오면서 자산계급과 서민대중 사이의 생활양식은 어느정도 접근해갔으나 소유한 재부의 차이는 여전히 크다. 그러나 재부의 편중을 억제하고 그 사회화를 촉진하는 운동과 정책이 계속 추진되고 있으며, 그것이 바른 역사의 길이라는 인식이 확대되어가고 있다. 이와 같은 현상은 앞으로도 더 발전될 수밖에 없을 것이다.

인간의 역사는 또 인간과 인간 사이의 사회계급적 차이를 해소하는 방향으로 꾸준히 발전해왔다. 고려나 조선시대에 그렇게도 엄격했던 신분제가 폐지되어 종이나 하인 등 신분제도에 의해 차별받던 계층이 없어졌고, 일제식민지시대까지도 엄존했던 백정계급이 없어진 지도 오래되었다.

그러나 아직도 만민평등이 이루어진 것은 아니다. 정치적 지위나 재부의 소유 정도에 따른 사람과 사람 사이의 차등은 여전히 남아 있다. 그것이 해소되기 위해서는 인간의 정치적 속박으로부터 해방과 경제적 불균등으로부터 해방이 먼저 달성되어야 할 것이다.

인간의 역사는 또 생각하고 표현하는 자유, 즉 사상과 언론의 자유가 꾸준히 확대되는 방향으로 발전해왔다. 지구가 도는 것임을, 만민이 평등함을, 권력이 국민의 것이어야 함을, 재부가 만민의 것임을 남보다 먼저 말했다가 희생된 사람들이 많았지만, 아무리 무서운 권력도 뿌리 깊은 인습도 인간의 '생각하고 말하는 자유'를 계속 누를 수는 없었다. 사상의 자유야말로 인간의 역사를 앞으로 나아가게 하는 원동력의 하나였던 것이다.

우리는 앞에서 하나의 역사적 사실이 가진 의미는 시대에 따라, 또 보는 사람의 눈에 따라 변하는 것이라 말했다. 따라서 역사의 변화에 일정한 방향이 없으면 인간사회는 그야말로 바람 부는 대로 물결 치는 대로 갈 수밖에 없으며, 역사의 의미가 바뀌는 데 일정한 기준이 없으면 역사의 해석이야말로 귀걸이·코걸이가 되지 않을 수 없다. 그런 경우 역사의 길, 역사적 심판, 역사적 진리라는 말이 있을 수 없으며 역사학 자체도 남아날 수 없을 것이다.

수천 년간의 인간의 역사를 분석해온 역사학은 역사의 변화에 일정한 방향이 있다고 말하며, 그 방향은 크게 말해서 인간이 정치적인 속박을 벗어나는 길, 경제적인 불평등을 극복하는 길, 사회적인 불평등을 해소하는 길, 사상의 자유를 넓혀가는 길이라 말하고 있다.

역사를 어떻게 볼 것인가. 우리들 자신이 하고 있는 일, 주변에서 일어나고 있는 일들이 인간의 정치적 자유, 경제적 균등, 사회적 평등, 사상적 자유를 이루어나가는 데 궁극적으로 합치되고 있는가 그렇지 못한가를 분간할 수 있어야 하며, 합치되는 사실은 역사적 사실이며 거스르는 사실은 반역사적 사실임을 알 수 있어야 한다. 그것이 역사를 보는 직접적인, 그러면서도 쉬운 방법의 하나이다.

왜 역사에서 현재성이 중요한가

모든 역사는 현재의 역사이다

역사를 흔히 "인류생활의 과거에 일어난 일"이라고 생각하는가 하면 또 "모든 역사는 현재의 역사"라는 생각도 옳은 것이라고 믿어지고 있다. 이들 두 가지 생각은 얼핏 보기에는 서로 상반되는 것 같지만, 과거에 일어난 일들을 다루는 것이 역사인데도 불구하고 모든 역사가 현재의 역사라는 점에 바로 역사의 현재성이 무엇인가를 알지 않으면 안될 이유가 있는 것이다.

역사의 현재성이 무엇인가를 제대로 알려면 먼저 역사에서 과거가 무엇인가를 해명해둘 필요가 있다. 역사에서 과거란 우선 현재 이전에 일어난 모든 일을 가리키는 것이라고 이해하기 쉽지만 사실은 그렇지 않다. 이 문제를 쉽게 이해하기 위해서는 일단 사실(事實)과 사실(史實)을 구별하여 생각하는 것이 편리하다.

인류생활의 과거에는 수많은 일들, 즉 사실(事實)들이 일어났다. 지금까지 태어나서 죽어간 수많은 개인의 일상생활이나 한 집단, 한 민족의 지난날에도 도저히 셀 수 없는 많은 사건들이 있었던 것이다. 이와 같은 사실들을 총망라한 것이 곧 역사냐 하면 전혀 그렇지 않다. 역사란 그 많은 사실들 중에서 그야말로 역사적 가치와 의미가 있는 사실들, 즉 사실(史實)만을 뽑아 모은 것이라고 우선 말할 수 있다. 여기에서 우선이라고 한 것은 다음에서 말하겠지만 사실을 뽑아 모으는 일만이 역사의 전부는 아니기 때문이다.

사실(事實)들 속에서 사실(史實)만을 선택해내는 것이 역사를 성립하는 1차적인 작업이라 생각해보면 무엇보다도 그것을 선택하는 기준이 문제가 된다. 무엇을 기준으로 하여 수많은 사실들 속에서 사실을 가려내게 되는가 하는 문제지만 그것은 어쩔 수 없이 선택하는 사람과 시대에다 기준을 둘 수밖에 없다. 사실을 뽑아내는 작업은 주로 역사가들의 주관적인 안목에 의하여 이루어지지만, 가능한 한 같은 시대의 다른 사람들과, 더 나아가서 미래의 사람들에게까지 옳게 뽑았다는 동의를 얻을 수 있어야만 역사발전의 바른 노정에 합치되는 역사가로 평가받을 수 있으며, 그가 뽑은 사실이 객관적 진실성을 가진 것으로 인정될 수 있다.

한 사람의 역사가가 객관적 진실성이 더 높은 사실(史實)을 뽑아내기 위해서는 우선 그 시대가 필요로 하는 사실이 무엇인가를, 더 넓게 말하면 그 시대가 가진 역사적 요구가 무엇인가를 정확하게 파악하는 노력이 필요하다.

쉬운 예를 들면 조선시대의 역사가들에게 문익점이 책을 읽은 일이나 글씨를 쓴 일은 흔히 있는 사실로밖에 보이지 않았고 목화씨를 가져온 일만이 사실로 보였다. 고려말기에 전래되어 극히 제한된 일부 지역에서만 재배되고 있던 목화를 전국적으로 확대 재배하여 의생활의 변혁을 이루려던 조선시대였으므로, 당시의 역사가들에게 문익점의 목화씨 전래는 사실로 뽑히지 않을 수 없었으며 그들의 선택은 대단히 적절한 것이어서 오늘날에도 목화씨를 가져온 일은 중요한 사실(史實)로 뽑히고 있다.

문익점이 글을 읽은 일이나 붓대 속에 목화씨를 넣어온 일은 모두 과거에 일어난 일이지만, 역사가의 현재적 요구에 필요한 목화씨의 전래만이 사실로서 뽑혔음을 생각해보면, 좁게는 역사가의, 넓게는 그와 함께 살고 있는 더 많은 사람들의, 더 나아가서는 미래 사람들의 현재적 요구에 필요한 일만이 옳은 사실이 될 수 있으며, 여기에 과거의 일을 다루는 역사가 가지는 현재성이 있는 것이다.

시대에 따라 사실의 역사적 가치는 달라진다

과거의 사실을 가려내는 기준이 언제나 그 당시의 현재적 요구, 현실인식을 바탕으로 삼는다는 문제를 어느정도 이해하고 나면 어느 한 시대의 현재적 요구에 의하여 선택된 사실은 영원히 사실로서의 가치를 가지는지, 혹은 다음 시대의 현재적 요구 때문에 앞시대의 선택된 사실이 그 가치를 잃고 하나의 사실(事實)로 되돌아가는 경우가 있는지의 문제를 생각해봐야 할 필요가 있다.

모든 사물에 대한 가치관이 시대에 따라 달라질 수 있는 것과 같이 과거에 일어난 일에 대한 역사적 입장에서의 판단도 시대에 따라 달라지게 마련이며, 따라서 일단 사실(史實)로 선택되었던 일이 다른 시대의 현재적 요구에 의하여 사실로 떨어져버리는 경우도 있으며 또 그 사실이 가지는 역사적 가치가 변화하는 경우도 있다.

삼국시대나 고려시대나 조선시대의 역사가들은 일식·월식·성변(星

變) 등의 자연현상을 중요한 사실(史實)로 선택하여 사서(史書)에 충실히 기록하였다. 이 경우는 천문학적 통계를 위한 것이 주목적이 아니라 지배자가 정사를 잘 돌보지 못하여 그에 대한 유일한 제재자인 하늘이 경고하는 방법으로 나타내는 현상이라 믿고 선택한 것으로서 정치적인 의미가 높은 사실(史實)이었다. 그러나 오늘날의 일식·월식은 천문학상의 기록은 될지언정 자연과학이 발달한 오늘날의 역사인식을 바탕으로 할 때는 역사적 의미를 가지는 사실로서 선택될 수 있었던 일이 한낱 사실(事實)로 떨어져버리는 것이다.

한편 조선시대까지도 왕을 중심으로 하는 지배계급의 동태가 가장 값높은 사실로 생각되어 역사기록의 대부분을 차지하였고, 민중생활에 관한 일은 지배목적상 필요한 때나, 혹은 그들이 지배질서를 위반하였을 때만 약간의 가치를 가지는 사실로 선택되었다. 그러나 민중이 역사의 주인이라는 생각이 일반화된 오늘날에는 지난날의 사서 속에서 민중사회의 동태를 다룬 사실의 가치가 대단히 높아지고 있다.

사실(事實) 속에서 사실(史實)을 뽑아내는 일에만 역사의 현재성이 적용되는 것이 아니라 일단 선택된 사실이 다시 사실(事實)로 떨어져버리는 일도, 그리고 뽑아진 사실에 대한 가치판단이 달라지는 것도 모두 그때마다의 현재적 요구를 기준으로 하여 이루어지는 것이며 역사의 현재성이 가지는 의미는 여기서도 구할 수 있다.

역사는 사실을 뽑아내어 그것을 될 수 있으면 원형대로 재생시켜놓는 것이라는 생각이 상당히 오랫동안 통용되었다. 역사가는 사실(事實) 속에서 사실(史實)을 뽑아낼 뿐 그것을 해석하여 그 속에 들어 있는 의미를 드러내는 것은 금물로 여겼다. 그렇게 하면 사실의 본래적인, 객관적인 모습을 그르친다고 생각했기 때문이다. 이러한 생각에는 사실 중에서 사실(史實)을 뽑아내는 데 적용되는 역사가의 주관성은 어느정도

206

인정하지만 사실(史實)의 의미를 추구하는 데 개입될 역사가의 주관성은 배제시켜야 한다는 뜻이 들어 있다.

그러나 역사가의 주관적 안목 없이 사실을 원형대로 재생하는 일 자체가 거의 불가능한 일이기도 하지만, 사실을 뽑아 원형대로 재생하는 일만으로는 수많은 사실 속에서 모처럼 사실을 뽑아낸 보람이 그다지 살아나지 못할 뿐만 아니라 그것만으로는 역사가 가지는 의미를 충분히 드러내지 못한다.

역사가 사실을 재생하는 일에 한정되면, 좀 극단적으로 말하면,『삼국사기』는 김부식 등에 의해 쓰여졌고 임진왜란은 1592년에 일어났다는 정도의 사실들로만 엮어지기 쉽다. 바꾸어 말하면 사실의 집적만이 역사가 될 것이며 그것들을 잘 기억하는 일만이 역사공부가 되기 쉬울 것이다.

우리가 역사를 알려고 하는 이유는 선택한 사실에 대한 지식을 풍부하게 하는 데만 있지 않고 그것들이 가지는 의미를 알아서 인류역사 전체를 통해 흐르고 있는 법칙성을 이해하고 그것을 통해 오늘의 문제를 해결하는 데 도움을 얻고자 하는 데 있다. 사실이 가지는 의미를 알아내기 위해서는 사실을 뽑아내는 일에 그칠 것이 아니라 그 사실을 해석하여 의미를 알아내는 일이 반드시 필요한 것이다. 그런데 사실을 해석하는 데는 그것을 뽑을 때보다 더 강한 현재성이 요청된다. 이해를 돕기 위하여 한글창제의 경우를 예로 들어 생각해보자.

한글이 창제된 일이 조선시대 이후 계속 사실로서 선택되어왔음은 더 말할 것 없지만 그것이 가지는 역사적 의미는 시대에 따라 달라져왔다. 조선시대에는 한글창제라는 사실(史實)이 가지는 역사적 의미가 주로 한문을 모르는 '어리석은 백성'을 어여삐 여김에 한정되었다. 고유의 우리 글인데도 불구하고 국문이 되지 못하고 언문으로 취급되었고 따

라서 문자를 창제한 일이 세종의 업적 중 그다지 높은 위치를 차지하지
못했다.

그러나 근대화를 지향하던 개항기에 들어오면서 백성이 나라의 주인
이란 생각이 커짐에 따라 서민들이 주로 사용하는 한글이 언문에서 국
문의 지위로 올라가고 그것을 창제한 일은 세종의 가장 위대한 업적으
로 부각되었다. 한편 일제시대에는 한글을 연구하고 사용하는 일도 독
립운동의 일환으로 생각되었고 세종은 우리 역사상 가장 위대한 영웅
적인 제왕의 하나로 추앙되었다.

해방 후에도 상당한 기간 어여삐 여김이 중심이 된 한글창제의 의의
가 그대로 계속되었고 세종의 역사상의 지위도 그대로 높아지기만 하
였다. 그러나 '역사 보는 눈'을 지배자 중심의 관점에서, 혹은 영웅주의
적 관점에서 조금 다른 각도로 돌려보면 한글창제의 의의가 달라질 수
있다.

오늘날에는 역사를 제왕이나 영웅의 업적 중심으로 보는 경향을 지
양하고 역사발전에서 민중의 역할을 강조하는 경향으로 나아가고 있으
므로, 한글창제의 주된 동기도 제왕이 백성을 어여삐 여긴 데 있었던 것
이 아니라 오히려 백성을 효과적으로 다스리기 위한 데 있었다고 해석
하기도 한다. 글을 가르치지 않고는 다스릴 수 없을 만큼 백성세계의 의
식수준이 향상되었기 때문이라는 생각이다.

한글을 창제하였다는 한 가지 사실(史實)을 두고도 언제 누가 만들었
는가를 아는 것만으로 만족할 수 있다면 그 해답은 비교적 변하지 않는
다. 그러나 왜 만들었으며 어떤 의미를 가지고 있는가 하고 사실(史實)
을 해석하는 데까지 나아가게 되면 그 해답은 시대의 발전에 따라, 그때
마다의 현재적 요구에 따라 계속 변하지 않을 수 없으며, 그 이유는 바
로 역사의 현재성 때문이다.

역사는 늘 새롭게 선택되고 해석된다

역사의 현재성 때문에 사실(史實)을 선택하고 해석하는 기준이 시대에 따라 변화한다고 이해하고 나면, 이와 같은 현재성에 의한 변화라는 것이 무엇을 위한 것인가 하는 의문을 가지지 않을 수 없다. 시대에 따라 사실(史實)이 가지고 있는 본래의 의미, 즉 그 객관적 진실성에 점점 가까워져가는 것을 뜻하며 그것은 또 인류역사의 올바른 발전에 발맞추어가는 것이라 말할 수 있다.

인류역사상에 일어났던 가지가지의 사실(史實)들은 인간의 무지에 의해, 혹은 권력의 횡포에 의해, 종교적 독단에 의해 그 객관적 진실성이 많이 엄폐되어왔다. 일식과 월식이 보지도 경험하지도 못한 하늘의 의지로 생각되었는가 하면, 종교적 독단 때문에 지구가 도는 것이 아니라 태양이 도는 것이라는 믿음이 강요되기도 했고, 정치적 권력의 강제에 의해 역사란 지배자의 능력에 의해 좌우되는 것이라 가르쳐지기도 했다.

그러나 오랜 역사시대를 통해 인류는 기성의 역사관과 요구된 질서에 얽매이지 않고 그때마다 새로운 가치관을 수립해나감으로써 사실(史實)의 선택이나 해석에서 항상 객관적 진실에 접근하려는 노력과 희생을 다해왔고, 그때마다 역사는 새롭게 선택되고 해석되어온 역사적 과거의 집적이며 사실(史實)에 대한 진실성 추구의 결과라고 할 수 있으며, 이 때문에 역사는 항상 새롭게 이해되고 기술되어왔던 것이다.

한편 사실(史實)의 객관적 진실성을 추구하는 기준이 바로 역사의 현재성에 있다고 생각해보면, 그 진실성이란 결코 선험적이고 영구불변적인 가치를 가지는 것이 아님을 이해할 수 있다. 그것은 현재적 입장에

선 사가들의 사관에 의해 항상 새롭게 방향지워질 수밖에 없으며, 그 사관은 곧 시대성·현재성에 의해 규제됨으로써 객관성이 추구될 수 있는 것이다.

신의 의지에 순종하는 일이 역사적 진실을 추구하는 것이라 생각하였던 사관은 신이란 곧 인간 스스로가 만들어서 스스로를 속박하게 하는 것임을 알게 될 때 무너졌고, 인간의 자유를 확대해나가는 것이 혹은 인간사회의 계급적 질곡을 타파해가는 것이 객관적 진실을 추구하는 방향이라 이해한 사관도 나왔다.

역사의 객관적 진실

현재성에 의한 사실(史實)의 선택과 해석이 곧 그 사실이 가지는 객관적 진실에 접근하는 일이며, 그것은 곧 인류역사의 바람직한, 건설적인 방향을 추구하는 길과 연결된다고 생각해보면 역사의 현재성이란 곧 미래를 창조하기 위한 발판이 됨을 알 수 있다.

역사를 이해하는 일은 과거의 사실(史實)을 오늘의 입장에서 끊임없이 선택하고 해석하는 일이라 거듭 강조했지만, 이 일은 과거와 현재 사이의 끊임없는 대화라고 표현되기도 했다. 그리고 왜 이와 같은 끊임없는 선택, 해석 및 대화가 필요한가 하고 물으면, 역사의 객관적 진실에 접근하기 위해서이며 그것은 곧 현재를 좀더 역사적으로 만들기 위해서라고 대답할 수 있다.

그런데 현재는 곧 미래의 출발점이기 때문에 그것을 객관적 진실에 접근시키는 일은 미래를 좀더 나은 것으로 창조하는 일과 연결되는 것이며, 현재가 설령 만족할 만큼 역사적 진실에 접근하지 못했다 해도 미래를 창조하기 위한 발판은 역시 현재에 있을 수밖에 없는 것이다.

이와 같이 현재를 좀더 바람직하게 만들기 위해 현재적 입장에서 과거의 사실(史實)을 선택하고 해석한다는 점에도 역사의 현재성이 가지는 의미가 있지만, 더 나아가서 보다 바람직한 미래를 창조하기 위한 발판이 바로 현재적 입장에서 비롯된다는 점에 역사의 현재성이 가지는 한층 더 높은 의미가 들어 있음을 이해할 수 있다. 따라서 뒤만 돌아보는 역사가 아닌, 앞을 향한 역사를 체득하는 지름길 역시 각 시대의 역사적 현재성을 철저히 인식하는 데 있음을 명심할 필요가 있다.

우리 민족의 지난날에도 많은 사실이 일어났으나 그 가운데서 주로 우리 문화를 살찌우고 특징짓는 데 영향을 준 일, 민족적 독립성을 유지하는 데 직접·간접으로 관계된 일, 우리 생활을 향상·발전시키는 데 도움이 된 일들이 사실(史實)로 선택되어 우리의 역사를 이루고 있으며, 그 사실들에 대한 해석이 쌓여서 우리의 현실을 가늠하게 해주고 있다.

그러나 지금까지 사실(史實)의 선택과 해석이 끊임없이 거듭되어왔음에도 불구하고, 아직도 우리의 현재와의 대화에 절실하지 않은 일이 사실로 이해되고 있는 경우가 많은가 하면, 반대로 불가결한 사실(史實)들이 아직도 사실(事實)로 묻혀 있는 경우가 허다하다. 그 이유는 우리의 역사적 현재성이 아직 철저하게 그리고 선명하게 떠오르지 못하고 있기 때문이다.

지난날 거의 묻혀버렸던 구석기문화·청동기문화를 찾고, 실학사상과 조선후기의 사회적·경제적 발전상이 다시 빛을 받고, 민중세계의 역사적 역할이 다시 평가되고, 독립운동이 가장 중요한 사실(史實)로 선택되고 이해된 것은 식민통치에서 해방된 민족의 역사가 가진 현재성이 그만큼 제 구실을 한 결과였다.

그러나 해방 후의 우리 역사는 식민상태에서 해방된 민족의 역사인동시에 분단민족의 역사이기도 하다. 따라서 이 시기 우리 역사의 하나의 지도이념인 민족통일의 문제가 가장 중요한 민족사회의 현재적 요구임은 더 말할 나위가 없다. 민족통일을 저해하는 사실(史實)에 대한 철저한 비판, 재통일에 직접·간접으로 이바지할 수 있는 사실의 적극적인 개발, 더 나아가서 통일을 위한 사론(史論)의 수립이야말로 우리 시대의 역사적 현재성을 선명하게 부각시키는 길이 될 것이다.

　역사가 현재적 요구에 충실하는 길은 곧 그 미래를 밝고 바르게 창조해나가는 출발점을 마련하는 것이라 이해한 것과 같이, 민족사의 현재성을 가장 바르게 이해하고 그것을 실천하는 길은 곧 민족통일을 앞당기는 일과 연결된다.

우리 현대사를 어떻게 쓸 것인가

역사는 현재를 비추는 거울이다

역사는 현재를 비추는 거울이라 한다. 오늘을 사는 우리의 차림새나 걸어가는 방향이 올바른가 그렇지 못한가를 비추어보는 거울이라는 말이다. 그렇다면 만약 우리의 모습을 좀더 세밀하게 비추어 보기 위해 고대나 중세를 비추는 거울과 근대나 현대를 비추는 거울을 따로 두고 본다면 앞의 거울에서보다 두번째 거울에서 지금의 우리 모습을 더 선명하게 볼 수 있을 것임을 쉽게 짐작할 수 있다.

흔히 고대나 중세를 바르게 비추는 거울보다 근대나 현대를 바르게 비추는 거울을 마련하기가 더 어렵다고 생각하는 경우가 있다. 고대나 중세는 지금의 우리와는 거리가 더 멀기 때문에 비교적 객관적으로 볼 수 있지만 근대와 현대는 지금의 우리와 거리가 너무 가까워서 객관적으로 보기 어렵다고 생각하는 것이다. 정 그렇다면 역사의 거울을 보는 사람이 모두 늙어 원시안이 되었다는 말이 되겠는데 반드시 그런 것만은 아니다. 정상적인 눈은 먼 곳이나 가까운 곳을 모두 바로 볼 수 있어야 하며 그중에서도 가까운 곳이 더 잘 보이는 것이 일반적이다.

그러나 식민지시대를 겪은 우리 민족의 역사학은 근대나 현대를 객관적으로 바로 보기에는 많은 어려움이 있었다. 식민지시대를 산 사람들에게는 민족사의 근대는 식민지로 되어가는 과정이었고 현대사는 식민지배의 질곡 속에 빠져 있던 때 그것이었다. 식민지시대를 산 사람들이 근대나 현대사의 거울을 보는 목적은 무엇이 잘못되어 식민지로 되었는가, 어떻게 하면 식민지배에서 해방될 수 있는가를 알아내는 데 있었다. 그러나 그것을 알아내려고 하는 일 자체가 바로 식민지화의 원인을 추구하고 또 탈식민지 방법을 추구하는 일이었으므로 식민지배구조가 허용하지 않았던 것이 사실이다.

이 때문에 무엇이 잘못되어 식민지로 되었는가, 어떻게 하면 식민지배에서 벗어날 수 있는가를 비추어주는 역사의 거울은 박은식이나 신채호와 같이 직접 민족해방운동에 참가해 활동하던 사람들이나 마련할 수 있었다. 국내의 식민지배체제 아래서 역사학을 하던 사람들은 위험부담이 없는 역사, 예를 들면 고대사회의 어느 부족들이 모여 산 지역이 어디쯤이었는가를 밝히는 일에 전념하거나 근대사를 말한다 해도 대원군과 민비가 어떻게 싸웠는가를 밝히는 정도에 머물 수밖에 없었다. 그러면서 역사란 것은 먼 시대를 볼 때만 더 정확하게 보이고 가까운 시대는 정확하게 보기 어렵다, 가까운 시대의 역사를 바로 볼 수 있는 것은 상당한 시간이 흐른 후에라야 가능하다며 '변명'했다.

식민지시대 국내 역사학의 '변명'을 부득이한 것이었다고 이해한다 하더라도 문제는 일본의 식민지배가 일단 끝난 후에도 이런 '변명'이 그대로 유지되었다는 점에 있다. 불행하게도 일제 식민지배의 종식은 바로 민족분단으로 연결되었고 이제 분단시대사가 현대사로 되었다. 따라서 우리 현대사는 분단의 원인은 무엇이며 그 과정은 어떠했는가, 민족문제 해결의 올바른 길은 어디에 있으며 그것을 저해하는 정치·경제·사회·문화적 요인은 무엇인가, 그것을 극복하는 길은 어디에 있는가 하는 문제들을 정확하게 객관적으로 밝히는 데 있으며, 이것이야말로 우리 시대 역사학의 최대 과제의 하나가 아닐 수 없다.

그러나 이 경우에도 우리 역사학은 분단체제의 덫에 걸려 식민지시대와 꼭 같이 현대사를 연구하고 가르치는 일 자체를 "객관성을 가지기 어렵다"고 '변명'하면서 아예 기피하거나 아니면 분단체제를 정당화하면서 그것에 봉사하는 현대사를 쓰고 가르치는 일을 계속해왔다. 그 결과의 하나가 김구 암살범 안두희의 배후고백 문제에서 잘 드러난다고 할 수 있다.

김구 살해범 안두희가 암살사건의 배후라는 것을 밝힘으로써 세상을 떠들썩하게 하고 있다. 우리 역사를, 그것도 근현대사를 전공하는 사람의 처지에서 보면 신문을 비롯하여 모든 사람들의 관심이 안두희가 털어놓은 배후가 맞느냐 아니냐 하는 데 집중되면서 또 한번 한때의 이야깃거리가 되어버리고 말 것 같은 느낌이 들어 안타깝다.

김구 암살사건을 특별히 과대평가할 생각이 없다 해도 그것은 분명히 하나의 역사적 사건이었다. 따라서 이 사건의 동기나 배후도 어디까지나 역사적으로 설명되어야 하며, 그것은 이른바 '해방공간'과 분단국가 성립 초기의 우리 역사에 대한 정확하고도 객관성 있는 규명과 이해가 있을 때 가능하다. 그러나 불행하게도 이 역사적 사건에 대한 우리 학계의 객관성 있는 연구는 거의 백지상태이며, 이 때문에 이 사건은 아직도 하나의 이야깃거리 수준에 머물고 있는 실정이다.

김구 암살사건의 원인은 한마디로 말해서 그가 분단국가의 정당성을 인정하지 않으려 한 데 있었다고 할 수 있다. 남한 단독선거로 국회가 개원된 후 어느 신문기자가 "국회 개회식 때 이승만 박사가 대한민국 임시정부 법통계승을 언명하였는데 이에 대한 주석의 견해는 무엇이냐" 하고 물었다. 이에 대해 김구는 "현재 국회의 형태로서는 대한민국 임시정부의 법통을 계승하는 아무 조건도 없다고 본다" 하고 이승만 정권의 임시정부 법통계승을 정면으로 부인했다.

이후에도 김구·김규식 등 이른바 중도파세력은 "민족문제의 자주적 해결을 기함" "민족 강토의 일체 분열공작을 방지함" 등을 강령으로 하는 통일독립촉진회를 결성하여 유엔에 대해 "통일과 독립과 평화의 조국을 건립하기 위하여 남북을 통한 진정한 민주주의정부를 조직하려는 다수 한인의 대표적 의사를 귀회에 충분히 진술하기 위하여 본회는 대표를 귀회에 참석시킬 것을 요청한다"는 서신을 보내고, 그해 빠리에서 개최되는 유엔총회에 이승만정권과는 별도로 대표 김규식을 파견하려 했으나 실현되지 못했다.

그러나 남북한을 통한 통일국가를 수립한다 하고 한국문제를 떠맡았다가 결국 분단국가를 만들고 만 유엔에 대한 김구세력의 항의와 추궁은, 그리고 그의 분단국가에 대한 정당성 부인은 해를 넘겨 1949년에도 계속되었고 그것이 결국 그의 죽음으로 연결되었다. 이렇게 보면 김구 암살범의 입을 통해 몇 사람의 배후가 거명된다 해서 이 사건의 진실이 밝혀지는 것은 아니며, 더구나 이 사건이 가지는 역사적 의미를 이해할 수 있는 것은 아니다.

같은 나라 안에서 같은 시대에 암살범이 국군에 복귀하여 고급장교가 되는 한편 암살당한 사람은 독립유공자로 표창되어 민족지도자로 추앙되고 거대한 동상까지 세워지는 이 이율배반을 우리 현대사는 전혀 설명하지 못하고 있다. 그뿐만 아니다. 평화통일을 국가정책으로 정한 지 수십 년이 되었으면서 김구 등이 참가했던 평화통일운동으로서 1948년 남북협상은 그 역사적 정당성이 부인되어 전혀 가르쳐지지 않고 있다. 그리고 이런 일이 학계나 교육계의 어느 부분에서도 지적조차 되지 않고 있다.

분단체제나 분단국가 권력의 입장을 떠나 우리 현대사에 대한 객관적 이해를 가질 때 비로소 김구 암살사건의 진실을 알 수 있게 되며, 우리 현대사에 대한 이같은 이해가 성립되기 위해서는 현대사 연구를 위한 학문의 자유가 철저히 보장되고 제도교육권 안에서도 분단국가주의 차원의 역사교육이 지양되고 민족적 차원의 교육이 이루어져야 함은 더 말할 나위가 없다. 그리고 우리 역사학계의 객관성을 핑계 삼는 현대사 연구 기피증도 말끔히 가셔져야 할 것이다.

역사는 왜 왜곡되는가

우리 역사학계의 고질적인 현대사 연구 기피증 때문에 현대사 연구가 극히 부진한 상태이긴 하지만, 그렇다고 해서 현대사의 체계적인 서술을 언제까지나 미룰 수만은 없을 것이다. 그러나 고대사나 중세사 서술의 경우와 비교해서 현대사의 서술에는 역사학계 내적인 연구성과의 집적뿐만 아니라 학계 외적인 조건의 성숙도 더 요청되는 것이 사실이다.

어느 한 민족사회의 근현대사가 얼마나 자유롭게, 또 객관성 있게 서술될 수 있는가 하는 문제는 그 민족사회의 정치적 성숙도가 어느정도에 이르렀는가 하는 문제와도 깊이 연관된다. 우리 사회도 이제 그 민족사적 절박성 때문에 현대사에 대한 관심이 급격히 높아져가고 있으며 현대사가 객관적으로 인식되고 서술되어야 한다는 요구 또한 높아져가고 있지만, 정치적 성숙도나 상황이 그것을 가능하게 할 단계에 갔는가 하는 점에는 많은 의문이 있다.

객관성 있는 현대사를 서술하기 위해서는 또한 누가 어떤 관점에서 서술하는가 하는 문제가 중요하다. 현대사만이 동떨어져 있는 것이 아니기 때문에 우리 역사, 특히 근대 이후 역사의 맥락을 어떻게 잡을 것이며 그 속에서 현대사의 위치 설정을 어떻게 할 것인가 하는 문제 등이 중요하다.

어느 시대의 역사서술을 막론하고 그 시대사의 큰 줄기를 이루는 민족사회의 시대적 요구를 바닥에 깔기 마련인데, 우리 현대사의 큰 줄기가 무엇인가를 파악하는 일도 현대사 서술을 위한 중요한 요건의 하나이다. 우리 현대가 바로 민족분단시대이므로 분단민족의 역사서술 방향을 어떻게 잡을 것인가 하는 문제도 어려운 문제 중의 하나이다.

모든 역사서술의 목적이 그러하지만 특히 현대사는 현재를 합리화하기 위해서가 아니라 반성하고 미래에의 결단을 위한 도움을 얻자는 데 그 본래의 목적이 있음을 이해하는 것이 요긴하다.

역사가 객관적으로 쓰여져야 한다는 사실이 항상 강조되고 있는 것은 역사를 객관성 있게 쓰기가 그만큼 어렵다는 사실을 반증해주는 일이기도 하다. 역사를 쓰는 사람은 누구나 객관적으로 쓰기 위한 노력을 기울인다고 하지만 누가 쓰느냐에 따라 그 내용과 의미가 달라진다는 사실을 부인할 수 없다.

역사를 전혀 해석이나 설명 없이 그야말로 일어난 사실(事實)만을 배열하는 식으로 서술한다 해도 복잡한 인간생활을 통해 일어나는 그 많은 사건들 중에서 어떤 것을 역사적 사실(史實)로 택할 것인가 하는 데서 이미 선택자의 주관이 개입되기 마련이다. 선택된 역사적 사실(史實)들의 의미를 부여하는 과정에서 더 많은 주관이 개입됨은 더 말할 나위가 없다.

역사서술에서 객관성을 유지하는 것은 역사가들이 최선을 다해 노력해야 할 일이지만 역사서술에 절대 객관성이란 있을 수 없다. 결국 역사는 누가 쓰느냐, 어떤 목적을 가지고 어떤 관점에서 쓰느냐에 따라 그 내용과 의미를 달리하기 마련이다.

우리나라의 경우 조선왕조와 같은 전제주의 국가에는 정부가 편찬하는 이른바 정사(正史)라는 것이 있었다. 지금에 와서『조선왕조실록』이라 부르는 것이 그것이다.

임금의 치적을 중심으로 매일매일 일어나는 사실(事實)들 중에서 왕조의 통치목적에 부합되는 사실이나 통치체제를 확립하고 유지하는 데 필요한 것들을 뽑아 엮어놓은 이 실록만이 정사이고, 그밖의 민간학자들이 스스로의 역사인식에 따라 서술한 역사는 모두 야사(野史)로 취급되었다.

전제주의시대의 국가권력이 편찬한 정사라는 것은 왕조의 지배체제를 정당화하고 유지하는 데 그 본질적인 목적이 있어서 그 목적에 부합되는 사실은 '정'(正)으로, 그것에 거스르는 사실은 '역'(逆)으로 규정·서술되었다. 구체적인 예를 들면 지금의 우리가 박해라고 보는 천주교 탄압이 전제주의 조선왕조의 정사적 가치규정으로는 사옥이었고, 지금의 동학혁명이나 농민전쟁은 동학란이 될 수밖에 없었다.

또한 일제식민지시기의 지배기구이던 조선총독부가 그 어용사학자들을 동원하여 편찬한 방대한 분량의『조선사(朝鮮史)』는 일종의 식민지시기 정사였다. 이 책은 그 시기의 독립운동전선에서 일제 식민지배의 부당성을 주장한 우리 민족주의 역사학을 억누르고 조선에 대한 식민지배의 불가피성이나 정당성을 역사적으로 증명하려 한 식민사학론을 대표한 '정사'였던 것이다.

전제주의시대와 식민지시기의 국가권력은 국민으로부터 나온 것이 아니기 때문에 국가권력에 의한 역사서술이 국민적 처지의 서술이 아니라 전제주의 권력이나 식민지 지배체제의 정당성을 강조하고 또 그것을 유지하는 데 목적을 둔 서술이었다면, 권력이 국민으로부터 나와 성립된 국민주권주의, 민주주의시대의 역사서술은 누구에 의해 어떻게 이루어져야 하는가 하는 문제를 생각하게 된다.

국민주권주의시대의 국가권력은 국민으로부터 나와서 그 권력행사가 국민의 이익과 일치하는 것이기 때문에 국가권력 측에서 역사를 서술해도 그 방향이 바로 국민적 처지에 합당할 수 있다는 논리가 일단은 성립될 수 있다. 그러나 역으로 국가의 권력이 국민으로부터 나와서 그 권력행사가 국민의 이익과 일치한다면 국가권력이 아닌 민간학자가 역사를 서술해도 그 권력의 정당성은 저절로 드러날 수 있으며, 전제주의시대처럼 권력 측에서 역사를 서술하여 그 정당성을 일부러 강조할 필요가 없는 것이기도 하다.

그러나 형식상으로는 국민으로부터 나온 권력에 의해 성립된 정권이라 해도 그것이 국민의 이익과 일치하지 않을 수도 있으며, 이런 경우일수록 권력 측은 그 정당성을 강조하기 위해 스스로 역사를 편찬·서술하려 하는 경향이 있을 수 있다. 진실로 국민의 의사에 의해 성립된, 국민의 이익과 일치된 권력이라면 구태여 스스로의 정당성을 강조하기 위한 역사서술을 고집할 필요는 없을 것이다. 학문활동의 자유를 보장한 채 민간학자들의 연구와 서술에 맡겨놓아도 권력의 정당성이 논증되는 역사서가 그들로부터 나오기 마련이며, 이 경우 그 정당성은 더 높은 객관성을 띠게 되는 것이다.

혹시 학자에 따라서 그 편견 때문에 정당한 권력의 정당성을 부인하는 경우도 있을 수 있다. 그러나 이와 같은 왜곡된 역사서는 독자들, 그리고 학계 일반의 정당한 판단에 의해 도태되기 마련이며, 같은 원리로 권력 측에서 그 정당성을 강조하기 위해 정사(正史) 같은 것을 만든다 해도 권력 자체가 진실로 정당하지 않는 한 그 정사는 또한 외면되게 마련이다.

민주주의시대에는 국가권력이 스스로 정당성을 내세우기 위해 만드는 정사 따위는 필요가 없으며, 역사의 연구와 서술은 전적으로 민간학자의 자유로운 학문활동에 맡겨질 뿐이다. 다만 국가기관이 역사서술을 위해 해야 할 일은 민간학자들이 하기 어려운, 그러면서도 그 학문활동의 기초조건이 되는 연구자료의 객관적이고도 광범위한 수집과 정리일 뿐이다.

역사서술사업을 정부가 주관만 하고 직접적인 서술은 민간학자에게 맡기는 방법이 제시될 수도 있으나, 정부가 주관하는 한 정권의 정당성 확립과 같은 권력 측의 의지가 들어가기 마련이며, 그것이 개입되는 한 객관성 높은 역사서술은 기대하기 어렵다.

현재의 반성과 미래의 결단

우리 역사의 경우 해방 이후의 역사를 현대사로 보는 의견이 많다. 그러나 해방 이후의 역사만이 현대사로서 따로 떨어져 있는 것은 아니며 그것은 근대 이후 우리 역사의 한 부분임을 인식할 필요가 있다.

근대 이후 우리 역사의 진행방향은 그것을 보는 시각에 따라 다를 수 있겠지만, 전체적으로 보아 근대 통일민족국가의 수립과정이라 볼 수 있다. 문호개방 이후 식민지로 되기까지의 기간에는 외세의 침략을 받으면서 그것에 대응하기 위한 여러 측면에서의 민족운동이 전개되었지만, 그 전체적인 방향은 전체주의 지배체제를 청산하고 외세침략을 극복하고 국민주권주의의 근대 민족국가를 수립해가는 과정이었다. 그러나 그것은 달성되지 않은 채 결국 식민지로 전락하고 말았던 것이다.

일제식민지시기의 민족운동 역시 전체적으로 보면 식민지시대 이전 부터의 국민주권주의 민족국가 수립운동의 연장이었다. 그러나 이 시기의 민족운동전선은 좌우익 양 진영으로 분립되어 있어서 그 전선을 통일시키고 통일민족국가를 수립해야 할 과제를 가진 시기였다. 독립운동시기의 말기에는 각 독립운동전선이 실제로 통일민족국가를 수립하기 위한 민족연합전선을 형성해가고 있었다. 그러나 식민지배를 벗어나면서 바로 민족이 분단됨으로써 통일민족국가 수립의 길이 막혔고 해방 후의 시대는 분단시대가 되었으며, 따라서 이 시대를 또 민족통일운동의 시대가 되게 했던 것이다.

전체적으로 보면 문호개방 후의 시대와 일제식민지시기 그리고 해방 후의 분단시대를 통틀어서 우리 역사상 근대 통일민족국가 수립과정으로 볼 수 있으며 그것은 민족통일이 달성될 때까지 계속될 것이다.

이렇게 보면 통일 후 우리 역사의 시대구분은 개화기와 식민지시기의 독립운동시대, 해방후의 분단시대, 민족통일운동시대가 모두 근대 통일민족국가 수립과정으로서 한 시대인 근대로 인식되고 통일 이후의 시대가 현대가 될 것이라고 내다볼 수 있다.

지금 우리가 현대로 보고 있는 해방 후의 분단시대는 우리 근대 이후의 역사 위에서 바로 이와 같은 시기, 즉 근대 통일민족국가 수립과정의 마지막 한 시기에 해당한다는 점을 인식할 필요가 있으며, 이와 같은 역사인식을 바탕으로 하여 지금의 우리 현대사를 서술할 때 그 옳은 방향을 잡을 수 있을 것이다.

개화기와 일제식민지시기를 걸쳐서 산 탁월한 민족주의 역사학자 박은식은 그 자신의 시대, 즉 그에게는 현대사인 개화기와 일제식민지시기의 역사를 서술했다. 그의 조국이 일본에 의해 식민지로 되어가는 과정을 『한국통사(韓國痛史)』로 엮었고 식민지배에서 해방되기 위해 전개한 민족운동의 과정을 『한국독립운동지혈사(韓國獨立運動之血史)』로 엮은 것이 그것이다.

한 시대의 역사를 서술하는 데는 그 시대의 정치·경제·사회·문화 면의 사실들이 고루 포함되고 또 각 분야마다 일정한 서술방향이 있어야겠지만 그것만으로 시대사 서술이 완성되는 것은 아니다. 그 시대의 역사적 큰 줄기로서 지도원리가 깃들어 있어야 하는 것이다. 박은식이 쓴 '현대사'에는 식민지로 전락해가는 과정에서 민족사적 반성과 식민지시대 민족사의 지도원리로서 민족해방투쟁의 실천과 이념이 일관되게 흐르고 있음을 쉽게 발견할 수 있다.

1945년 이후 우리 현대사는 그 큰 줄기로서 무엇이 그 바닥에 깔려야 하는가를 먼저 생각하지 않으면 지도원리에 맞는 역사서술을 기대하기 어렵다. 해방 후에 일어난 정치·경제·사회·문화 면의 굵직한 사건들을 엮어놓거나 이 시기에 세워진 정권들의 정당성을 뒷받침할 만한 사실들만을 골라 엮어놓는다 해서 현대사 서술이 이루어지는 것이 아님은 더 말할 나위가 없다.

현대사의 큰 줄기

우리 현대사를 서술함에 있어서 그 바닥에 흐르는 큰 줄기가 무엇인가를, 이 시대사의 중추부를 흐르고 있는 지도원리가 무엇인가를 이해하기 위해서는 먼저 우리의 현대사가 바로 식민지배에서 해방되면서 시작되었다는 점에 유의하지 않을 수 없다. 식민지배에서 해방된 민족사회는 무엇보다도 식민지배의 잔재를 철저히 청산하는 데서 그 역사적 방향을 찾을 수 있으며, 여기에 이 시대 역사의 큰 줄기의 하나가 있는 것이다.

식민지배에서 해방된 민족사회에 수립된 정권이 식민지배의 잔재를 철저히 청산하지 못한 경우 역사서술로부터 그 반역사성을 지적받지 않을 수 없을 것이지만, 이런 경우 그 역사서술은 다만 잔재청산이 철저하지 못한 사실을 지적하는 데만 그칠 수도 있고 잔재청산이 불철저하게 된 원인을 찾으면서 그 정권담당세력의 성격을 규명하고 더 나아가서 그러한 정치세력에 의해 성립된 정권의 역사적 성격과 정당성에까지 논급이 미칠 수도 있을 것이다.

어떤 서술이 지도원리를 투철하게 하는 데 더 충실한 서술인가는 저절로 가려지기 마련이지만, 그것은 또 그 시대사의 서술을 누가 담당하는가, 역사서술의 객관적 공간이 얼마나 확보되는가 하는 문제와 직결되어 있다.

식민지배에서 해방된 민족사회의 정권담당세력이 이전의 민족해방운동세력과 동일한 경우 식민잔재의 청산 문제, 정권의 정통성·정당성을 확실히 하는 문제, 시대사 서술의 객관적 공간이 마련되는 문제 등에서 차질이 생길 여지가 좁아지기 마련이며, 한층 더 시대정신에 접근한 역사서술이 가능해질 것이다.

해방 전의 민족독립운동 과정과 해방 후의 정권수립 과정이 연결선상에 있지 않고 독립운동과 정치활동이 다르다는 논리에서 민족독립운동세력과 해방 후의 정권담당세력이 반드시 일치하지 않을 수도 있다는 관점에서 일종의 '현실론'이 있을 수도 있다. 이런 '현실론'이 역사서술에 적용되는 것을 방지하기 위해 역사흐름의 큰 줄기가 강조되기 마련이며, 여기에 한때의 정치논쟁과 긴 안목에서 역사적 평가의 차이가 있는 것이다.

정략적 우세에 의해 성립된 정권은 그 정당성·정통성을 강조하기 위해 민족해방운동과 연결성을 주장하기 마련이지만, 정권 측의 주장과는 관계 없이 역사로서 서술될 때의 정확성과 공정성이 유지될 수 있어야 한다는 사실이 우리 현대사 서술의 또 하나의 중요한 조건이다. 현재에 가까운 시기의 역사서술일수록 권력 측의 관여가 배제되어야 할 이유가 여기에도 있는 것이다.

전체 인류사를 통해서 근대 이후사의 큰 줄기의 하나가 민주주의 발전에 있음은 다 아는 일이지만 우리 근현대사의 경우도 결코 예외일 수 없다. 구한말의 국권수호운동이 일부 민주주의운동과 함께 진행되었고 일제식민지시기 민족해방운동은 그 전체 과정이 민주주의운동과 병행된 것이었다.

특히 20세기 전반기의 식민지시기는 우리 역사상 민주주의적 발전이 본격적으로 추진되어야 할 시기였지만, 일본제국주의의 식민지배로 질식상태에 빠져 있었다. 따라서 민족해방이야말로 식민지시기의 질식상태를 벗어나서 정치·경제·사회·문화 등 각 부문에서 민주주의적 발전을 전진시켜야 할 획기적인 계기였다.

불행하게도 민족이 분단되고 남북이 대치함으로써 민주주의 발전은 다시 제약되었지만, 분단체제가 주는 제약 속에서도 민주주의를 전진시키기 위한 운동은 간단없이 계속되었다. 식민지시대 민족운동이 국권회복운동과 민주주의운동의 병행이었다고 말했지만, 해방 후 민족운동은 평화적 민족통일운동과 민주주의운동이 병행되고 있는 것이다.

해방 후 민주주의운동은 식민지 잔재 청산, 평화적 민족통일 문제와 함께 이 시기 우리 역사의 큰 줄기의 하나이며 민주주의운동의 추진은 현대사의 가장 중요한 부분의 하나이다. 현대사의 서술이 식민지 잔재 청산의 불철저성을 지적하는 데만 그칠 것이 아니라고 했지만, 민주주의운동의 경우도 그 사실만을 서술하는 데 그칠 것인가, 그 운동이 갖는 역사적 의미와 그것을 탄압한 정권의 역사적 성격에까지 논급할 것인가 하는 문제가 있다.

새삼스러운 말이지만, 한 시대의 역사를 서술한다는 것은 단순히 그 시대에 일어났던 사실을 순서대로 배열해놓는 일만이 아니다. 낱낱의 사실들이 역사 전체의 흐름에, 그 시대사조에 부합되었는가 그렇지 못한가를, 다시 말하면 역사적이었는가 반역사적이었는가를 평가하는 일이 겸해져야 하는 것이다.

이 시기 역사 흐름의 큰 줄기로서 민주주의운동을 얼마나 객관적으로 평가·서술할 수 있는가에 따라 현대사 연구는 그 값어치가 가늠될 것이다.

분단시대사의 서술방향

식민지배에서 해방되면서 시작된 우리 현대사를 서술함에 있어서 역사 흐름의 큰 줄기로서 식민지 잔재 청산과 민주주의의 발전을 들었지만, 우리 현대사는 곧 분단시대사이므로 민족통일의 지향도 가장 중요한 줄기의 하나이다. 그리고 통일론에는 무력통일론도 있었고 평화통일론도 있었으나 지금에는 평화통일론이 자리잡아가고 있으며, 이 평화통일론의 정착은 현대사 서술의 방향과 관련하여 변수의 하나다.

민족통일의 당위성은 현대사 서술의 방향과 관련하여 아무리 강조해도 지나침이 없는 일이겠으나, 무력통일론 및 냉전주의적 역사인식으로는 통일의 대상이 정복해야 할 적일 뿐 그곳에서 일어난 사실에 대해서도 역사성을 인정하지 않았고 따라서 역사서술의 대상도 될 수 없었다. 다시 말하면 이런 경우 한쪽만의 역사로 현대사가 성립될 수도 있었던 것이다.

그러나 통일해야 할 대상이 정복의 대상이 아니라 협상을 통해 평화적으로 통일해야 할 대상이 되는 경우 그 역사서술에는 그곳에서의 역사적 사실들이 포함되지 않을 수 없으며, 그것도 평화통일을 지향하는 방향에서 해석 및 서술이 되지 않을 수 없다.

통일의 대상을 적으로 간주했을 때의 역사서술 방향과 평화통일의 대상으로 간주했을 때의 서술 방향이 달라질 것임은 말할 나위가 없다. 적의 지역에서 일어난 사실에 대해서는 그 역사성을 전면 부정할 수밖에 없을 것이며, 역사성을 전면 부정한 지역과의 협상에 의한 평화적 통일을 지향하는 역사서술은 서로 모순될 것이기 때문이다.

해방 후 분단시대 민족사의 지도원리의 하나가 평화적 민족통일이라 했지만, 뒷날의 우리 역사학은 이 시대의 역사서술, 즉 지금의 우리가 현대라고 부르는 분단시대에 관한 역사서술을 평가할 때 분단국가주의적 역사인식에서 서술되었는가 아니면 통일민족주의적 역사인식에서 쓰여졌는가를 중요한 평가기준의 하나로 삼을 것이다.

민족주의의 의미와 지향은 시대에 따라 달라지게 마련이지만 분단시대의 민족주의가 간혹 분단국가주의와 혼동되는 경우가 있다. 분단시대 민족주의의 방향은 정치·경제·사회·문화적인 면에서 분단국가적 차원을 넘어서서 통일지향적인 방향으로 나아가게 하는 데서 구할 수 있으며, 이 시기 역사서술의 방향도 그것과 궤도를 같이해야 함은 더 말할 나위가 없다.

분단민족의 분단시대에 관한 역사서술이 그 체제적 요구에 얽매여서 분단체제의 성립이나 고착화 및 그 절대화를 뒷받침하는 서술에 그치고 말 경우 평화적 통일을 과제로 하는 이 시기의 민족주의적 방향에서 역사서술이 되기는 어려울 것이다.

분단시대를 대상으로 하는 체제 아래서 역사서술은 그 체제적 제약으로부터 얼마만큼 객관적 위치를 확보하고 분단국가주의적 차원을 극복하여 통일민족주의적 역사인식을 확립할 수 있는가 하는 점에 그 성패가 달렸다고 할 수 있다.

현대사 서술의 세 가지 방향

결론적으로 말해서 해방 후 시대를 대상으로 하는 우리의 현대사는 크게 세 가지 성격을 가진다고 생각된다. 그것은 첫째, 전제군주시대가 아닌 국민주권주의시대의 역사라는 점이며 둘째, 식민지배에서 해방된 민족의 역사라는 점이며 셋째, 분단민족의 역사라는 점이다.

우리의 현대사가 국민주권주의시대의 역사라는 말은 곧 전제주의의 시대와 같은 정사(正史)가 국가권력에 의해 서술될 이유가 없음을 분명히 하고 있으며, 우리의 현대사가 식민지에서 해방된 민족의 역사임이 강조되는 이유는 그 시대의 역사를 평가하는 중요한 기준의 하나가 식민지배의 잔재를 얼마나 철저히 청산할 수 있었느냐에 있음을 말하는 것이고, 우리의 현대사가 분단민족의 역사임이 지적되는 것은 그 시기에 대한 역사서술이 얼마나 통일지향적인 역사관에서 쓰여지느냐를 주목해야 한다는 생각에서이다.

역사서술, 특히 현재에 가까운 시대의 역사서술에서 다시 한번 강조되어야 할 일은 어떤 정치세력이나 정권을 단죄하기 위해서만 쓰여져서는 안 되는 것과 같이 어떤 정치세력이나 정권의 정당성이나 정통성을 강조하고 합리화하기 위해 쓰여져서도 안 된다는 점이다.

이 시대의 인류사 전체 및 단위 민족사의 방향과 줄기를 옳게 이해하고 이 시대에 일어난 정치·경제·사회·문화 면의 흐름이 이 방향과 줄기에 얼마나 합치되고 또 거스르는가를 가능한 한 객관적으로 평가하고 서술해야 할 뿐이다. 그리고 이와 같은 작업은 역시 민간학자들의 개인적이고 자유로운 학문활동에 맡겨질 때 가능한 것이다.

민족주의사관의 어제와 오늘

일제식민지시대의 민족주의사관

역사라는 것이 과거에 일어난 사실을 재생해놓은 것이라 흔히 말하지만 잘 생각해보면 지나간 일이 모두 역사가 되는 것은 아니며, 지나간 일들 중에서 역사가 될 만한 사실만을 뽑아 재생하려 해도 원상 그대로 재생하기는 거의 불가능하다. 따라서 지나간 일을 역사로서 재생할 때 무슨 목적에 의해 어떤 일을 역사로 재생할 것인가 하는 문제가 생기게 마련이다.

역사가의 작업은 과거 사실의 재생 자체가 목적이지 거기에 다른 목적이 개입되어서는 안 된다고 말하기도 하지만, 과거의 사실을 재생하는 역사가들의 작업에는 어쩔 수 없이 일정한 목적이 개입되기 마련이며 그 목적은 역사를 보는 눈, 즉 사관에 의해 좌우되고 그 속에서 보편성과 객관성을 확보하려 노력할 수밖에 없다. 이 문제에 대한 이론적인 부분을 길게 설명할 여유가 없지만, 정직하게 말하면 어떤 역사서술에도 서술하는 사람의 의도, 즉 사관이 들어가기 마련이며 사관이 없는 역

230

사 서술이란 있을 수 없다고 봐도 무방하다.

일제식민지시대 일본 어용사학자들의 우리 역사서술에는 그 식민지 배의 불가피성이나 정당성을 강조하기 위한 목적이 들어 있었다. 예를 들면 그들은 한반도지역의 주민이 의타적이고 나약하고 진취적이지 못해서 그 역사가 정체했고, 임진왜란이나 문호개방 등 외부 특히 일본으로부터 자극이 없이는 독자적으로 그 역사를 발전시킬 수 없었다고 강조함으로써 일본의 한반도지역에 대한 식민지배의 역사적 정당성을 강조하려 했다. 이른바 식민사관이란 것이 그것이다.

식민지지배 목적을 위한 일본 학자들의 우리 역사에 대한 왜곡된 인식과 서술에 대항하여 우리 민족의 독립성과 우월성과 진취성을 강조함으로써 민족적 자존심을 높이고 식민지배에 대한 저항성을 강화하여 민족해방운동의 원동력이 되게 하려는 사관이 나온 것은 자연스러운 일이었다. 지금 우리가 민족주의사관이라 부르는 것이 그것이다.

일본의 식민사관이란 것이 제국주의의 한반도 지배를 정당화하는 목적을 가진 것이면서도 그 방법에서는 근대 역사학의 실증주의적 방법을 채택한 것이었던바 그것에 대항하는 우리의 민족주의사관도 같은 방법론에 의한 연구를 뒷받침하여 논증하지 않을 수 없었고, 따라서 민족주의사관에 의한 역사학은 곧 우리 근대 역사학의 출발점이 되었다.

일본제국주의의 침략과 식민지배에 대항하면서 민족주의 역사학을 처음으로 수립한 학자로는 박은식과 신채호를 들 수 있다. 한일'합방' 후 중국으로 망명하여 임시정부 대통령을 지내기도 한 박은식은 "국가가 형체라면 역사는 정신이다. 지금 국가는 망했지만 역사가 남아 있어야 그것을 근거로 광복을 할 수 있다"는 생각에서 독립운동에 투신한 한편 역사를 연구하고 또 서술했다.

그는 애국계몽운동기부터 국권수호를 목적으로 애국심을 불러일으키기 위한 많은 글들을 썼지만, 역사 저술로서 대표적인 것은 『한국통사(韓國痛史)』와 『한국독립운동지혈사(韓國獨立運動之血史)』두 책이다. 『한국통사』에서는 일본제국주의가 한반도를 식민지화한 과정의 역사를 서술했고 『한국독립운동지혈사』에서는 일본의 침략과정과 그 식민지배에 저항해 싸운 독립운동의 역사를 서술했다. 우리 역사학계에는 아직도 자기의 시대를 연구 및 서술의 대상으로 삼기를 꺼리는 경향이 있지만 박은식은 바로 자기의 시대를 연구와 서술의 대상으로 삼았던 것이다.

박은식의 민족주의 역사학이 주로 애국심을 환기하고 일본제국주의의 한반도 침략과정과 항일운동의 전개과정을 연구·서술함으로써 독립운동을 뒷받침하려 한 데 비해, 신채호는 애국계몽운동시기부터 애국심을 북돋우기 위한 많은 글을 썼으면서도 본격적인 역사 연구와 서술에서는 고대사를 주된 대상으로 삼았다는 점에 차이가 있다. 『조선상고사(朝鮮上古史)』 『조선상고문화사(朝鮮上古文化史)』 『조선사연구초(朝鮮史研究草)』등의 업적이 그것이다.

그는 역사란 곧 "아(我)와 비아(非我)의 투쟁이다"라고 하면서 근대 이후의 우리 역사는 '비아'와의 투쟁에서 패배하여 외세의 침략을 받고 식민지로 전락했으나, 상고시대에는 고구려와 같이 중국대륙으로 진출하여 동북지방을 지배하는 웅대한 역사가 전개되었던 사실을 논증했다. 이와 같은 민족적 우월성과 진취성을 다시 회복함으로써 식민지배에서 해방되기 위한 투쟁심을 높일 수 있다는 생각에서 그는 역사를 연구하고 서술했다.

박은식의 민족주의사관은 아직 역사의 주체를 같은 한반도에 살면서 같은 문화와 역사를, 그리고 같은 핏줄기를 가진 사람이라는 정도로 인식하는 데 머물렀으나 신채호의 경우 민족사를 이끌어나가는 주체에 대한 인식이 단계적으로 변화·발전하고 있었다는 점에 특징이 있다. 그가 『이순신전』이나 『을지문덕전』 등의 영웅전을 쓰면서 애국심을 환기하던 애국계몽기에는 역사의 주체가 '영웅'에 한정되었으나 이어서 곧 극복되고 영웅이 아닌 '국민'으로 바뀌어 인식되었고, 민족구성원의 각 계각층이 모두 참가한 3·1운동을 겪은 후에는 역사의 주체를 '민중'으로 인식해가고 있음을 볼 수 있다.

신채호는 이와 같은 역사인식상의 변화와 발전을 겪다가 결국 무정부주의자가 되었지만, 박은식, 신채호 등을 통해 해외의 민족해방운동 전선에서 발달한 민족주의사관은 극히 제한된 조건에서나마 국내에도 도입되어 정인보, 문일평, 안재홍 등의 활동으로 나타났다. 그러나 식민지시대에는 일본 근대 역사학의 영향을 받은, 역사의 연구와 서술에서 사관 자체의 개입을 금기시하는(같은 일본 역사학이면서 식민사관은 그렇지 않았지만) 이른바 실증사학적 방법론이 일반화되어 민족주의사관에 의한 역사학 연구방법론은 국내 학계에서 자리잡기 어려운 실정이었다.

8·15 후의 민족주의사관

민족주의사관은 식민지배 아래서 민족의 독자성과 우월성과 저항성을 강조하여 민족해방운동의 지도원리가 되어야 한다는 목적에 의해 수립된 사관이었기 때문에 역사를 보는 눈이 식민지배 아래 있는 민족사회 자체에 한정되어 역사발전의 보편성 및 세계성과는 동떨어진 방법론이 될 수밖에 없었다. 이 점에서 국내에서 발전한 유물사관을 바탕으로 한 이른바 사회경제사학적 방법론과는 차이가 있었다. 따라서 민족주의사관의 역사인식이 관념주의에 빠졌고 심지어는 국수주의적·신비주의적 역사관이란 비판을 받기도 했다. 예를 들면 정인보의 글 「5천년간 조선의 얼」은 그와 같은 비판의 대상이 된 대표적인 글이라 할 수 있다.

민족주의사관은 식민지시대의 민족해방운동 과정을 통해 우익노선의 지도원리가 되었다고 볼 수 있으며, 그 점에서 좌익노선의 지도원리가 되었다고 볼 수 있을 유물사관을 바탕으로 한 사회경제사학과는 대립적인 관계에 있었다고 할 수 있다. 그러나 민족주의사학과 사회경제사학은 방법론적 차이가 크면서도 모두 식민지시대의 '반(反)식민사학'이란 점에서는 같은 노선에 있었다.

어느 한 민족사회의 사관의 수립이나 발달은 그 민족사회의 보편적·현실적 요구에 부응하기 마련이며, 우리 민족의 경우와 같이 식민지 피지배민족사회의 경우 그 사관의 수립과 발달은 민족해방운동의 흐름에 일정하게 부응하기 마련이었다. 좌우익노선으로 분립되어 있던 우리 민족해방운동전선은 해방이 가깝게 전망됨에 따라 두 노선을 통일시켜, 다시 말하면 민족통일전선을 형성하여 해방 후 통일민족국가를 건설해야 한다는 요구가 높아졌고 그 운동이 일부 실천되기도 했다. 그리고 이 운동은 '8·15 공간'에서도 좌우합작운동 및 1948년의 남북협상 등으로 이어졌다.

이와 같은 민족운동전선의 변화에 따라 역사인식 면에서도 일정한 변화가 나타났다. 즉 민족주의사관도 우익 중심의 순수 민족주의적 한계를 일정하게 넘어서서 반일적인 모든 사회계층, 즉 자산계급, 지식인, 노동자, 농민계급이 민족의 이름으로 단합하여 토지와 대기업을 국유화하는 체제의 통일민족국가를 건설해야 한다는 역사인식으로 발전해갔다. 민족주의 역사학자의 한 사람인 안재홍이 8·15 직후에 쓴 『신민족주의와 신민주주의』란 책은 이와 같은 '신민족주의사관'을 담은 대표적인 저술이었다.

해외 민족해방운동전선에서 발전하여 일부 도입된 민족주의사관이 국내에서 뿌리내리지 못하기는 식민지시대나 '8·15 공간'에서나 마찬가지였다. 박은식, 신채호 등은 8·15 전에 이미 타계했고 국내의 민족주의 역사학자 정인보, 안재홍 등은 8·15 후 학계를 떠났기 때문이다. 따라서 8·15 후 상당 기간 국내의 역사학계는 일제시대부터의 실증사학 계통이 계속 주도하게 되었다.

이런 조건 속에서도 대체로 1960년대에는 역사학계의 일각에서 실증주의 방법론만이 계속되는 역사학 방법론에 대한 일정한 반성이 일어나면서 식민지시대의 민족주의사관을 다시 주목하고 그것에 대한 연구도 어느정도 되살아나게 되었다. 그러나 마침 이 시기에 성립된 박정희 군사정권이 독재체제를 강화하면서 이른바 한국적 민주주의를 내세우고 제 정권의 친일 유산을 호도할 목적까지 더해 민족 주체성의 수립을 강조하고 나섬으로써, 일부 역사학계가 주목하기 시작한 식민지시대 민족주의사관이 이에 이용되기도 했다.

식민지배에서 해방된 민족사회의 경우, 식민지 지배권력의 사주를 받은 어용사학자들의 역사 왜곡에 의해 훼손된 민족적 자존심과 주체성을 회복하는 일이 시급한 문제였다. 이 점을 깨달은 역사학계의 일각에서 식민지시대에 발달했던 주체사관으로서 민족주의사관에 주목하고 그것의 재발견을 통해 민족사의 주체성을 회복하려는 노력을 보였으나, 오히려 독재정권 쪽의 정치적 목적에 이용되었다.

새롭게 수립해야 할 민족주의사관

제2차 세계대전 때까지의 민족주의는 일본의 군국주의나 독일의 나치즘 등에서 보이는 것과 같이 민족적 혈통의 순수성을 강조하고 그것을 지키고 확대한다는 명분을 내세워 국민을 오도하고, 폐쇄적이며 배타적인 파쇼체제를 강화하면서 다른 민족에 대한 침략을 정당화하는 방향으로 나아갔다. 이와 같은 일본 민족주의의 침략을 받아 식민지화된 시대의 우리 민족주의도 민족의 순수성과 우월성을 강조하고 배타성과 저항성을 통해 독립심을 강화하여 일제의 침략에 저항함으로써 민족의 해방을 달성하려는 데 목적을 둔 이데올로기로 나타났고, 그것을 구현하기 위해 수립된 사관이 바로 일제시대의 우리 민족주의사관이었다.

일제의 식민지배에서 해방되면서 민족사회는 남북으로 분단되었고, 배타적 민족주의는 대단히 불행하게도 일제시대에 교육된 세력으로 구성된 지배층의 독재권력에 의해 남북 대립의, 민족 내부 대립의 이데올로기로 전환되고 분단국가주의적 이데올로기로 정착되면서 식민지시대 민족주의의 속성과 그 역사관이 그대로 적용되어간 것이라 할 수 있다. 민족주의의 오도된 일부 국가주의적 속성이 분단체제 유지를 위한 이데올로기로 이용된 것이라 할 수 있다.

그러나 민족주의도 시대에 따라 변하기 마련이다. 지금도 폐쇄적이고 배타적이며 침략적인 민족주의가 없어진 것은 아니어서 그것이 국지전쟁의 원인이 되기도 하고 또 이른바 자원민족주의라는 말까지 나오기도 한다. 그러나 인류사회는 피의 순수성을 강조하고 폐쇄주의적이며 침략주의적인 구시대적 민족주의의 벽을 꾸준히 무너뜨리면서 한

걸음 한걸음씩 지구 전체를 인류공동의 생활터로 만들어가고 있다. 하나의 국가권력 아래 무리하게 흡수된 민족사회가 독립을 요구하는 지역도 있지만, 유럽공동체와 같이 민족주의의 벽을 현저하게 낮추어가고 있는 지역도 있다. 후자의 경우가 세계사 발전의 전진적 방향이라 생각된다.

우리의 경우 민족사회의 당면과제는 외세의 작용에서 벗어나 평화적으로 주체적으로 민족의 재통일을 달성하는 일이다. 이 시점에서 우리의 민족주의는 온통 그것을 위한 이데올로기로 정립되어야 할 필요성이 절실하며, 그것을 뒷받침하는 새로운 민족주의사관의 수립이 절실히 요청되고 있다. 민족통일문제가 계급문제 우선으로 해결되어야 할 것인가 아니면 민족문제 우선으로 해결되어야 할 것인가 하는 논의가 있으며 민족사회 내부의 계급구조에는 많은 변화가 나타나고 있지만, 민족통일의 과정 그 자체는 계급문제라기보다 바로 민족문제이다.

민족통일의 이데올로기로 정립되어야 할 지금의 우리 민족주의가 지난날의 그것처럼 폐쇄적이고 배타적이며 저항적인 속성이어서는 안 된다는 점도 또한 자명하다. 어느 한 지역의 민족주의가 세계사 발전에 저해되고 역행되는 것이 아니라 그것에 이바지되고 또 그것을 촉진하기 위해 민족 내부의 문제를 해결하는 방향에서 작용해야 하는 시대가 온 것이다. 다시 말하면 세계사의 현단계에서 민족주의의 존재 이유는 각 민족사회 자체가 가진 문제점을 주체적으로 해결하는 이데올로기로서 역할을 하는 데 있으며, 나아가서 각 민족사회가 가진 독자성과 특성을 유지함으로써 전체 인류사회의 올바르고 다양한 발전을 위해 이바지하는 데 있다.

우리 민족의 경우 분단된 민족사회가 가지고 있는 민족 내부의 갈등과 대립을 주체적으로 평화적으로 해결함으로써 좁게는 극동지역, 넓게는 전 세계의 전쟁 위험을 제거하는 데 이바지하게 될 것이다. 즉 통일지향의 우리 민족주의는 민족 내부의 문제를 주체적으로 해결함으로써 민족사회 자체의 발전을 가져올 뿐만 아니라 인류사회의 평화 발전에 공헌하는 길이 되는 것이다. 이런 역할을 다할 수 있는 민족주의야말로 현 시점에서의 옳은 의미의 민족주의라 할 수 있으며, 그것을 근거로 수립되는 사관이야말로 우리가 수립해야 할 새로운 의미의 민족주의사관이라 할 수 있다.

반쪽의 역사를 넘어

식민지시대 민족해방운동을 어떻게 볼 것인가

일제식민지시대의 민족해방운동전선에는 우익전선도 있고 좌익전선도 있었다. 그러나 8·15 후에 성립된 분단시대적 역사인식 때문에 상당한 기간 남쪽의 역사학은 우익전선의 운동만을 독립운동으로 보고 좌익전선의 운동은 공산주의운동으로만 보았다. 좌익전선의 활동은 독립운동으로 인정하지 않았던 것이다. 그리고 북쪽의 역사학은 3·1운동 이후 우익전선의 존재를 거의 인정하지 않았을 뿐만 아니라 좌익전선 중에서도 특정 세력의 역사성만을 높이 인정하고 나머지 세력의 활동은 종파주의로 보아 그 역사성을 인정하지 않는 경우가 많았다.

최근에 와서 남쪽의 역사학계에서도 식민지시대의 좌익전선운동을 종래와 같이 공산주의운동으로만 보지 않고 민족해방운동의 일환으로 보려는 관점들이 나타나고 있다. 그러나 종래와 같이 우익전선운동을 독립운동으로, 좌익전선운동을 공산주의운동으로 따로따로 두지 않고 우익전선 활동과 좌익전선 활동을 어떻게 하나로 엮어 통일된 민족해방운동사를 완성할 것인가 하는 방법론에 대해서는 아직 일정한 방향을 찾지 못하고 있는 것이 사실이다.

이런 경우 좌우익운동을 막론하고 그 일어난 순서에 따라 편년체식으로 엮어놓는 방법도 있을 수 있다. 그러나 식민지시대 민족해방운동 전체를 관통해서 흐르고 있는 하나의 방향성을 찾아내고 그것을 중심으로 좌우익전선 전체의 활동을 모두 포함하는 민족해방운동사를 수립할 수 있다면, 그것이야말로 바람직한 방법론이 될 수 있을 것이다. 그리고 이 경우 활용될 수 있는 방법론의 하나로 통일전선운동의 전개과정을 들 수 있다.

그것을 위해 우선 식민지시대 우리의 민족해방운동이 왜 통일전선운동 중심으로 전개되지 않을 수 없었는가 하는 문제와 전체 식민지시대의 민족해방운동을 통일전선운동을 중심으로 보는 경우 그것이 어떻게 엮어져야겠는가, 민족해방운동을 통일전선운동 중심으로 보는 역사인식이 가지는 의미가 무엇인가 하는 문제 등을 생각해볼 필요가 있다.

왜 통일전선운동을 중심으로 전개되었는가

우리 역사가 구체적으로 언제부터 근대사회인가 하는 문제에 대해서는 여러가지 관점이 있다. 그러나 대체적으로 말해서 문호개방을 전후로 한 시기부터 근대사회로 들어간다고 보는 점에는 일치하는 것이 아닌가 한다. 그리고 한 지역의 역사가 중세시대를 지나 근대시대로 넘어간다는 것은 정치적으로는 유럽식 개념으로 말해서 부르주아민주주의의 시대로, 경제적으로는 자본주의 경제체제로 넘어간다는 말이라 할 수 있다.

이 과정의 역사를 끌고 가는 계급은 유럽식 개념으로 말하면 부르주아계급이며, 이들은 혁명적인 방법으로 혹은 개량주의적·점진적 방법으로 정치·경제·사회·문화 면의 주도권을 쥐면서 그들의 시대를 만들어가게 마련이었다. 그러나 경우에 따라서는 부르주아계급의 성장이 늦거나 미약해서 그들이 독자적으로 하나의 역사시대를 담당하지 못하고 다른 부르주아국가의 침략을 받아 그 식민지로 되는 경우가 있었다. 대한제국의 일본에 의한 식민지화가 그런 경우였다.

식민지로 전락한 민족사회의 가장 중요한 역사적 과제는 민족해방운동의 추진이었고, 따라서 그것을 구체적으로 어떤 사회계급이 주체가 되어 추진할 것인가 하는 문제가 있게 마련이었다. 우리의 근대사는 유럽식 개념의 부르주아계급이 봉건계급, 즉 양반계급에 대신해서 스스로 하나의 역사시대를 담당할 만한 조건을 갖추지 못함으로써 식민지가 되었다.

따라서 식민지시대의 민족해방운동을 부르주아계급이 독자적으로 추진할 수 없음은 당연한 일이었을 뿐만 아니라 그들의 상당한 부분은 오히려 민족성을 잃고 침략자인 외국 부르주아지와 결탁하여 그 재부를 유지하거나 더 증가시키려는 방향으로 나아가기도 했다.

한편 유럽식 개념의 부르주아지가 한 시대의 역사담당 계급이 못 되었다는 사실은 그만큼 그 사회의 자본주의적 발달이 뒤떨어졌음을 말한다. 그리고 이같은 민족사회에서 유럽식 개념의 프롤레타리아계급이 민족해방운동을 독자적으로 담당할 만큼 성장할 수 없었다는 것도 또한 자연스러운 일이었다.

더구나 조선의 경우 자본이나 기술 면에서 뒤처진 후발 자본주의국가 일본의 식민지가 됨으로써 1920년대까지는 식민지 경제정책의 주된 목적이 일본 본국의 식량공급지 역할을 담당하는 것이었다. 이 때문에 이 시기까지는 '식민지 자본주의'의 발달도 대단히 미약한 상태였다.

따라서 '토지조사사업' 등의 결과로 농촌에서 이탈된 인구 중 공장노동자가 된 경우는 극소수로, 그 대부분이 조직력이 약하고 의식화되기 어려운 토목공사장 날품팔이 노동력이 되어 옳은 의미의 프롤레타리아트의 성장은 극히 부진했다. 1930년대 이후 일본제국주의의 대륙침략에 따르는 한반도의 병참기지화정책에 따라 자본주의적 발달이 상대적으로 급진전하고 공장노동자도 수가 증가했으나 전시통제체제의 강한 통제 아래 있었다.

이런 조건 아래서는 유럽식 개념의 부르주아지나 프롤레타리아트나 농민 중 어느 하나의 계급이 민족해방운동의 주체가 되기는 어려웠고 결국 그 주체는 계급연합체가 될 수밖에 없었다. 민족해방운동의 주체로서 이 계급연합체에는 각종 노동자와 소작농민은 물론 그밖에 반일적인 지식인, 부농층, 중소자산계급, 그리고 경우에 따라서 반일적 지주까지 포함되었다.

따라서 이 계급연합체는 유럽식 개념으로는 이름짓기 어려운 '민중'으로 불리기도 했다. 그리고 그것을 주체로 하는 민족해방운동은 조선의 경우 계급이나 이데올로기적인 면에서는 좌익전선과 비타협적 우익전선과의 통일전선운동이 될 수밖에 없었다.

세계사적으로는 국제공산주의운동에서 주로 식민지 피압박민족사회의 해방운동론으로서 제시된 통일전선론은 당초에는 노동자, 농민계급을 중심으로 하는 이른바 밑으로부터의 통일전선론에 한정되었다. 그러나 1930년대 이후 파쇼체제 등장 후에는 사회민주주의세력 및 비파쇼자본주의 세력과의 통일전선을 지향하는 인민전선론으로, 위로부터의 통일전선론으로 나아갔다.

우리의 식민지시대 민족해방운동전선에는 아직 사회민주주의세력이 구체적으로 형성되지 않았고, 이 때문에 전체 민족해방운동 과정을 통해 통일전선운동은 좌익전선과 민족주의 좌파로도 불린 비타협주의적 우익세력과의 통일전선 중심으로 전개될 수밖에 없었다.

통일전선운동이 갖는 역사적 의미

식민지시대 민족해방운동을 우익전선의 독립운동과 좌익전선의 공산주의운동으로 나누어 두지 말고 통일전선운동의 전개과정을 중심으로 하나의 민족해방운동사로 구성하는 것이 바람직하다고 앞에서 말했다. 그러나 통일전선운동의 사실 자체가 없었다면 그것을 줄기로 하여 식민지시대의 민족해방운동을 재구성하는 일은 역사가 아니라 허구가 되고 말 것이다. 따라서 먼저 통일전선운동의 실재 여부를 알아볼 필요가 있다. 식민지시대 민족해방운동 과정에서 통일전선운동의 전개과정을 간단히 살펴보자.

3·1운동 때까지의 민족해방운동전선은 좌우의 분립이 구체화되지 않았다. 그러나 3·1운동의 결과 임시정부들이 세워지는 과정에서는 이미 좌우익전선이 형성되어 있었다. 1919년에 상해에서 통합 임시정부가 세워지는 과정은 어떤 의미에서는 좌우익전선의 연합이나 통일과정이었다고 할 수 있다.

초기 상해임시정부의 이러한 성격은 곧 깨지지만 통일전선을 형성하려는 노력은 다시 1923년 국민대표자회 소집으로 나타났다. 그것이 실패하자 임시정부 중심의 민족해방운동은 벽에 부딪히고, 그 타결책으로 국외에서는 1926년부터 민족유일당운동이, 국내에서는 1927년부터 신간회운동이 추진되었다.

신간회가 해소된 후 민족해방운동전선의 통일전선운동은 주로 해외전선으로 옮겨져서 1932년의 한국대일전선통일동맹의 성립으로, 그리고 1935년의 통일전선정당 조선민족혁명당의 결성으로 이어졌다. 이후 민족혁명당에서 일부 우익세력이 이탈하는 등 굴곡이 있었으나 일본의 침략전쟁이 중일전쟁으로 확대되자 중국 관내지역에서 좌익전선은 조선민족전선연맹으로, 우익전선은 한국광복운동단체연합회로 통일되었다.

이후 일본의 침략전쟁이 중일전쟁에서 더 확대되어 소일전쟁과 미일전쟁으로 나아갈 전망이 보이고, 이에 따라 일본제국주의의 패망이 가까워진 것을 알게 된 민족해방운동전선은 일본에 대한 투쟁력을 강화하기 위해, 정치적으로 군사적으로 일본을 직접 패망시킬 연합국의 일원이 되기 위해, 전선 내의 좌우익 대립을 해소하고 해방 후 통일민족국가를 수립하기 위해 적극적으로 통일전선운동을 펼쳐갔다.

1936년에 만주에서 사회주의 세력에 의해 성립된 조국광복회가 민족부르주아지와 통일전선을 표방한 일, 종래 한국독립당 중심이었던 임시정부가 1942년부터 좌파로서의 민족혁명당과 무정부주의운동 세력이 참여하여 통일전선 정부로 된 일, 1944년에 국내에서 비밀리에 좌우익 통일전선단체 건국동맹이 결성되어 중국 공산당의 근거지인 연안에 있던 조선독립동맹과 연합으로 민족대회 개최를 계획한 일, 1945년에 중경임시정부와 연안 독립동맹 사이에 통일전선 수립이 합의된 일 등이 그것을 말해주고 있다.

1930년대 이후의 통일전선운동은 대체로 한국독립당, 민족혁명당, 조국광복회, 조선독립동맹 등과 같이 정강·정책을 가진 정당적 성격의 단체들의 연합운동으로 추진되었다. 그러나 이 운동은 민족해방운동단체들의 연합에만 그치지 않고 그 정강·정책까지 통일해가는 방향으로 나아갔다. 정치체제에서는 부르주아적 민주공화국 지향도 있고 인민민주주의국가 지향도 있었으나 경제체제에서는 대체로 토지와 중요기업의 국유화정책으로 합의되어가고 있었다.

종래 우익전선운동만으로 엮인 독립운동사나 좌익전선운동만으로 엮인 공산주의운동사는 반쪽 민족해방운동사였다고 할 수 있다. 그리고 민족해방운동사를 우익전선의 독립운동사와 좌익전선의 공산주의 운동사로 분단시켜놓는 방법론은 바로 8·15 후의 분단시대적 역사인식을 식민지시대의 민족해방운동에 소급해서 적용한 것이라 할 수 있다. 두 전선 사이의 통일전선운동을 중심으로 엮인 민족해방운동사야말로 분단시대적 역사인식이 극복된 온전한 민족해방운동사라 할 수 있을 것이다.

통일전선운동의 현재적 의의

일제식민지시대의 민족해방운동을 통일전선운동 중심으로 인식할 때 비로소 좌우익전선의 활동이 모두 되살아난다는 점도 중요하지만 그 의의가 그것에만 한정되는 것은 아니다. 식민지시대 통일전선 중심의 민족해방운동이 8·15 후의 통일민족국가 수립운동과 연결된다는 점에 또 하나의 중요한 역사적 의의가 있다.

민족해방운동전선에서의 통일전선세력이 직접 일본제국주의를 멸망시키거나 그것을 멸망시킬 연합국의 일원이 되지 못함으로써 일본제국주의의 패망은 한반도에 대한 미소 양군의 분할점령과 군정의 실시를 가져왔다. 따라서 일본제국주의의 식민지배에서 벗어난 후 한반도 문제를 결정할 권한은 연합국에게만 주어졌고 그 결과가 모스끄바3상회의 결정으로 나타났다. 그 결정이 국내로 전해지면서 분단을 막을 수 있는 남북을 아우르는 임시정부 수립 문제는 뒷전이 되고 신탁통치 문제가 더 부각되면서 좌우대립이 심화되어갔다.

이런 과정에서 식민지시대 국내외 민족해방운동전선에서 통일전선 노선에 섰던 김규식, 여운형 등의 세력을 중심으로 통일민족국가 수립운동의 일환으로서 좌우합작운동이 전개되었다. 이 운동은 그것을 뒷바라지한 미국의 목적과는 달리 식민지시대 좌우익 통일전선운동이 8·15 후 통일민족국가 수립운동으로 연장된 것이었다.

식민지시대 민족해방운동전선의 통일전선운동이 8·15 후 민족분단위험 앞에서 통일민족국가 수립운동으로 연장된 또 하나의 중요한 경우는 1948년 남북연석회의를 들 수 있다. 이 회의는 식민지시대 민족해방운동전선의 통일전선운동에 참가했던 모든 정치세력, 구체적으로는 한국독립당, 조선민족혁명당, 조선독립동맹, 조국광복회, 건국동맹 세력 등이 모두 참가한 광범위한 통일민족국가 수립운동이었다.

이같은 운동이 모두 실패하고 분단국가들이 성립된 후 뒤이어 6·25 전쟁이 발발함으로써 식민지시대의 통일전선운동세력, 8·15 공간에서 통일민족국가 수립운동 세력의 대부분은 남북에서 모두 거세되었다. 그러나 이 운동의 맥락은 이후 옳은 의미의 민간 평화통일운동으로 이어졌다. 이렇게 보면 식민지시대의 통일전선운동은 8·15 후에 전개되는 민족통일운동사의 배경이나 그 앞 단계가 된다고 할 수 있다.

따라서 8·15 후 분단시대의 역사학이 식민지시대의 민족해방운동사를 통일전선운동 중심으로 입론하고 8·15 공간의 통일민족국가 수립운동으로 연결시키는 것은 분단극복을 위한 역사인식의 소산물이며, 평화통일을 지향하는 역사인식의 소산물이라 할 수 있다.

식민지배에서 해방된 민족사회의 역사학은 무엇보다 먼저 민족해방운동사를 수립하여 가르침으로써 식민지시대 지배당국자들에 의해 훼

손된 민족적 자존심을 회복하는 일이 중요하다. 그러나 식민지배에서 벗어나면서 바로 분단민족이 됨으로써 식민지시대의 민족해방운동사도 우익전선의 독립운동사와 좌익전선의 공산주의운동사로 분단되었다. 이 때문에 통일전선운동사를 중심으로 좌우익전선의 민족해방운동사 전체를 하나의 역사로 정리하는 일이 요청된다.

일제식민지시대 민족해방운동의 전체 과정을 통해 추진된 통일전선운동은 역사적 조건의 산물이었다. 다시 말하면 유럽식 개념으로 말해서 부르주아지나 프롤레타리아트 어느 한쪽도 독자적으로는 민족해방운동의 추진주체가 될 수 없는 역사적 조건 아래서, 그 주체는 계급들의 연합에 의해 성립될 수밖에 없었다. 그리고 이런 조건 아래서 추진되는 민족해방운동은 좌우익 통일전선운동 중심이 될 수밖에 없었다. 이 때문에 3·1운동 이후의 민족해방운동사는 실제로 통일전선운동의 연속선상에 있었다 해도 과언이 아니다.

민족해방운동 과정의 통일전선운동은 개인본위 방법에서 점차 단체본위 방법으로 나아갔다. 그러나 단체연합운동에만 그친 것이 아니라 그 정강·정책도 어느정도 통일되어가고 있었다. 불행하게도 일본제국주의가 패망할 때까지 이 통일전선운동이 전체 전선으로 확대되지 못했고, 그 때문에 8·15 후 총선거를 담당하는 권력이 되지는 못했다. 그러나 민족분단의 위험이 높아졌을 때 그것은 통일민족국가 수립운동으로 연결되었고, 이후의 전체 분단시대를 통해 민족통일운동의 맥락을 이루었다.

역사를 위하여

구선희 전 국사편찬위원회 편사연구관

이 책은 역사가 무엇인가에 대한 보편적인 담론과 함께, 특별히 우리 역사 앞에 놓여 있는 통일문제를 어떻게 보고 해결해나가야 할 것인가에 주안점을 두고 역사학자의 관점에서 쓴 글을 모아놓은 것이다. 수록된 글이 1980년대와 1990년대 초반에 쓰였어도 민족통일이란 주제가 이 책을 관통하는 주제인 만큼 여전히 이 글들은 지금도 유효한 동시에 저자가 모색한 방법론 또한 현재적 의미를 갖는다고 하겠다.

저자는 1933년생이다. 글 중에도 밝혔듯이 저자는 "한 번도 겪기 어려울 역사의 실험장, 즉 식민통치의 경험, 8·15의 격동, 민족상잔의 6·25전쟁, 4·19민중혁명, 5·16쿠데타, 5·18민중항쟁 등을 자기의 세대로 겪고 잠깐이나마 그 바퀴에 깔려보기도 한" 역사학자이다. 이런 인생 이력으로 인해 저자의 글에는 역사가 무엇인지, 역사는 결국 어디로 가는지의 물음이 내재되어 있다. 우리 역사에 대한 통찰의 결과 분단된 우리 역사가 나아갈 방향은 민족통일이라 직시하고 다양한 내용의 글을 통해 이를 설파하고 있다.

이 책은 본문 분량만 230면 정도인데, 여러가지 제목이 붙여진 글이

22개의 큰 범주로 나뉘어 각 범주에 속한 글의 내용을 짐작할 수 있게 구성되어 있다. 다양한 내용의 글이 수록되어 있지만, 전체를 몇 가지 주제로 나누어 이해할 수 있을 정도로 우리 역사의 과거와 현재, 그리고 미래를 보는 저자의 관점이 일관성 있게 표현되고 있다. 각 글에서 우리 역사의 미래는 결국 민족통일로 나아가야 한다는 저자의 역사인식이 드러나고 있다. 그렇다고 저자가 배타적인 민족주의를 고집하는 것은 아니다. 누구보다도 문화의 보편성과 특수성에 대해 상식적인 생각을 갖고 있다.

저자는 우리의 근대 역사가 식민지로 편입된 이유 중의 하나를 특정 시기에 나타난 문화의 고착화 현상에서 찾고 있다. 전근대시기까지 우리 민족사회는 중국을 통해 선진문화를 받아들였다. 군사적으로나 경제적으로 중국을 제압할 수 없어 정치·외교적으로 중국과 종속관계나 우호관계를 맺어왔다. 문화적으로도 중국과의 관계를 통해서 국제문화와의 접촉을 이룰 수 있었다. 우리는 오랫동안 중국문화를 도입하면서도 주체성을 잃지 않고 중국문화와는 다른 우리 민족문화를 창조하고 유지했다. 이 점에 우리 문화의 특징과 강점이 있다고 저자는 말한다. 그러나 선진 외래문화의 도입이 어느 시대에나 주체적이고 성공적인 것은 아니었다. 선진문화를 도입하거나 민족문화를 국제화해가는 과정은 제 문화의 기반을 확고히 하고 그 바탕 위에서 선진문화를 선택적으로 받아들이는 방법이 바람직하다. 19세기 문호를 개방할 즈음의 조선왕조는 17, 18세기를 통한 선진문화와의 단절 때문에 외래문화에 대한 면역성이 없고 민족문화 자체가 낙후되어 있었다. 따라서 문화 전반에서의 주체적 기반을 유지하면서 자본주의문화를 선택적으로 도입하며 그것에 스스로 적응시켜나갈 수 없었다. 이 때문에 이질적이고 침략적인 자본주의문화가 홍수를 이루었고, 지배층은 여기에 휩쓸려 표류하거나 아니면 그것을 대안 없는 고집으로 거부하는 경우가 대부분이었다. 여기에 조선왕조가 식민지로 전락한 이유 중의 하나가 내재하고 있다고 저자는 분석한다. 민족문화란 어떠해야 하는지에 대한 저자의 생각은 분단민족의 문화적 동질성 회복으로까지 확대되고 있다. 저자는 문화를 꽃에 비유하면서 "가장 한국적인 꽃이 가장 세계적인 꽃"이 된다고 하면서 다음과 같이 민족문화의 발전에 대해 언급하고 있다.

어느 한 민족문화가 세계화·국제화하기 위해서는, 첫째 제 문화의 개성이나 특징을 더 선명히 하고 잘 보전하는 일, 둘째 다른 민족문화의 소중함이나 존재가치를 제 민족문화의 그것만큼 인정하는 일, 셋째 다른 민족문화를 적대시하지 않고 그것들과 조화를 이룸으로써 하나의 세계문화를 형성하려 노력하는 일 등이 중요하다. (…)

세계에서 유일한 분단민족으로 남아 있는 우리 민족의 경우 우리 문화의 세계화·국제화 추진도 중요하고 시급한 일이지만, 한편 민족분단으로 이질화되고 있는 우리 문화의 동질성 회복을 위해 적극적으로 노력하는 일이 그보다 더 시급하다. 정치·경제적 통합에 비해 문화적 동질성의 회복은 더 중요하면서도 더 긴 시간이 필요하기 때문이다.(본서 120면)

역사를 연구하는 사람은 사료라는 물증이 있어야 비로소 글을 쓸 수 있다. 그러나 때로는 사료에 얽매이는 역사서술보다 근거자료가 없어도 상상력으로 사건과 사건의 개연성을 메울 수 있는 소설에 매력을 느낄 때가 있다. 저자 또한 소설 읽기의 재미를 피력하고 있는데, 재미를 넘어 저자에게 식민지시기 민족해방운동사 연구의 지평을 넓혀준 책을 소개하고 있다. 그 책은 필자의 학생시절에 한글 번역본으로 출간되어

주인공의 인생역정으로 인해 많은 이들에게 놀라움을 주기도 했다. 세대를 뛰어넘어 여러 사람이 영향을 받은 그 책은, 저자가 1970년 일본에 체류할 때 미국 여기자 님 웨일즈가 쓴 '조선인 혁명가의 생애'라는 부제가 붙은『아리랑의 노래』일본어판이다. 저자는 8·15 후 좌우익 진영의 대립과 갈등을 직접 목격하기도 했지만 일제시기 좌익전선의 실체를 구체적으로 이해하기는 어려웠다고 한다. 그러던 중 이 책으로 인해 일제시기 사회주의운동을, 그리고 그 운동에 종사한 사람들을 새롭고도 정확하게 보고, 일제시기 전체 민족해방운동사를 보는 눈을 넓히고 객관화하는 계기를 갖게 되었다고 한다.

해방 이후 우리 역사는 남과 북으로 분단되어 양쪽이 서로 정통성 경쟁을 하며 독재체제를 구축해갔다. 그래서인지 우리 사회에서 남과 북 어느 쪽 정권에 '정통성'이 있는가를 두고 갑론을박하던 때가 있었다. 저자는 남과 북의 정통성이란 것에 대해 명쾌하게 그 기준을 제시하고 있다. 저자의 말을 빌리면, "어느 민족사회에 성립된 정권이 역사적 정통성을 가지는가 그렇지 못한가 하는 기준은 그 시기 민족구성원의 지지를 얼마나 넓게 받으면서 그 민족사회가 당면한 역사적 과제를 얼마만큼 성실히 수행하는가에 달렸다"고 한다. 민족의 주체적·평화적 통일과 정치·경제·사회·문화적 민주주의의 발전을 더 충실히 추진하는 정권이 더 정통성을 가진다는 것이다. 또한 남과 북에서 식민지시기 민족해방운동에 헌신하다가 타국에서 돌아간 선열의 유해 모시기를 경쟁적으로 하는 것은 정통성의 유무에 아무런 도움이 되지 못한다고 역설한다. 이런 어리석은 경쟁보다는, 완전통일이 되기 전이라도 남북의 합의 아래 휴전선 지역의 한 곳에 민족해방운동의 좌우익전선에서 전사한 선열들을 한 자리에 모셔 평화통일을 자축하는 민족공동의 성지로 삼는 방법은 어떤지 권하고 있다. 남과 북이 같이해야 할 것은 이뿐만이 아니다. 일본과의 과거청산 문제도 있다.

한국과 일본 사이에 과거청산 문제는 일본이 한일'합방' 자체가 강제적이고 불법적인 침략행위였음을 인정하지 않아 해결되지 못하고 있다. 일본은 청일전쟁과 러일전쟁을 도발하고 '을사보호조약'을 강제로 체결하여 한반도를 반식민지로 만든 후 '한일합방조약'을 기만적으로 체결하여 대한제국을 완전식민지로 만들었다. 그런데 일본정부는 이런 사실 자체를 인정하지 않고 있다. 한일 사이 과거청산의 중요한 요건은 일본정부가 이를 인정하고 역사교육에서 가르치는 일이다. 그런데 1965년에 체결된 한일조약에는 일본이 한반도를 침략하여 강제로 지배했다는 사실이 명기되지 않았고 따라서 배상조약이 되지 못했다. 이 문제는 앞으로 체결될 북한과 일본 사이의 '조일조약'과도 그리고 통일 후 한반도 국가와 일본의 관계에도 직결되어 있다. 저자는 앞으로의 '조일조약'이 침략사실을 명기한 배상조약으로 되고, 한일조약이 같은 성격으로 개정되어야 통일 후의 한반도 국가와 일본의 조약에 그것이 계승될 수 있을 것이라고 역설한다. 아울러 한일 사이 과거청산 문제는 21세기 아시아지역의 평화와 세계평화를 담보하는 일과 연결되어 있음을 강조하고 있다.

아시아의 평화와 세계평화를 유지하는 데 한반도지역의 통일국가 수립 또한 매우 중요하다. 왜냐하면 같은 민족이지만 남과 북으로 갈라진 한반도의 두 분단국가가 평화적 통일을 이루어가는 길이 곧 역사발전의 길 그 자체이며, 민족주의와 평화주의, 민족주의와 세계인류주의를 하나의 궤도 위에 올려놓는 인류역사 발전의 한 모범도 되기 때문이라는 게 저자의 주장이다. 우리가 통일민족국가 수립이라는 희망을 품을 수 있는 것은 민족문제의 해결을 위해 사상적 차이나 정치적 이해관계를 극복할 수 있는 역량을 가지고 있어서이다. 저자는 그 역량의 뿌리를 일제식민지시기 민족해방운동 과정의 통일전선운동에서 찾았다. 일제시기 통일전선운동은 개인본위 방법에서 단체본위 방법으로 나아갔고, 이어 단체연합운동에만 그친 것이 아니라 그 정강·정책도 어느정도 통일되어가고 있었다. 불행하게도 일본제국주의가 패망할 때까지 이 통일전선운동이 전체 전선으로 확대되지 못해 8·15 후 총선거를 담당하는 권력이 되지 못했다. 그러나 민족분단의 위험이 높아졌을 때 그것은 통일민족국가 수립운동으로 연결되어 이후 전체 분단시대를 통해 민족통일운동의 맥락을 이루었다. 이런 역사적 자산이야말로 통일민족국가로 나아가는 역량을 더 키워나가는 밑거름이 될 것이라는 게 저자의 역사적 통찰이다. 더불어 통일민족국가가 되었을 때 그 '국가(國歌)'에 담겨야 할 주제의식이 어떠해야 하는지도 제시하면서 남과 북의 우리 민족구성원이 통일의 꿈을 구체화해나가기를 염원하고 있다.

역사가는 과거의 사실을 현재 자신이 처해 있는 조건에서 해석하고, 이를 바탕으로 미래의 역사를 전망하며, 그 전망을 구체화해나가는 사명을 갖고 있다는 생각 아래서 저자는 분단시대를 살고 있는 현실적 조건에서 어떻게 이 시대의 역사를 서술할 것인지에 대해서도 고민하고 있다. 저자의 결론은 해방 후 분단시대의 지도원리의 하나가 평화적 민족통일이라고 상정한다면 이 시대의 역사서술은 통일민족주의적 역사인식 아래서 쓰여야 한다는 것이다. 민족주의는 간혹 분단국가주의와 혼동되는 경우가 있다. 저자는 이를 우려하면서 분단민족의 분단시대에 관한 역사서술이 그 체제적 요구에 얽매여서 분단체제의 성립이나 고착화 및 그 절대화를 뒷받침하는 서술에 그치고 말면, 그것은 평화적 통일을 과제로 하는 이 시기의 민족주의적 방향에서의 역사서술이 되기 어렵다고 주장한다. 분단시대 민족주의의 방향은 정치·경제·사회·문화적인 면에서 분단국가적 차원을 넘어서서 그것을 통일지향적인 방향으로 나아가게 하는 데서 구할 수 있으며, 이 시기 역사서술의 방향도 그것과 궤도를 같이해야 한다는 것이 저자의 입장이다.

분단시대의 역사서술 방향을 제시한 후, 저자는 현대사를 어떻게 쓸 것인가를 고민한다. 저자의 현대사 서술에 관한 인식은 작금의 국정 역사교과서 편찬 파동을 겪은 우리에게 많은 시사점을 제시하고 있다. 현대사 서술은 현재를 합리화하기 위해서가 아니라 현재를 반성하고 미래에의 결단을 위한 도움을 얻는 데 그 본래의 목적이 있다. 여기서 역사서술의 객관성 문제가 제기된다. 역사서술에서 절대적인 객관성이란 있을 수 없다. 결국 역사는 누가 쓰는가, 어떤 목적을 갖고 어떤 관점에서 쓰는가에 따라 그 내용과 의미가 달라진다. 역사서술의 객관성이 절대적이 아닐진대 개개의 역사사실이 역사 전체의 흐름에 부합되었는가, 그렇지 못한가를 평가하는 일이 겸해져야 하고, 그럴 때 객관에 수렴하는 역사서술이 될 수 있다. 저자는 역사서술 주체에 대해 다음과 같이 말하고 있다. 국민주권시대의 국가권력은 국민으로부터 나와서 그 권력행사가 국민의 이익과 일치하는 것이기 때문에 국가권력 측에서 역사를 서술해도 그 방향이 국민적 처지에 합당할 수 있다는 논리가 일단은 성립될 수 있다고 본다. 그렇다면 같은 논리로 국가의 권력이 국민으로부터 나와서 그 권력행사가 국민의 이익과 일치한다면 국가권력이 아닌 민간학자가 역사를 서술해도 그 권력의 정당성은 저절로 드러날 수 있지 않은가라고 반문한다. 한편 형식상으로는 국민으로부터 나온 권력에 의해 성립된 정권이라 해도 그것이 국민의 이익과 일치하지 않을 수도 있으며, 이런 경우일수록 권력 측은 그 정당성을 강조하기 위해 스스로 역사를 편찬·서술하려 하는 경향이 있다는 것이 저자의 생각이다. 역사서술을 정부가 주관하는 한 정권의 정당성 확립 같은 권력 측의 의지가 여기에 들어가기 마련이며, 그것이 개입되는 한 객관성 높은 역사서술을 기대하기 어렵다. 결론적으로 민주주의시대에는 국가권력이 스스로 정당성을 내세우기 위해 만드는 '정사' 따위는 있을 필요가 없으며 역사의 연구와 서술은 전적으로 민간학자의 자유로운 학문활동에 맡겨져야 한다는 게 저자의 지론이다.

우리 사회에는 여전히 분단고착세력이 활개치고 있다. 민족통일을 반대하는 세력이 국내에만 있는 것은 아니다. 국제적 역학관계에서 의도적으로 남북의 통일을 훼방하는 세력 또한 다양하다. 그럴수록 민족 내부의 갈등과 대립을 주체적으로, 평화적으로 해결해나가기 위한 힘과 지혜가 필요하다. 남북분단의 시기를 살아가는 우리는 사회적으로 대립과 반목을 겪을 때, 오히려 우리 사회의 나아갈 길을 더 고민하고 찾게 된다. 이 책은 저자의 역사적 통찰을 바탕으로 우리가 어떤 역사적인 안목을 가지고 우리 미래를 만들어갈 것인지에 대해 그 방향을 제시해주고 있다.

강만길 저작집 간행위원
조광 윤경로 지수걸 신용옥

강만길 저작집 10
역사를 위하여

초판 1쇄 발행/2018년 12월 5일
초판 2쇄 발행/2020년 4월 6일

지은이/강만길
펴낸이/강일우
책임편집/부수영 신채용
조판/정운정
펴낸곳/(주)창비
등록/1986년 8월 5일 제85호
주소/10881 경기도 파주시 회동길 184
전화/031-955-3333
팩시밀리/영업 031-955-3399 편집 031-955-3400
홈페이지/www.changbi.com
전자우편/human@changbi.com

ⓒ 강만길 2018
ISBN 978-89-364-6063-1 93910
        978-89-364-6984-9 (세트)

* 이 책 내용의 전부 또는 일부를 재사용하려면
  반드시 저작권자와 창비 양측의 동의를 받아야 합니다.
* 책값은 뒤표지에 표시되어 있습니다.